I0815307

Sana tus heridas emocionales

ANA CLAVELL

Sana tus heridas emocionales

Una guía para encontrarte contigo misma y cultivar relaciones conscientes

Grijalbo

Papel certificado por el Forest Stewardship Council®

Primera edición: enero de 2024
Tercera reimpresión: diciembre de 2024

Travessera de Gràcia, 47-49. 08021 Barcelona
Ilustraciones interiores de Agencia Rosa

Printed in Spain – Impreso en España

ISBN: 978-84-253-6554-6
Depósito legal: B-19.408-2023

Compuesto en Promograff - Promo 2016 Distribucions

Impreso en Liberdúplex
Sant Llorenç d'Hortons (Barcelona)

GR 6 5 5 4 6

Índice

El trabajo de sanación emocional consiste en aprender a desaprender sobre quién te dijeron que eras y aprender sobre quién eres realmente o quieres llegar a ser.

Agradecimientos

A Dios, por escuchar cada una de mis oraciones y mostrarme siempre el camino por medio de sus ángeles y su espíritu.

A Santiago, por ser mi compañero idóneo y mi mejor maestro para vivir desde el amor, no desde el miedo.

A mi mamá y a mi papá, por haberme dado la vida y por haber sido los maestros que necesitaba para llegar hasta donde estoy hoy. Los honro honrándome a mí.

A mi bisabuelo Santiago. Aunque no nos conocimos, tu espíritu me guio para venir a Barcelona y conectar con la tierra en la que tú creciste, y la que ahora es mi tierra también.

A Laura, por creer en mí y ayudarme a cumplir el sueño de mi niña interior. Si este libro existe, es gracias a ti.

A Rosángela, mi coach de escritura, que me guio y acompañó para plasmar desde el amor los conceptos y las herramientas de este libro. Gracias por insistir y motivarme a desbloquear mis creencias para escribirlo desde el gozo y el amor.

A Ana, mi diseñadora. Gracias a tu talento creativo y a tus ilustraciones, este libro tiene una identidad única basada en el amor.

A mí misma, por atreverme a creer en mí y liberarme de todos los miedos que mis heridas intentaron que creyera. Escribir este libro ha sido una de las mayores maestrías de mi vida. Estos últimos meses son la prueba palpable de que las palabras que se recogen aquí tienen el poder de sanar y transformar.

A toda mi comunidad en redes sociales, a cada una de mis seguidoras. Sin vosotras no sería posible este libro. Gracias por cada respuesta a cada publicación y a cada vídeo, por motivarme a seguir compartiendo mi sabiduría para acompañaros a conectar con la vuestra.

Y gracias a ti, mujer maravillosa que me lees. Me siento orgullosa e inspirada por tu valentía al buscar herramientas para crecer como persona y sanar. Te envío un abrazo desde lo más profundo de mi corazón.

Prólogo

Mi rescate interno

En el año 2017, tras unos meses casada, dejé el país que me había visto nacer y crecer. Subestimé el poder del duelo migratorio, que se filtró en mis otras heridas y reabrió viejos y antiguos dolores que ni siquiera sabía que existían. Durante aquellos años me dedicaba a la psicología organizacional y había dejado mi propio desarrollo a un lado... La depresión y la ansiedad empezaron a colarse en mi vida y, después de una nueva migración, mis heridas se reabrieron de forma definitiva.

Era el verano de 2018, llevaba apenas unos meses viviendo en Barcelona y estaba teniendo muchos conflictos con mi pareja. Me sentía completamente desarraigada de mí misma, desconectada y, sobre todo, sin un propósito. Aunque ya había empezado a hacer mi trabajo interno, la ansiedad y la depresión eran las protagonistas de mi vida; pasaba el tiempo entre ataques de pánico y momentos de profunda tristeza. Uno de esos largos días de verano tuve una gran discusión con mi marido. En ese instante sentí dentro de mí como si algo roto hacía mucho se hubiese roto una vez más, pero en esa ocasión en mil pedazos.

Aquel día la ansiedad empezó a tomar el control de mi vida y de mi persona: lloraba sin parar, me costaba respirar y sentía presión en el pecho. Mi dolor era tan profundo que recuerdo haberle pedido a Dios que, por favor, parara.

En medio de este ataque de pánico y dolor emocional, no podía respirar. Aunque aún se veía el sol, comenzaba a oscurecer, pero el calor me sofocaba. Estaba sentada en el suelo con las manos en el pecho, intentando calmarme, cubierta de sudor y lágrimas. Desesperada, y con la habitación hecha un desastre —porque en un intento de sacar mi dolor lo había tirado todo al suelo—, me encontraba entre el agua de mis lágrimas y algunos cristales, acurrucada pensando que nunca iba a salir de allí.

Ese fue mi infierno personal, del que yo había sido partícipe porque, cuando estamos heridas, herimos profundamente a los demás. En medio de ese caos, le pedí a Dios que me mostrara una señal de que esto era pasajero, de que podría salir de ese agujero.

No sé si fue la falta de oxígeno al intentar recuperar el aliento durante el ataque pánico o mi imaginación, pero apareció frente a mí una versión de mi yo del futuro. Mientras escribo estas palabras se me llenan los ojos de lágrimas al recordar ese momento tan importante y revelador en mi vida. Ella —mi yo del futuro— se me quedó mirando y se agachó hasta donde yo estaba, en el suelo, llorando. Me acarició la cabeza y me dijo que todo iría bien, que el dolor pasaría y que podría usar lo que estaba consumiendo mi vida en aquel instante para iluminar el camino de otros.

Me tendió la mano y me ayudó a levantarme. Me puse de pie y, al mirarla a los ojos, me di cuenta de que me había calmado por completo, de que todo había pasado, de que mis ojos se habían secado. Y desapareció.

Han pasado casi seis años desde aquella ocasión, y no he vuelto a tener un ataque de pánico, ni momentos depresivos que me hayan hundido hasta olvidarme de mí ni discusiones que solo pretendan herir. Puedo decir que lo único que ha cambiado en estos seis años ha sido que elegí mirarme y tratarme de otra forma. Ese día, con esa visión, entendí que en mi interior había mucha compasión y empatía, y que necesitaba empezar a darme dosis de las dos para poder sanar.

Hoy sigo sintiendo emociones incómodas y momentos retadores en mi vida, pero a pesar de no tenerlo todo resuelto, y sabiendo que es válido volver a estar en un punto de vulnerabilidad y dolor, ya sé que puedo contar conmigo, que si hay alguien que nunca me va a abandonar soy yo misma, y que siempre estaré dispuesta a ir a rescatarme hasta donde sea necesario porque mi dolor es válido, pero no tiene que controlar mi vida.

Ahora te puedo decir que esa versión de mí que me rescató ese día es la que está escribiendo este libro, la que encontró un propósito y usó ese fuego que me consumía para iluminar la vida de miles de personas, mujeres y hombres, niñas y niños internos que son rescatados a diario de la oscuridad por adultos conscientes, que están listos para abrazar y sostener su dolor.

Deseo con todo mi corazón que estas páginas se hayan impregnado del espíritu de esa versión de mí que una vez vino a rescatarme para que empodere tu espíritu y te rescate a ti y a tu niña interna con el fin de que puedas transformar cada una de esas heridas en tu automaestría.

Introducción

Una de las preguntas que me hacen con más frecuencia es: «¿Realmente es necesario ir al pasado y a las memorias de la infancia para trabajar algo que está sucediendo en tu presente?».

Sí. Para identificar dónde te encuentras ahora y qué te llevó a tomar las decisiones que han formado tu presente es necesario que des un paso atrás y que reconozcas el camino que has recorrido. Se trata de averiguar en qué momento tu niña interior se quedó estancada, perdida, sin guía o sin mapa, y que vayas a ese lugar donde está sola y vulnerable para que puedas dibujarle un camino y, así, se reencuentre contigo.

Las heridas de tu pasado no viven en el pasado, viven contigo en el presente y se manifiestan en tus relaciones, en tus emociones incómodas, en tus reacciones desmedidas, en tus patrones relacionales y en tu conexión con la espiritualidad.

En un profundo proceso de desarrollo personal y espiritual, es necesario que te atrevas a realizar el incómodo viaje de visitar tu pasado, pero no para culpar o responsabilizar a alguien o algo, ni tampoco para solucionarlo, ya que no podemos cambiar lo que pasó, sino más bien para rescatar la parte más vulnerable de ti, tu niña interior, la que se quedó viviendo desde ese dolor, ese miedo, esa soledad, ese abandono y ese desmerecimiento en algún momento de tu infancia. Está esperando que la rescates de ese dolor, para que así puedas cambiar las reglas con las que vives hoy.

Tal vez sea la primera vez que oyes hablar de la «niña interior». Es una memoria almacenada en tu mente, cuerpo y espíritu que condiciona la visión a través de la cual experimentas tu mundo como adulta.

De pequeños somos seres vulnerables y con necesidades físicas, emocionales y espirituales que corresponde satisfacer a los padres o cuidadores, pero lo más seguro es que ellos también tuvieran en su interior sus propios niños heridos y viviesen en modo supervivencia, con ansiedad, o que no contasen con las herramientas adecuadas y dejaran a tu versión más vulnerable con un vacío por alguna necesidad que no fue del todo satisfecha.

Todo lo que para esa niña representó la pérdida de amor por parte de los padres se tradujo en una herida, también conocida como «trauma». Quizá sintió que no la veían, que no la escuchaban, que no la validaban lo suficiente, o, en el peor de los casos, vivió en un hogar donde ese amor no estuvo presente, sino que en su lugar hubo abusos o negligencias. En cualquiera de estas situaciones, tu niña interna sigue filtrando tu vida adulta desde esas experiencias tempranas.

Puede que este sea el motivo por el que hoy te cuesta sentirte plena contigo misma o tienes una profunda sensación de vacío: sigues cargando el peso de tus heridas en tu mochila emocional.

Si no decides abordar tus heridas, tus relaciones y tus experiencias lo harán por ti.

Siempre he sabido que hay más por conocer de uno mismo, siempre he tenido la certeza y la seguridad de que existen partes de nosotros que solo se desvelan cuando somos capaces de soportar la responsabilidad de ese conocimiento. Durante toda la vida, de forma intuitiva, he estado alineada con mi sabiduría interior, pero —como tú, que me estás leyendo, y como muchas otras mujeres en algún punto del camino— llegó un momento en que me desconecté de esa parte de mí que todo lo sabe y que todo lo conoce, y me centré en el exterior, en ser primero para los demás y luego para mí, dejando cada vez más abandonada esa voz interior llena de vida, gozo y curiosidad.

Me centré en ser buena hija, buena estudiante, una mujer «adecuada», y por culpa de estos roles y exigencias autoimpuestas terminé desconectándome de mí, lo cual me llevó a experimentar uno de los capítulos más oscuros de mi vida. Esta crisis emocional fue mi maestría interna, que me llevó a entender que el fuego que me estaba consumiendo no pretendía destruirme, sino derribar todas las estructuras y murallas que me había construido para alejarme de mí y para proteger mi parte más vulnerable: mi niña interior.

Recuerdo la primera vez que empecé a trabajar con mi niña interior. Estaba profundizando en algunos temas personales con mi terapeuta y me explicó que en ese punto de mi vida me encontraba en una lucha interna. Me mostró que, muchas veces, mi niña tomaba el control de mis reacciones porque no se sentía vista o escuchada, y que, para colmo, cada vez que lo hacía, mi yo adulta solía reprocharle(me) y juzgar(me) sus acciones.

Todo cambió cuando mi terapeuta me sugirió que le preguntase a esa niña qué intención tenía al hacer eso, y me aconsejó que, además, le consultase: «¿Cómo te sientes?».

Esas dos poderosas reflexiones establecieron una pauta de lo que sería una nueva era de sanación emocional para mí. Fue la primera vez que conecté con mi niña interior. Me di cuenta de que le debía la oportunidad de establecer una relación con ella para conocerla (conocerme) y escucharla (escucharme), y, para mi sorpresa, ese fue el camino que me llevó de regreso a conectar con ese conocimiento intuitivo de mí con el que alguna vez estuve profundamente alineada.

Es un acto de amor profundo, es rendirte para dejar de estar en guerra contigo misma y hacer las paces con todas y cada una de las partes que viven dentro de ti.

Y son esos momentos dolorosos de crisis, esas fracturas emocionales, esos puntos de inflexión en la vida, los que te llevarán —o te empujarán— a una reinvención y evolución espiritual y emocional. Gracias a ellos te escribo hoy, y es probable que, como consecuencia de uno de esos instantes retadores e incómodos de tu vida, me estés leyendo.

Estoy segura de que en este punto recordarás los momentos que te han traído hasta aquí. Cada una de las circunstancias que has vivido te han llevado a elegir este libro y leerlo, porque cada detonante de tu vida refleja las heridas que tienes que sanar, y son ellas las que te están indicando e iluminando un camino que te llevará a conocer no solo tu esencia, sino también tu misión en la vida.

Es importante que aceptes que esa parte de ti —la que te ha llevado a leer este libro, la que está llamando a la puerta de tu espíritu— necesita librarse de lo que le dijeron que tenía que ser, de todos los condicionamientos autoimpuestos que te asfixian y que no te permiten conectar con el maravilloso amor, infinito y abundante, que eres.

Cada palabra de estas páginas está impregnada de un amor que solo puedo decirte que viene de una inteligencia espiritual imposible de definir con términos humanos. Guiada por esta inteligencia, he escrito este libro para ayudarte a despertar a la versión más elevada que está dentro de ti, a esa fuente de amor inagotable que habita en tu interior, para que puedas vivir una espiritualidad consciente en la que no tengas que dejar a un lado tu dolor y negar tu historia, sino que más bien puedas abrazar cada uno de los momentos que te han traído hasta aquí y puedas transformarlos en la maestría de tu sanación emocional.

Como psicóloga, hipnoterapeuta y maestra espiritual de miles de mujeres alrededor del mundo, he sido testigo de esa transformación y reparación sagrada que se produce cuando te das permiso para sanar tus heridas emocionales. Sin embargo, el hecho de reconocer que tienes esas heridas no basta para curarlas. Es necesario que vivas ese punto incómodo desde el conocimiento de que tienes algo que sanar y sostener, pasar por el duelo, darte permiso para adquirir esas herramientas y encarnar esa versión plena de ti, la de una persona que no se rechaza, que no se abandona, que no se traiciona, que no se juzga y que no se humilla por nada ni nadie.

Primer paso para sanar

- Entender que tus heridas no viven en tu pasado.
- Comprender que tus heridas viven hoy, en tu presente, en tus relaciones, en tus reacciones, en tus decisiones, en los riesgos que no asumes, en los miedos que te paralizan y los sueños que no te permites alcanzar porque no te sientes merecedora de ellos.

Debes estar dispuesta a reconocer esas partes heridas para poder reconectar con tu ser espiritual y con la sanación. Sin duda, podrás saber que tú eres tu mejor sanadora cuando te des permiso para reconocer y aceptar todas las partes que viven dentro de ti.

No hay una sanadora más poderosa, preparada y capaz que tú. Hay lugares a los que ningún psicólogo, terapeuta ni mentor espiritual puede llegar, porque son esas partes en las que reina la oscuridad, las que solo tú puedes iluminar y hacer sentir amadas, vistas y reconocidas.

Este libro es una poderosa herramienta espiritual. Pretendo brindarte todos los conocimientos que necesitas para emprender ese descenso de regreso a casa dentro de ti y reencontrarte con la niña que fuiste, con la misión de volver a hallar tu esencia para que la abraces, y juntas, desde la mujer que eres, construyáis esa vida que anhelas.

Te explicaré todo lo que puedes hacer para contactar con tu poder autosanador. Cuando te des permiso para verte y reconocerte, te convertirás en tu mejor sanadora.

Es probable que ya te hayas iniciado en el camino de la sanación emocional y que ya conozcas algunos conceptos que voy a compartir contigo en esta poderosa herramienta, mi libro. O puede que sean nuevos para ti. En cualquier caso, abre la mente y el corazón para recibirlos, pero no desde el ego —ese que todo lo sabe y lo conoce—, sino desde el amor para el que todo es interesante, nuevo y, sobre todo, revelador. Así desbloquearás un nuevo nivel de consciencia espiritual y podrás transformar tus viejas creencias y paradigmas emocionales en nuevas libertades, además de alinearte con tu autenticidad pura.

A lo largo de estas páginas te contaré muchos de mis desafíos y retos personales, y los relacionaré con las herramientas que usé para sanar mis heridas. Pero no me limitaré a explicarte mi historia, sino que además te narraré historias poderosas de mujeres que han logrado no solo sanar la relación con su niña herida, sino también transformar esas heridas en bellas potencialidades para cultivar relaciones sanas. Por supuesto, en estos testimonios he cambiado los nombres y algunos detalles para proteger la privacidad de esas maravillosas mujeres que confiaron en mí como su guía. Ojalá puedas apropiarte de sus transformaciones, ya que el camino de cada una es también el que te estás atreviendo a emprender al abrir este libro.

¡Felicidades, mujer valiente! Aquí empieza el resto de tu vida consciente y libre a nivel emocional y espiritual.

1

Tu niña interior sigue esperando tu regreso

> Nada que esté fuera de ti podrá nunca proporcionarte lo que estás buscando.
>
> BYRON KATIE

¿Crees que eres muy perfeccionista y exigente contigo misma? ¿En tus relaciones tiendes a traicionar tus necesidades y a abandonarte en favor de la otra persona? ¿Sientes que te cuesta conectar con tus emociones de forma consciente? ¿Te sientes desconectada de tu esencia?

Si alguna de estas preguntas te resuena, te incomoda o te reta, quiere decir que tu parte más emocional y vulnerable —tu niña interna— está siguiendo un manual de instrucciones de vida que ya ha caducado, y que se ha quedado en bucle en los lugares, momentos y heridas en los que no se sintió vista, validada o reconocida, esperando que alguien vaya a rescatarla para dibujarle el camino de regreso a casa.

Y ese alguien eres tú.

Y tal vez te preguntes quién o qué es la niña interior…

EJERCICIO
Conecta con tu niña interior

Te propongo comenzar nuestro camino juntas realizando un ejercicio de visualización.

- Ponte una mano sobre el corazón, inspira profundamente y, con mucha amabilidad, trae a la pantalla de tu mente la imagen más nítida que tengas de ti cuando eras niña.
- Ahora obsérvala. ¿Qué edad tiene? ¿Qué emoción te transmiten sus ojos? ¿Cómo va vestida?
- Pregúntale cómo se siente en tu vida en este momento, qué precisa para sentirse vista y escuchada y, por último, si necesita algo de ti. Por favor, escucha en tu corazón cada una de sus respuestas.
- Al acabar el ejercicio de visualización consciente, respira hondo, llévate la mano al corazón y agradécete haberlo intentado.

Comprendo que tal vez no haya sido una situación cómoda o que quizá hayan surgido muchas emociones que tenías reprimidas. Conectar con esa parte de ti es fundamental para promover tu autoconocimiento. Si no has podido visualizar o conectar con tu niña interior, no te preocupes: ella sabe tu intención. Para ofrecerte un recurso adicional, al final del capítulo encontrarás una meditación que te ayudará a reforzar esta visualización siempre que lo necesites.

Ahora sí, respondiendo a tu pregunta, la niña interior es la parte de tu subconsciente que guarda las pautas mentales, las primeras instrucciones y los primeros conceptos del mundo que fueron transmitidos por tus padres o cuidadores. Por otra parte, tu niña interior representa tu mente emocional, el lugar donde están las pautas gracias a las cuales hoy te relacionas con tus emociones, con la vida, con tu pareja y contigo misma, ya sea para bien o para mal.

Somos adultos con niños muy heridos en nuestro interior, y tu niña interna está dirigiendo toda esta obra de teatro que llamamos «vida» oculta entre bambalinas. Quizá está siguiendo un guion que no ha sido actualizado desde hace mucho, apegándose a creencias limitantes, carencias emocionales y un profundo miedo al rechazo y al abandono.

Tus heridas son el espejo que te muestra lo que debes sanar

Tu niña interior se encuentra detenida, congelada y atrapada en esas situaciones que la hicieron sentirse profundamente herida. A raíz de ellas creó historias rotas basadas en el miedo en las que la premisa era abandonarse porque la habían abandonado, rechazarse porque la habían rechazado, tal vez no confiar ni pedir ayuda porque las personas en las que más había confiado la habían traicionado, o puede que se relacione con personas que abusan de ella porque eso fue lo que aprendió sobre el amor y la vida. Y son esas historias las que, sin darte cuenta, dirigen tu conversación contigo misma.

La relación que mantienes como adulta con la vida es desde estas historias, desde donde hoy no te das permiso y desde donde ocultas partes de ti para que te acepten, te vean y te reconozcan. Por eso una parte de ti ya no soporta ni aguanta seguir viviendo desde la sombra, desde la fragmentación y el desmerecimiento, y está esperando —mejor dicho, anhelando— que vayas a rescatarla, a ayudar a todas las partes que quedaron huérfanas cuando tus padres eligieron no verlas, y tú, en tu inocencia, elegiste rechazarlas en nombre del amor y la supervivencia.

Estas historias y emociones que no fueron apoyadas, vistas ni sentidas en el pasado hoy condicionan tu comportamiento como adulta, desde tu subconsciente, y se traducen en la fórmula y el código que dirige tu vida:

- Como te abandonaron, te abandonas.
- Como te rechazaron, te rechazas.
- Como te traicionaron, te proteges.
- Como te censuraron, te censuras.
- Como te castigaron, te castigas.
- Como te criticaron, te juzgas.
- Como te exigieron, te exiges.
- Como te cuidaron, te cuidas.
- Como te amaron, te amas.
- Y como te vieron y te escucharon es la forma en que hoy te ves y te escuchas.

Si no abordas tus heridas de la infancia, tus relaciones lo harán por ti.

Y tal vez parezca una paradoja del destino, pero igual que la naturaleza siempre tiene un antídoto para cada uno de los venenos que encontramos en ella, cuando resultamos profundamente heridos en las relaciones son estas las que nos llevan a alcanzar una profunda sanación y un crecimiento espiritual y personal.

Tus relaciones de pareja, con amistades, familiares, compañeros de trabajo y conocidos, así como tu relación con el dinero y con la vida, reflejan todas y cada una de las heridas de tu niña interior, pues en esos espacios relacionales se te exige vulnerabilidad, confianza, autorrespeto, autoconfianza, comunicación y conexión. En ellos tus heridas reflejan las carencias de las bases que no fueron bien solidificadas en tus primeros años de vida, proyectando en tus relaciones los miedos y las creencias limitantes más inconscientes de tu niña interna.

Averigua cómo se siente tu niña interior

En la columna izquierda de esta tabla verás cómo se siente tu niña herida en las relaciones. Compárala con la columna de la derecha, que muestra cómo se ve esa adulta consciente que ha rescatado e integrado todas las partes de sí misma, para que puedas reconocer el amor que, en esencia, eres.

NIÑA HERIDA	ADULTA CONSCIENTE
Tienes altos niveles de autoexigencia y autocrítica.	Reconoces tus logros y te honras con amor.
Sueles tener relaciones dependientes o tóxicas.	Tus relaciones están basadas en la responsabilidad afectiva.
No sabes cómo conectar contigo misma.	Te permites espacios de conexión contigo misma.
No sabes establecer límites o tienes límites muy rígidos.	Cultivas tu autocuidado y los límites sanos.
Sientes un profundo miedo a ser abandondada, traicionada, rechazada o invalidada.	Reconoces que estás respondiendo desde la herida para elegir hacerlo de otro modo.
Saboteas tus relaciones y no te permites recibir el amor.	Eres consciente de tus patrones y de cómo se manifiestan.

Castigas, hieres y te alejas cuando te sientes herida.	Eres curiosa con tus interpretaciones sobre los hechos.
Evitas ser vulnerable por miedo a ser herida.	La vulnerabilidad te ayuda a intimar de forma emocional contigo y con los demás.
Sueles ser reactiva en el plano emocional.	Integras herramientas para responder de forma consciente a tus emociones.

¿En cuál de estas columnas te sitúas? ¿Cuáles de estas conductas están presentes en tus relaciones más íntimas e importantes? Tal vez haya varias en tu vida en las que te comportes como adulta consciente, pero en algunos momentos seguro que te preguntas: «¿Por qué reacciono o me comporto así?». Ocurre en esas relaciones o situaciones en las que tu niña interna sigue detenida en instantes que la hicieron sentirse profundamente herida y desconectada de su valor, y, desde ese manual caducado, repite una respuesta automática, poco madura y poco consciente. Por tanto, estarías respondiendo a tu presente desde un condicionamiento pasado que nació de la carencia, limitándote hoy a conectar con tus potencialidades y fortalezas internas.

En tu pasado está la clave para entender tu presente

Una de las preguntas más habituales de mis pacientes y de mi comunidad en redes es: «¿Para qué necesito visitar mi pasado si el problema que requiere mi atención está aquí, en el hoy?». Necesitas de tu pasado para entender de dónde vienes y qué llevas hoy en tu mochila emocional que tal vez no te haga falta de camino hacia tus metas.

A todos y cada uno de los seres humanos, incluida tú, las experiencias del pasado nos condicionaron e impactaron hasta algún punto de nuestra personalidad, y es allí donde nace la importancia, en esencia, de hacer viajes breves o visitas para comprender cuáles son esos conceptos a través de los cuales hoy filtras las experiencias de tu vida adulta.

Y no se trata de ir a tu pasado para quedarte allí por lo que te sucedió, ni tampoco de ir a buscar culpables y señalar a las personas que te hicieron ser quien eres. Vamos a tu pasado a reconocer tu historia para validar todas las emociones que no fueron atendidas, para acompañar a esa niña cada vez que se sintió abandonada, para sostener las partes de ti que fueron profundamente heridas y para recordarte el valor y el merecimiento que alguna vez te fue negado, para que así tu pasado y esa niña que se quedó atrapada en el miedo puedan vivir desde la paz y la transformación que nace de la reconciliación entre la niña que fuiste y la mujer que eres.

No puedes cambiar lo que te sucedió, pero sí brindar presencia y acompañamiento a la niña que fuiste para que no tenga que vivirlo desde la soledad, el miedo y la negación, sino más bien desde la aceptación y el duelo necesarios para trascender y para darte la oportunidad de hacerlo de otro modo, de elegir desde el merecimiento, de forma que puedas proporcionarte todo lo que a esa niña le faltó.

Por eso, para que comprendas quién eres hoy, es necesario que aceptes que no todas las respuestas se encuentran al dar vueltas y más vueltas a la pregunta «¿Por qué he actuado o respondido ante esta situación de esta forma?», sino que debes reformularla: «¿En qué momento aprendí que esta era la mejor manera de responder? ¿Qué emoción despierta en mí que proviene de una necesidad no atendida en el pasado?». De este modo podrás ir a la raíz y el origen, al momento en que aprendiste a actuar desde la supervivencia y el miedo, y podrás dar permiso a tu parte sanadora o terapeuta interno —a quien te presentaré en los próximos capítulos— para que te guíe y te permita reconocer las situaciones que te hicieron dudar de tu valor y de tu poder, y alcances un nuevo nivel de conexión contigo de dentro hacia fuera.

Tus necesidades emocionales hoy son un mapa de ruta para reconocer las necesidades de tu niña interna que no fueron validadas. Las necesidades no satisfechas de tu niña interior son las que tu adulta refleja hoy en tus relaciones.

Pregúntate si las necesidades que exiges hoy con insistencia en tus relaciones provienen de aquellas no satisfechas de tu niña interna. Para ello, piensa en qué demandas constantemente en tus relaciones: atención, presencia, escucha, reconocimiento, libertad o validación. Da un paso atrás cuando lo hagas y pregúntate: «Esto que demando hoy, ¿proviene de mi adulta sana e independiente o de mi niña herida?». Tal vez si tiras de ese hilo conductor te lleve a algún momento de tu infancia en el que esa niña que vive dentro de ti careció o no recibió suficiente de eso que exiges hoy.

Si prestas atención, te darás cuenta de que vivimos en un mundo en el que las carencias de los niños heridos que se ocultan bajo máscaras de adultos independientes siguen dirigiendo y controlando la vida de estas personas, buscando compensar esas faltas, carencias o necesidades no cubiertas en edades tempranas.

Por eso es tan importante que reconozcas tu historia y las necesidades que fueron cubiertas y las que no, para que puedas entender que en esa etapa tan vulnerable de tu vida quizá experimentaste muchas carencias, y que, sin embargo, eso no quiere decir que otra persona deba satisfacer esas necesidades, sino que más bien debe reafirmarte en que eres tú quien está en deuda con la niña que vive dentro de ti, y que esta depende de ti y de nadie más.

Empieza a reeducarte en el plano emocional para poder cubrir todas tus necesidades. Cambia el «mírame», «dame», «escúchame» de tus relaciones por el «me escucho», «me veo», «me doy lo que necesito».

La doctora Nicole LePera afirma que las tres necesidades más importantes de un niño o una niña son ser vistos, escuchados y aceptados. El desarrollo del autoconcepto, la capacidad de regulación emocional y la inteligencia relacional en la edad adulta dependerán de cómo se satisfagan y atiendan estas tres necesidades en la vida de un infante.

Y es aquí donde entra el papel de la adulta sana y consciente, a la que estamos despertando para que sea ella la que acompañe a esa niña y la sostenga en el duelo porque muchas de sus necesidades emocionales no fueran cubiertas.

El biólogo especialista en epigenética Bruce H. Lipton afirma que «Aprendemos a vernos como nos ven, a valorarnos como nos valoran. Lo que escuchamos y vivimos nos forma. No vemos el mundo como es; vemos el mundo como somos». Para empezar a cambiar tu mundo y tu forma de relacionarte contigo misma es necesario ir al pasado y reconocer cuándo empezó todo, así que a continuación te presentaré un listado de algunas de las necesidades emocionales básicas de cualquier niño para su buen desarrollo emocional.

Para que empieces a reconocer las que no fueron cubiertas en tu infancia, he listado algunas que te pueden servir de guía a fin de descubrir poco a poco qué necesitaba tu niña interior para sentirse segura y amada, y al fin y al cabo qué necesita y merece cualquier infante al llegar a este mundo.

Abre la mente y lee la lista sin juzgarla y con mucha compasión.

Para sentirse amada, cuidada, segura y protegida, toda niña necesita...

- ... saber que su llegada al mundo fue deseada.
- ... que sus padres o cuidadores sepan que existe.
- ... ser consciente de que puede expresarse con libertad.
- ... seguridad para explorar el mundo desde la curiosidad y la inocencia.
- ... disciplina y constancia, para crear esa seguridad.
- ... que la dejen fantasear, imaginar y, sobre todo, sentir.
- ... contacto físico: abrazos, besos y caricias por parte de ambos cuidadores.
- ... palabras de afecto y reafirmación que le recuerden lo valiosa, especial y amada que es.
- ... saber lo que es suyo y lo que es de los demás.
- ... sentir que tiene un sitio en su familia, en su hogar y con otros niños.
- ... que escuchen sus preguntas y que los demás se las tomen en serio.
- ... comprender cómo funciona el mundo.
- ... tener la posibilidad de equivocarse e intentarlo de nuevo.
- ... que la consideren capaz y competente.
- ... ser amada y respetada a pesar de cualquier limitación intelectual.

- ... expresar su disconformidad, y que la tengan en cuenta y la validen.
- ... sentirse acompañada y escuchada.

Mientras escribo esta lista estoy pensando en todas las mujeres que se sienten heridas actualmente porque en la infancia no se satisficieron muchas de sus necesidades, según cada uno de los aspectos que acabas de leer. Al pensarlo, se me llenan los ojos de lágrimas porque, en cuanto lo reconoces, se abre un camino, se crean los cimientos de un puente y colocas el primer nivel para que, cuando acabe de construirse, puedas ir al encuentro y rescate de tu niña interna.

¿Por qué cuesta tanto mirar hacia el pasado?

- Temes reabrir la herida y no sabes si serás capaz de aguantar ese dolor.
- Sientes que tu vida está en un buen punto y crees que no necesitas revisar tu pasado.
- Por fin has conseguido tener una buena relación con tus padres y temes que, si revisas tu pasado, pueda cambiar.
- Como forma de protegerte, has idealizado tu infancia y a tus padres, y temes que, si escarbas en tus heridas, quizá ya no puedas ver a tus padres de la misma manera.
- Te cuesta aceptar que tu pasado tenga tanto poder sobre tu presente.
- Si el pasado no se puede cambiar, crees que no hay motivo para mirar hacia allí.

La sanación emocional está compuesta por integración, reconocimiento y aceptación. Para tener libertad y reparación emocional en la vida, es necesario que integres aquellas partes de ti que han quedado olvidadas, exiliadas o rechazadas porque quienes te educaron o te criaron no contaban con las herramientas necesarias para acompañarte y abrazarlas. Al mismo tiempo, cuando empiezas a darte cuenta de que dentro de ti hay historias o versiones que habías rechazado porque los demás no sabían cómo aceptarlas, empiezas a reconocer que ya no necesitas de los otros, sino empezar a hacerte cargo de ti. En ese momento agridulce en el que por fin aceptas que tu herida duele profundamente y al mismo tiempo que no es responsabilidad de otros sanarla, sino tuya, es cuando te permites empezar a resignificar tus interpretaciones internas, pues al fin y al cabo tu herida no es lo que te sucedió, sino cómo la interpretaste e interiorizaste, y allí yace tu poder de autosanación.

No se trata de cambiar tus experiencias del pasado, sino tu interpretación de esas experiencias. Porque, cuando la compasión y el amor entren en la ecuación, el protagonista de tu pasado ya no será solo el dolor.

Por desgracia, nuestro organismo está diseñado para evitar el dolor, y a veces preferiremos tener una herida infectada a someternos al dolor de drenarla y limpiarla para que pueda darse la verdadera sanación. De ahí que a muchas personas les cueste mirar hacia el pasado, ya que eso significa arrancar esa costra y reabrir la herida. Pero si no reúnes la compasión y la curiosidad necesarias para mirar hacia tu pasado, vivirás una vida incompleta, dejando partes de ti olvidadas y abandonadas.

Si algo he aprendido como emigrante por situaciones sociopolíticas es que, cuando no reconocemos los sucesos del pasado, tendemos a repetir la historia con la intención de darle un final distinto. Las partes que no reconoces de ti seguirán saliendo de forma inconsciente, tomarán el control de tus decisiones y relacionarán las interpretaciones de las situaciones que vivas hoy con el dolor del pasado, y ahí radica la importancia de reconocer tu historia. Aunque algunas piezas estén rotas o fracturadas, estás a tiempo de recogerlas, unirlas y transformarlas en una obra de arte.

No se trata de que vuelvas a ser como eras antes de que te hirieran, sino de que puedas ir a esos momentos en los que tu niña interpretó que no era suficiente, que no valía, que no era merecedora de amor o de respeto, que siempre tenía que exigirse y ser perfecta para que la amasen, y le cuentes la verdad: siempre ha sido merecedora de amor y respeto, y su valor no está condicionado por sus experiencias.

De este modo transformarás tu pasado en una obra de arte, en una que incluya tus dolores, pero quitándoles el protagonismo y el filtro en la vida que vives hoy.

EJERCICIO
El camino de regreso a ti

- Evoca la imagen de la versión más pequeña y joven de ti que recuerdes.
- Cuando la tengas, cierra los ojos y conecta con esa niña que vive dentro de ti.
- Observa: ¿cómo va vestida?, ¿qué edad tiene?, ¿qué expresa su rostro?, ¿qué te transmite su mirada? En cuanto conectes con ella, pregúntale: «¿Qué necesitas de mí en este momento?», «¿Qué es lo que te sigue doliendo?». Escucha cada una de sus respuestas en tu corazón.
- Seguidamente, ponte la mano derecha en el corazón, inspira hondo, visualiza que estás colocando esa misma mano en el corazón de tu niña interior y dile en voz alta: «Eres digna de recibir amor.

A partir de ahora me comprometo a verte y escucharte. No volverás a estar sola; siempre estaré contigo para cuidarte».

- Inhala y exhala hasta sentir que esa niña interior ha recibido el mensaje. Observa en qué parte del cuerpo notas tus emociones y permítete sentir lo que necesites, por incómodo que sea.
- Para anclar este momento de profunda conexión contigo, escoge una acción que implique reconectar con tu cuerpo: abrazarte mientras visualizas que la abrazas o colocarte en posición fetal y sentir que te recuestas con ella.
- Hecho esto, recuérdale una vez más que a partir de ahora siempre estarás ahí para ella. Inspira hondo, abre los ojos y haz un gesto o movimiento que te conecte con el presente.

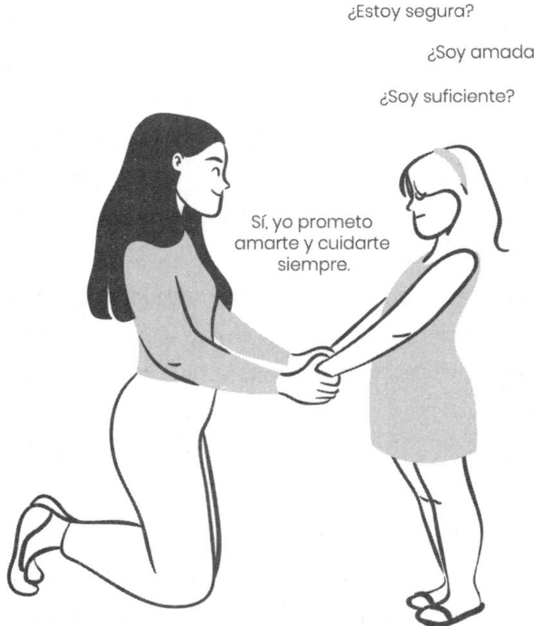

En este viaje te desprenderás del miedo, el desmerecimiento y la vergüenza, para aprender a vivir desde el amor profundo que habita en tu interior. No estás sola, me tienes a mí como guía para enseñarte a despertar a la guía interna que vive en ti. De este modo podrás estar siempre allí cuando tu niña interna te necesite, y podrás cultivar una vida y unas relaciones desde el merecimiento.

Deja de huir de tu dolor: es el puente a tu mejor versión.

De todos los obstáculos posibles para conectar con tu poder autosanador, el mayor es aceptar el dolor de los duelos que no has podido procesar. Y es comprensible, porque vivimos en una sociedad que evita el tránsito de los duelos de forma natural, sostenida y vulnerable. Se intenta anestesiar el dolor y dejarlo a un lado, como lo demuestran las frases que se suelen decir ante experiencias dolorosas: «Supéralo», «Déjalo ir», «Vendrán tiempos mejores», «Pasará», etc. Todas ellas se basan en la invalidación emocional y la carencia de herramientas para sostener y transitar por el dolor como emoción y como proceso de crecimiento personal y espiritual.

El dolor es incómodo. Muchas veces querrás huir, evadirte y negarte a estar en contacto con lo que te duele o te incomoda. Al mismo tiempo, la paradoja de la vida te hará volver a encontrarte con situaciones emocionales o relacionales que rozarán, tocarán o reabrirán una herida que no estaba bien cicatrizada, ya que no sientes emociones nuevas.

Si lo analizamos, los duelos representan la muerte física o simbólica de una persona, una situación que nunca llegó a suceder o una expectativa frustrada. El duelo puede llegar a vivirse por emociones que no fueron atendidas; necesidades de la infancia que no fueron satisfechas; expectativas, sueños y anhelos que no se cumplieron o llevaron a cabo, o por supuesto, y no menos importante, la pérdida de una persona cercana, ya sea de forma física o emocional, es decir, porque falleció o porque no siguió estando presente en tu vida.

A continuación veremos algunas situaciones por las que puede que necesites pasar el duelo y que quizá no hayas considerado, pero no porque no quieras, sino porque es incómodo, sobre todo cuando no sabes por dónde empezar. Para eso estoy aquí, guiándote en cada paso de este camino, ayudándote a convertirte en una persona que pueda sostener y acompañar a su niña interior.

Situaciones por las que tu niña interior necesita hacer duelo para sanar

- Todas las veces que anhelaste que tus padres te dijeran que estaban orgullosos de ti y no lo hicieron.
- Todas las veces que esperabas que tus padres respondieran con una sonrisa, un abrazo o un acto de afecto y no sucedió.
- Todos los cariños, abrazos y palabras de afirmación que no recibiste.
- Todas las tareas y actividades escolares que tuviste que hacer sola porque no se te brindó apoyo o compañía.
- Todas las veces que te caíste y nadie te ayudó a levantarte ni curó tus heridas.
- Todas las veces que esperaste que se cumpliera alguna de las promesas que te hicieron tus padres y no fue así.
- Las necesidades físicas o materiales de las que careciste mientras crecías: ropa, juguetes, vacaciones en familia, comida y cualquier recurso físico o material que no te dieron.
- Todas las veces que te castigaron tanto de manera física (con maltrato y violencia) como emocional (con silencios o indiferencia).
- Todas las veces que quisiste jugar, ser libre o auténtica y no te lo permitieron.

- Todas las veces que te avergonzaron o señalaron en el colegio o en una situación en la que te sentiste humillada.
- Ese padre o esa madre que no estuvo allí cuando lo o la necesitabas, de forma física o emocional.
- Todos los momentos en que te sentiste sola, abandonada, traicionada, humillada, injustamente tratada y rechazada.
- Todas esas emociones que necesitaron ser validadas y no te dieron espacio ni permiso para sentirlas.

Si la herida fue muy grande, tendrás que ir hasta allí y sanarla muchas veces. El duelo es el proceso que te permite validar, reconocer y sostener todos esos momentos en los que tu niña necesitaba de un adulto consciente y maduro emocionalmente y no lo tuvo. Allí es adonde tienes que ir para recordarle que estás con ella, que la puedes acompañar incluso en los instantes más oscuros, tristes y dolorosos. Porque, aunque parezca que hayan pasado muchísimos años para la niña que vive en ti y para tu subconsciente, esos momentos dolorosos siguen presentes en tu sistema nervioso, en tus respuestas emocionales, en lo que exiges en las relaciones, en los límites que no estableces, en la situación que te bloquea, en la ansiedad, en la depresión y en la sensación de no ser suficiente.

Por eso te invito a tomar conciencia de los puntos de la lista anterior que te toca llorar y sacar para procesarlos. Permite que cada una de esas emociones tenga un espacio para verla y sostenerla. Si crees que lo necesitas, escoge una situación y escribe una carta a tu niña interior haciéndole saber que validas y reconoces su dolor. El duelo no busca culpables, sino integrar ese hecho, ya que no es lo mismo saber que tuviste cierta experiencia que validar y reconocer lo que sentiste al vivirla. El duelo sería lo segundo.

EJERCICIO
Conecta con tu guía interna

Como hemos tocado fibras sensibles y removido emociones incómodas, te invito a hacer el siguiente ejercicio de regulación emocional: ponte la mano derecha en el corazón, inspira hondo y repite en voz alta: «Mi querida niña interior, te veo, te escucho y te reconozco. No estás sola; estoy aquí, contigo; estás segura conmigo».

Repítelo tantas veces como lo necesites.

A lo largo del proceso de sanación e integración que expongo en estas páginas es muy importante que entiendas qué parte del duelo implica aceptar todo lo que no ocurrió, todo lo que no tuviste, todo lo que te pareció injusto, todo lo que no entendiste, todo lo que viviste como un abandono, un rechazo o una traición emocional.

Una de las frases más poderosas, reveladoras y ciertas de Carl Jung es «Hasta que no hagas consciente tu inconsciente, este seguirá hiriendo tu vida y tú lo llamarás destino». Por experiencia, esta afirmación está relacionada con todas esas emociones y todos esos momentos en que tu niña interna se quedó detenida, inválida, vulnerable y sola. Todas estas emociones y sensaciones están contigo hoy, guardadas en tu cuerpo, en tu mente y en tu espíritu. Es lo que se conoce como trauma o herida que no ha sido sanada. Para empezar ese proceso de sanación, es necesario reconocer todas las historias rotas que tu niña guarda en su corazón y que te impiden conectar con lo que realmente te mereces.

Por eso te invito a dejar que el dolor atraviese todo aquello que no te has permitido sentir. Pero para ello no debes temer a tu dolor. Deja de evitarlo y de huir de él. Hay lugares a los que solo tú puedes llegar, y conectar con tu dolor es algo que solo tú puedes hacer por ti.

Solo tú puedes construir un puente para que tu niña interna sea capaz de llegar hasta allí y rescatarla, porque sentir tu dolor es el paso que te conectará con una versión madura, sana, segura, sabia y consciente de ti.

Reconoce todas las veces que tu niña se sintió herida; valida y acompaña esa parte de ti —cada vez que se vio abandonada, rechazada, humillada, tratada de forma injusta o traicionada— para transformar ese dolor en el puente que te permita conectar contigo y convertirte en tu mejor sanadora.

Una vez que eres consciente de lo que llevas en tu mochila emocional y puedes seguir aprendiendo a sanar, ha llegado el momento de comenzar a trabajar en esa nueva visión que vas a crear de ti. Para ello, vamos con un ejercicio, pues siempre es la mejor forma de anclar el aprendizaje.

EJERCICIO
Crea una nueva visión para tu vida

En esta práctica te voy a guiar para que conectes con una visión futura de ti, tu versión más sanadora y poderosa.

- Visualiza que estás delante de un camino que te gusta: en la naturaleza, en una ciudad que conozcas… También puedes elegir una imagen que hayas visto por las redes sociales.
- Cuando tengas esa imagen en mente, cierra los ojos, conecta con tu respiración y visualízate caminando por allí, dando un paso delante del otro.
- Mientras estás andando por esa senda, ves a una persona adulta que también camina por allí, pero va muy por delante de ti. De pronto te das cuenta de que esa persona es la versión más poderosa, potenciada y elevada de ti.

- Visualiza cada aspecto físico de esta versión de ti: ¿cómo va vestida?, ¿cuál es su postura?, ¿qué te transmite su presencia o su energía?
- Visualízate en su interior y plantéale las siguientes preguntas: «¿Qué piensas de la vida?», «¿A qué has dado prioridad para llegar hasta donde estás?», «¿Qué consejo me puedes ofrecer?». Escucha las respuestas en tu corazón.
- En cuanto te responda, ponte la mano en el corazón, inhala y exhala profundamente, y prepárate para prometerte algo que a partir de hoy puedas cumplir a diario y que te permita llegar a ser esa versión de ti que tienes delante. Repite en voz alta: «Yo [tu nombre], me comprometo a [pequeña promesa diaria] para alinearme con mi paz interior».
- Dale las gracias a esa versión más elevada de ti por este encuentro, haz tres inhalaciones y exhalaciones profundas, y poco a poco abre los ojos para conectar con el aquí y ahora.
- Si te sale, coge un papel y un bolígrafo, anota la promesa y colócala donde puedas verla cada día.

Disponte a ir a tu rescate

El doctor David Hawkins afirma: «El amor es malinterpretado como una emoción; en realidad, es un estado de consciencia, una forma de estar en el mundo, una manera de verse a uno mismo y a los demás». Para dejar de vivir desde tus heridas es necesario que abraces la voluntad de tener una nueva visión para tu vida, una que ya no venga del miedo, sino del amor. Y, para encarnar esta nueva visión, el paso más importante que debes dar es aceptar que nadie vendrá a rescatarte, nadie traerá cambios extraordinarios a tu vida si no estás dispuesta a participar de forma activa y voluntaria en tu transformación y sanación emocional, porque esa sanación nace de tus elecciones, del reconocimiento de todas las historias que viven dentro de ti y de la validación de cada una de las emociones que a esa niña se le negaron. Para esto es vital que reconozcas que TÚ debes ir a su rescate. Este libro será tu guía para dejar de huir, para darte el permiso de ser más que suficiente para ti. Con el tiempo, la autoconfianza se convertirá en autoestima, y la herida que tanto anhelas sanar será tu gran maestría.

Te prometo que llegará el día en que ese dolor, esa ansiedad, esa depresión y esa crisis emocional que alguna vez sentiste que te consumía será la luz que uses para iluminar tu vida y la de las personas que te rodean.

APRENDIZAJES DE ESTE CAPÍTULO

- ✓ Tu niña interior es una parte de ti, de tu mente (pensamientos y creencias), de tu cuerpo (sensaciones y emociones) y de tu espíritu (conexión y merecimiento).
- ✓ Las historias en las que tu niña interior se quedó bloqueada y detenida son las que debes reescribir al ir a su encuentro, validando, escuchando y reconociendo lo que tú necesites en ese momento.
- ✓ Si esas historias no se renuevan, vivirás desde una fórmula o código que ha caducado.
- ✓ La disponibilidad física y emocional de tus padres en el pasado para validar y atender tus necesidades físicas, emocionales y espirituales influye en cómo te ves, te escuchas y cubres tus necesidades hoy.
- ✓ Es posible apartarse del miedo y el desmerecimiento para vivir desde el amor y la calma interior si experimentas y validas los duelos no resueltos de tu infancia.
- ✓ Comprométete cada día a realizar la meditación para conectar con tu niña interna y verás un cambio en tu mundo emocional.

- ✓ Tu madurez emocional en las relaciones es directamente proporcional a cuánto hayas trabajado para sanar tus heridas emocionales.

Comprométete con los pasos y las herramientas que te he ofrecido para ir al encuentro de tu niña interior. Te abrirán el camino hacia una conexión profunda contigo y con el amor que habita dentro de ti, te ayudarán a cambiar tu autoconcepto y tu autoestima, y también a aceptar aquellas situaciones dolorosas que no se pueden cambiar, para liberar lo que necesita ser sanado; por ejemplo, tu mochila emocional.

Viajarás más cómoda. Estoy segura de que pronto empezarás a experimentar una conexión profunda con tu guía interna (tu intuición) y tu paz mental.

En el siguiente capítulo te ayudaré a entender cómo tus heridas emocionales se muestran constantemente en tu vida adulta, llevándote a ser consciente de que es necesario sanar las experiencias del pasado. En caso contrario, estas te conducirán a vivir desde el miedo, no desde el amor.

Depende de ti transmutar tu pasado para hacer de tus heridas tu maestría.

2

Tus heridas no viven en el pasado

> Cuando podemos ver lo que no podíamos ver antes, podemos hacer lo que no podíamos hacer antes.
>
> ENRIC CORBERA

¿Alguna vez te has sentido profundamente frustrada porque no entiendes por qué reaccionas de una forma concreta ante ciertas situaciones?

Tus heridas emocionales no viven en tu pasado: viven en tu presente; en cada una de tus reacciones; en tu miedo a ser abandonada, rechazada o traicionada por tu pareja o por tus amistades; en la dificultad para establecer límites en ciertas relaciones; y, por supuesto, viven también en tus mecanismos de protección, como el autosabotaje, la procrastinación, las actitudes defensivas y la sensación de desconexión de ti misma.

Lo que hoy consideras una reacción o un rasgo negativo, en algún momento fue un mecanismo de defensa.

Si eres perfeccionista o exigente contigo, tal vez en tu infancia aprendiste que, para que te quisieran, tenías que destacar, o quizá tuviste unos padres muy exigentes. Si eres dependiente en tus relaciones y te da miedo que te abandonen, quizá en tu infancia tu madre o tu padre no estuvieron tan presentes física o emocionalmente como tú necesitabas. Si tienes actitudes defensivas —como tomártelo todo a pecho, reaccionar de forma desmedida, subir la voz o alterarte—, tal vez en tu infancia aprendiste que tenías que protegerte y que, si no te defendías tú, nadie lo haría.

En esos momentos de tu infancia eras un ser vulnerable, y el miedo tomó el control sobre ti. Se alojó muy hondo en tu espíritu y bloqueó tu conexión con la intuición, el sentir y la capacidad de validar las emociones.

Cuando el miedo se vuelve más fuerte que el amor dentro de ti y empiezas a dudar de tu merecimiento, se produce la herida: una incisión profunda en espíritu, mente y cuerpo que te desconecta del amor que yace dentro de ti.

Debes saber que, a pesar de que tuvieras una infancia «normal» o «feliz», es probable que también vivieras experiencias incómodas en las que no te sentiste lo suficientemente amada, valorada o escuchada, al menos no tal como lo necesitabas, y en esos momentos en los que te sentiste sola y sin herramientas para soportar esa sensación o emoción se creó la herida.

Todos los adultos hemos experimentado en la infancia algún momento en el que nos sentimos separados y desconectados de nuestro merecimiento interno, y construimos creencias de que no éramos lo bastante buenos o que no merecíamos amor o atención. Estas conclusiones a las que llegamos en esos primeros años siguen dirigiendo nuestra vida adulta desde el miedo que no ha sido procesado y validado. Y este es el momento en el que empezamos el viaje para que puedas desaprender todas esas historias que siguen vivas en tu mente, en tu cuerpo y en tu espíritu para reprogramar las experiencias e interpretaciones emocionales de esas vivencias pasadas. No podemos cambiar lo que sucedió, pero sí acompañar a esa niña que se sintió vulnerable, sostenerla y recordarle lo inmensamente valiosa que era, es y será.

Cuando reconocemos el pasado, podemos dar voz a todo el dolor latente que está en nuestro interior, y ese es el primer paso para el cambio. Si somos conscientes de todo esto, dejamos de relacionarnos desde la herida abierta y podemos diferenciar cuándo respondemos desde los filtros del pasado y cuándo lo hacemos desde el contexto actual.

El trabajo de sanación emocional nace de tu capacidad de sostenerte en medio de la activación de tus heridas.

El ambiente emocional en el que creciste sigue hoy contigo

Tu cuerpo, tu mente y tu espíritu son como la caja negra de los aviones y almacenan todas las experiencias que has vivido —incluso desde que te concibieron o mucho antes de llegar a este mundo— hasta el día de hoy. Por eso, ver dónde se repiten los patrones, reacciones desmedidas, crisis emocionales o elecciones de trabajo, o desde dónde te relacionas con otras personas, es un indicador de algo que aprendiste a muy temprana edad.

Tu herida es una memoria emocional almacenada en tu cuerpo, mente y espíritu, y puede detonar en cualquier momento si no ha cicatrizado bien.

Lo recuerdo como si fuera ayer. Tenía unos veinticuatro años y acababa de salir de una cirugía. Estaba atontada por la anestesia y me llevaron a la habitación para que me acostase. La enfermera estaba ajustando la cama articulada del hospital para que me sintiera cómoda y, sin querer, pulsó el botón de bajar en vez del de subir, de modo que la cabecera empezó a descender. Por desgracia, la cama llegó hasta el suelo y comenzó a subir de nuevo. En ese momento, la enfermera se distrajo un instante y recuerdo que, aunque solo fueron unos segundos, me pareció una eternidad, pues me quedé con la cabeza bocabajo. Debido a la anestesia, no tenía fuerzas para levantarme, así que empecé a gritar: «¡No puedo respirar, no puedo respirar, no puedo respirar!». Como secuela de ese episodio, los ataques de pánico y la sensación de falta de aire se convirtieron en una constante en mi vida. Muchos años después, y gracias a una terapia basada en la hipnosis regresiva, pude entender de dónde venía esa sensación que sentía en la garganta, como si algo me apretase y redujera poco a poco mi capacidad para respirar. Recordé una anécdota que contaban en mi familia. Yo tendría unos seis meses y estaba al cuidado de mi niñera. Unos familiares me estaban dando de comer, me tragué un trozo de alimento que se me quedó atascado en la garganta y empecé a asfixiarme. Tuvieron que llevarme a urgencias y llegué a la clínica morada, pero gracias a Dios sobreviví, porque podría haber fallecido en ese momento.

Más allá de ese hecho concreto, lo importante es el recuerdo que se quedó en mi cuerpo y que, veinticuatro años después, se activó en un momento de supervivencia y vulnerabilidad. Solo pude superar esa memoria sepultada cuando hice este trabajo.

En cuanto empecé a conectar con mi respiración y a recordarles a mi cuerpo y a mi niña interna que estábamos seguras, pude entender muchísimas situaciones de mi historia, lo cual fue clave para mi proceso de sanación emocional.

Con esto quiero decir que tus emociones y tu cuerpo nunca dejan de contarte una historia que recoge todas las heridas que se encuentran en tu interior... Y lo más probable es que esas heridas no fueran bien atendidas, de manera que hoy reaparecen en situaciones que interpretas como una amenaza.

La mayoría de las emociones que experimentas como adulta forman parte de ese mapa y de ese compendio de emociones de tus primeros años de vida, que hoy sigues reviviendo de forma constante. Has ido filtrando esas experiencias emocionales a través de una escasa variedad de sensaciones, porque una parte de ti se quedó atrapada en ellas, y por eso, cuando te asaltan emociones que pueden llegar a abrumarte o a sobrepasarte, tienes reacciones desmedidas.

Si te cuesta gestionarlas es porque intentas hacerlo aquí y ahora, y no te das cuenta de que hay un hilo conductor que te está llamando a ir dentro de ti y reconocer todos y cada uno de esos momentos, historias y experiencias en los que no te sentiste segura o protegida, eras vulnerable o no fuiste validada ni sostenida emocionalmente cuando quizá lo necesitabas.

Por eso en las sesiones con mis pacientes hago tanto hincapié en conocer la historia emocional de su vida, porque no solo estamos hablando de lo que sucede aquí y ahora, sino que queremos empezar a tirar del hilo de esa emoción, ese sentimiento, esa sensación o esa experiencia que viven en la actualidad.

Quizá mientras lees esto estás atravesando una ruptura, una crisis emocional en tu relación de pareja, acabas de llegar a este país o te has mudado y te has apartado de tu zona de confort, has perdido alguien o estás enfrentándote a un proceso de sanación y crecimiento personal que demanda más de ti. Para entender de dónde vienen todas las sensaciones que tienes hoy, es necesario que te permitas ir a los archivos de tu mente, de tu cuerpo y de tu espíritu para descubrir dónde empezó todo.

Me gustaría dejar claro que, cuando hablo de «trauma», no solo me refiero a experiencias dolorosas —desastres naturales, hospitalizaciones, heridas físicas, maltrato físico o psicológico, pérdida de personas cercanas, etc.—, pues existen otras situaciones que, aunque no parezcan tan dolorosas, también lo son, como no sentirse vista, escuchada o reconocida; haber sufrido de *bullying* o acoso escolar; el fallecimiento de una mascota importante en la infancia; la pérdida de una amistad; una mudanza o un cambio de colegio o ciudad; o la falta de conexión emocional con los padres o cuidadores.

Todas estas experiencias dejaron una huella no solo en tu mente, en el plano emocional, sino también en tu cuerpo y en tu espíritu, lo que provocó que no te sintieras segura en tu propia piel y que dudases de tu intuición al impactar en tu concepto interior de valor y merecimiento.

Puede que hayas crecido en un hogar con padres emocionalmente ausentes o en un lugar en el que hubo carencia de recursos económicos, lo cual te hizo vivir con cierta sensación de inseguridad. Tal vez siempre veías discutir a tus padres por dinero o por alguna otra situación que influyó en tu tranquilidad, o puede que crecieras en un ambiente en el que alguno de tus progenitores sufriera una discapacidad, un problema de salud, adicciones o desórdenes mentales que limitaran su capacidad para ocuparse de ti, con lo que tuvieras que asumir el rol de padre o cuidador de tus propios padres.

Todas estas situaciones dejan huellas y heridas profundas dentro de ti, y cada una de estas heridas condiciona la visión que tienes del mundo, ya que te hacen sentir que no puedes avanzar porque creciste con creencias limitantes absurdas, como el no permitirte ser feliz o no sentirte merecedora de ese aumento de sueldo, de ese ascenso o de empezar tu propio proyecto. Esto provocó que esa niña haya crecido profundamente herida y siga esperando que alguien la rescate o que alguna situación externa le ofrezca cierta calma.

El mayor bálsamo para todas y cada una de tus heridas es darte cuenta de que el viaje de sanación empieza por reconocer el ambiente emocional en el que creciste, las situaciones que impactaron en tu vida, pero no mirando hacia un lado ni evitándolas, sino pasando el duelo, como he comentado, por cada una de esas necesidades que no fueron satisfechas, porque ese es nuestro punto de partida.

> Tu niña interior se siente amada cada vez que te das algo que deseaba desesperadamente y no se le dio.
>
> Doctora Nicole LePera

¿Qué es una herida emocional? ¿Cómo se crea?

Una herida emocional es una experiencia que nos separa de la conexión con nuestra esencia, nuestro merecimiento, nuestra presencia y nuestro cuerpo, y nos deja en un estado de inseguridad física, mental, incluso espiritual, y construyendo miedos. Son historias de desmerecimiento que se repiten una y otra vez hasta que se convierten en creencias que dirigen nuestra vida.

Todos hemos sido niños, todos hemos tenido esas manitas y esos piececitos, esos ojos curiosos, esa boca que no paraba de hacer preguntas y esa mente abierta a descubrir y conocer el mundo. Hemos vivido en ese estado de inocencia absoluta en el que éramos esponjas que absorbían conocimiento de todo lo que ocurría a su alrededor, sobre todo entre los cero y los siete años.

Durante esa etapa, la biología de nuestro cuerpo y cerebro está diseñada para empaparse de estímulos y construir conceptos tanto de nosotros mismos como del mundo que nos rodea. Por eso, si vivimos circunstancias que nos hacen sentir vulnerables, se crea una herida emocional.

Repito, no importa lo feliz que recuerdes que fuera tu infancia. Todos y cada uno de los seres humanos hemos tenido experiencias que hemos interpretado como una herida emocional o trauma.

Una de mis definiciones favoritas del trauma es la que propone el doctor Gabor Maté, experto en traumas, adicciones y experiencias adversas durante la infancia, y dice así: «Trauma no es aquello que te sucedió, sino realmente lo que sucedió dentro de ti debido a ese acontecimiento externo». De este modo, deja claro que, más allá de definir tu herida por las experiencias que viviste, las heridas emocionales se miden por la cantidad de estrés emocional al que se expuso tu cuerpo, distinto a cualquier otro, y cómo procesaste e interpretaste esa experiencia.

SITUACIONES SOCIALMENTE ACEPTADAS QUE PUEDEN CAUSAR UNA HERIDA EMOCIONAL	**SITUACIONES USUALMENTE IGNORADAS POR LA SOCIEDAD QUE PUEDEN CAUSAR UNA HERIDA EMOCIONAL**
Accidente de tráfico.	Sufrir críticas constantes por parte de los padres.
Violencia doméstica.	Invalidación emocional por parte de los padres o cuidadores.
Sufrir un secuestro o múltiples asaltos.	Abuso verbal o tratamiento de silencio por parte de los padres o cuidadores.
Ir a la guerra.	Perder amistades o no tenerlas en etapas vitales como la niñez o la adolescencia.
Presenciar violencia.	Mudarse constantemente o emigrar del país de origen.
Atentado terrorista.	Verse implicada en secretos y dramas familiares.
Tiroteo escolar.	Sufrir de acoso escolar o laboral.
Sufrir de abuso sexual.	Ser marginada por el peso, color de piel, etnia, orientación sexual o discapacidades.
Perder a un ser querido.	Ser la hija parentificada; hacerse cargo de las necesidades físicas o emocionales de los padres o hermanos aun siendo una niña.

Ser refugiado.	No tener acceso a recursos básicos como la comida, un techo seguro, ropa o material escolar.

Como ves, una herida emocional pueden provocarla diversas circunstancias. A lo largo de estas páginas podrás centrarte en las heridas causadas por situaciones parecidas a las de la columna de la derecha, conocidas como **trauma relacional**, que representan esas primeras heridas emocionales de las que estamos hablando.

El trabajo es ir constantemente a esos momentos en los que construiste una idea de la vida, del amor, de tu valor, de tus capacidades, y darle un nuevo sentido desde una visión objetiva y compasiva.

Muchas personas con heridas emocionales se sienten avergonzadas e indignas, ya que en algún momento no fueron capaces de protegerse o defenderse, por lo que la narrativa que suele venir de la mano de una herida emocional es de vergüenza y de juicio hacia ellas mismas.

Por retadora que sea la situación que tengas delante, te indica que estás en el lugar correcto y en el momento adecuado para empezar a hacerte cargo de ti y sanarte.

¿Dónde se encuentran las heridas emocionales?

En mi camino personal, a medida que iba adentrándome en el proceso de sanación de mis heridas, el conocimiento más preciado fue entender que no solo se encontraban en mi mente, sino también en mi cuerpo y en mi espíritu.

Hoy en día, gracias a los avances de la ciencia, podemos saber que todo trauma emocional se sitúa en el sistema nervioso y que condiciona nuestra forma de vivir los estímulos externos y las experiencias emocionales. Por eso en términos neurocientíficos podríamos decir que tu niña interna es tu sistema nervioso, ya que esas fibras conectadas alrededor de tu cuerpo guardan las memorias sensoriales de cada una de las experiencias que viviste, cada vez que te sentiste sola, no vista, no reconocida, no atendida o que sentiste un profundo miedo y dolor.

Tu cuerpo y tu sistema nervioso interpretan tus heridas como la energía que no tuvo la oportunidad de salir o de ser procesada, aquella que hoy se encuentra almacenada —atascada— en tu cuerpo, y por eso muchas de las personas que han experimentado un trauma en la infancia viven su vida adulta en ciclos constantes de agotamiento, resentimiento y agobio, expresando frases como «Estoy cansada», «Me siento agotada» o «La vida me pesa», entre otras, lo que provoca que este malestar emocional se convierta en dolencias físicas patológicas como ansiedad, depresión, trastornos intestinales y problemas autoinmunes.

Tu cuerpo habla de ese dolor que almacenas desde hace años y que hoy está pidiendo ser sanado.

¿Por qué tal vez no tienes recuerdos claros de tu infancia?

Por lo general, en las sesiones me encuentro con mujeres a las que les cuesta acceder a sus recuerdos infantiles o estos son borrosos y poco claros. Suelen preguntarme si tienen un problema o si es normal. Entonces les explico que, cuando el cerebro experimenta emociones dolorosas e incómodas sin el acompañamiento o la contención de un adulto que tal vez no tuviera la madurez o las herramientas necesarias para ello, es muy común que suprima esas experiencias para protegerse del dolor. Te sentiste sola en el plano emocional, y como no había nadie que te acompañase a vivir esta experiencia, la mejor forma de protegerte fue suprimiéndola. Los terapeutas que trabajamos con un enfoque informado en traumas, en mi caso desde una mirada más espiritual, llamamos al acto de suprimir los recuerdos «disociación». Aunque tu mente no tenga acceso directo a esas memorias, tu niña interior está presente en tu sistema nervioso y hoy sale en forma de reacciones desmedidas o respuestas corporales que no son coherentes con los hechos que te suceden.

Una herida emocional es responder desde la niña que fuiste a una experiencia que estás viviendo hoy, en tu vida adulta.

Una de mis películas favoritas es *Interstellar*, y aunque me encanta que hable de mensajes de seres de luz, me toca la fibra sensible porque trata del abandono de un padre a su hija. Al conectar con mi historia, mi sistema nervioso se traslada al pasado y, por mucho que intente contenerme, ese filme siempre me hace llorar. Como te decía, tu niña interior está estrechamente conectada con tu sistema nervioso, y cada vez que vives una situación que te toca la fibra sensible, aunque no la recuerdes ni la reconozcas de forma consciente, tu cuerpo responde con interpretaciones o dolores que guardas en tu interior.

Los recuerdos de la infancia se pueden recuperar si entramos en estados de calma y tranquilidad, como con las meditaciones, el *mindfulness* o la hipnosis regresiva, una de las herramientas con las que trabajo. También puedes conectar con tus recuerdos del pasado a través del análisis de tus sueños. Cuando todas esas memorias se suprimieron, tu sistema nervioso se encontraba en un estado de alerta e hipervigilancia, y decidió que no era apropiado prestar tanta atención a esa experiencia, así que prefirió suprimirla. Por eso, cuando entramos en esos estados de calma en los que tu cuerpo, tu mente y tu espíritu saben que están seguros, pueden empezar a aflorar esas memorias o esos pequeños destellos de todo lo que has olvidado.

Aunque de forma consciente no tengas acceso a esos recuerdos como sí lo tienes a otras circunstancias de tu vida, todas las experiencias de tu infancia están almacenadas en tu sistema nervioso: en esa sabiduría de las fibras de tu ser se guardan los recuerdos de cada una de las emociones y sensaciones que viviste en tus primeros años de vida. Por eso la forma más consciente de empezar a conectar contigo y de escuchar a tu niña interior es descender a tu cuerpo.

No hay sanación emocional si no incluimos el cuerpo en la ecuación. Por eso desde mi enfoque se aborda la tríada de mente, cuerpo y espíritu, ya que para traer una transformación integral a tu vida es necesario volver a conectar estos tres ejes. Si te fijas en los niños pequeños, siempre prestan atención a su cuerpo y a la vez tienen esa conexión intrínseca con la naturaleza y la intuición, pero en algún momento de la vida nos desconectamos, de modo que el trabajo interno no consiste en convertirte en una mejor versión de ti, sino en quitar las capas o deshacerte de todo aquello que hoy te impide escucharte, atenderte y honrarte.

La herida emocional te desconecta de tu cuerpo y de tu intuición

Toda herida emocional impacta en la capacidad de tu sistema nervioso de regularse, desconectándote de tu presencia y de la capacidad de percibir los estímulos externos desde la seguridad y la calma. Tu sistema nervioso está muy relacionado con los pensamientos intrusivos y las interpretaciones distorsionadas de la realidad.

Nadie quiere estar en un lugar en el que está incómodo, de forma que hoy, como adulta, te cuesta estar en tu cuerpo, reconocer tus necesidades fisiológicas o identificar lo que sientes.

Cuando tu cuerpo y tus fibras nerviosas están sobrecargados de dolor emocional de todas y cada una de esas veces que no te sentiste vista, atendida, escuchada, elegida, respetada o amada, el mecanismo de defensa provocará que te desconectes de tu cuerpo —que no es más que otra forma de disociación— para evitar que sigas sufriendo. Los mecanismos de defensa de tu mente están hechos para sostenerse por un instante, ya que a largo plazo crearán una separación, un abismo, entre tu pensar y tu sentir; por eso cuesta tanto identificar las emociones en el cuerpo. Llevas mucho tiempo desconectada de ellas o, al contrario, sientes emociones arrolladoras, no solo por lo que está sucediendo aquí y ahora, sino también por todo lo que alguna vez suprimiste.

No puedes sanar lo que no te das permiso para sentir. Tu cuerpo, sus sensaciones y tus experiencias emocionales son el vehículo y el indicador que te ayudará a averiguar dónde hay una herida abierta que necesita de tu atención para que puedas repararla.

Muchas personas tienden a somatizar sus procesos emocionales. Un sistema nervioso cargado de heridas es como un móvil con la memoria llena que te avisa de que no tiene espacio para almacenar más fotos. Su funcionamiento es el siguiente: te envía señales a través de sensaciones corporales, dolores, inflamación, contracturas, tensión e incluso reacciones desmedidas ante ciertos estímulos. Es su forma de recordarte que tu niña interior tiene miedo y que necesita que te sientes con ella a recordarle que estás aquí.

En mi profesión he visto que la terapia corporal, la meditación compasiva o la observación consciente en silencio de nuestro cuerpo son claves para acompañarnos a sanar las heridas emocionales, ya que en el cuerpo se almacena la clave para deshacer todas esas historias de desmerecimiento, inseguridad y miedo de modo que puedas cultivar nuevas historias de compasión, contención y seguridad.

Para reforzar toda esta información, quiero invitarte a trabajar en un ejercicio que te permitirá analizar en retrospectiva las posibles heridas emocionales o traumas que se almacenan en tu cuerpo, mente y espíritu.

EJERCICIO
¿Qué experiencias te causaron heridas emocionales?

Evalúa las experiencias que pudieron causarte heridas emocionales. Lee los siguientes enunciados y comprueba si alguno describe circunstancias de tu infancia, el trato que recibiste por parte de tus padres o su comportamiento.

- ☐ Tu padre/madre solía reaccionar de forma desmedida hacia ti, te gritaba, te insultaba o te maltrataba físicamente.
- ☐ Tu padre/madre era imprevisible emocionalmente: en algunas circunstancias se mostraba muy emocional y en otras muy racional.
- ☐ Tu padre/madre se mostraba frío/a, casi nunca hablaba con el otro progenitor y pocas veces se interesaba por tus emociones.
- ☐ Creciste en un hogar en el que temías por la carencia de algún recurso material: económico, alimenticio o de otro tipo.

- [ ] Tu padre/madre solía hablarte mal, quejarse contigo o ponerte en contra de tu otro progenitor.
- [ ] En tu infancia viviste una experiencia de abuso sexual.
- [ ] Tu padre/madre abandonó el hogar y te dejó a cargo de otros familiares.
- [ ] Tu padre/madre falleció antes de que cumplieras los dieciocho años.
- [ ] Con frecuencia, durante la infancia te sentías poco amada, rechazada y poco apreciada por tu padre/madre.
- [ ] A menudo te sentías sola y pensabas que no podías confiar en tu padre/madre para que cuidara de ti.
- [ ] Tu padre/madre te dejó a cargo de tu/s hermano/s en varias ocasiones, incluso cubrías necesidades como dar de comer o vestir a tu/s hermano/s.
- [ ] Tu padre/madre perdió a su madre/padre o enfermó durante tu infancia, lo que hizo que te sintieras descuidada o abandonada.
- [ ] En ocasiones, el estado emocional de tu padre/madre afectaba a toda la familia.
- [ ] En tu infancia te mudaste con frecuencia o viviste un desastre natural, un suicido o un homicidio en tu familia.
- [ ] Solías tener la sensación de que, hicieses lo que hicieses, nunca era suficiente para tu padre/madre.
- [ ] Tu padre/madre solía ejercer una conducta sobreprotectora o controlar tu cuidado.
- [ ] Durante tu infancia, en más de una ocasión tuviste que hacerte cargo de tu padre/madre por una situación de salud física o mental, o por una adicción.
- [ ] No recibiste afecto físico o verbal, o atención por parte de tu padre/madre, al menos en alguna ocasión en la que estuviste enferma.
- [ ] Si solías molestarte, disgustarte o sentirte triste o dolida por alguna situación, tu padre/madre minimizaba tus emociones, se molestaba o te hablaba con sarcasmo.
- [ ] Tu padre/madre no solía reflexionar sobre sus actos, rara vez se disculpaba por su conducta o solía aplicarte la ley del hielo o el tratamiento de silencio.

- ☐ Tu padre y tu madre solían tener una relación inestable en la que alguno amenazaba con irse o se iba por un tiempo.
- ☐ Aunque tus padres estuvieran juntos, con frecuencia observaste falta de afecto o cariño entre ellos, incluso hacia ti, discusiones constantes e intentos de terminar la relación en una o más ocasiones.
- ☐ Tu padre y tu madre no estaban juntos en el momento de tu concepción.
- ☐ Sabías que eras una hija no deseada o no buscada.
- ☐ Con frecuencia solías sentir culpa o vergüenza hacia ti o rabia reprimida hacia tu padre/madre.

Cada una de las frases que acabas de leer está relacionada con circunstancias o situaciones que podrían haberte generado una herida emocional. Tal vez hayas marcado más de una, incluso casi todas las afirmaciones. Esto nos indicará hasta qué punto te hirieron en el plano emocional durante la infancia y de qué manera puedes reconocer estos eventos no para buscar culpables, sino para ser consciente y poner un nombre hoy a tu dolor.

Un corte profundo versus cien cortes superficiales

«Pero si mi infancia fue normal, ¿puedo tener heridas emocionales profundas?». Con la metáfora del título de este apartado pretendo que te plantees que existen diferentes tipos de eventos o circunstancias que pueden causar una herida o un trauma emocional. Y más allá de que te preguntes qué situaciones te impactaron más, el objetivo es que pienses que tanto un corte profundo como cien cortes superficiales pueden llegar a ser en extremo dolorosos. Si no se atienden ni se tratan a tiempo con los cuidados apropiados, los dos tipos de cortes pueden provocar daños permanentes.

Lo que sí podemos afirmar es que ambas circunstancias comparten la misma raíz: «Un trauma o una herida se dan cuando no nos sentimos vistos y escuchados», tal como afirma Bessel van der Kolk, experto en traumas.

En cualquier caso, debes empezar a recordar todas las experiencias que han contribuido a alimentar la historia de desmerecimiento y miedo que te cuentas hoy. Por eso es tan importante que reconozcas el dolor con el que cargas para poder comenzar a limpiar, tratar y cicatrizar esas heridas desde la alquimia del amor. Así serás capaz de escribir nuevas historias desde la adulta consciente que puede narrar esas experiencias sin invalidarlas ni convertirse en su dolor, sino más bien sosteniéndolo, brindándose lo que necesite para aceptarlo y, en su debido momento, liberarlo desde la adulta que eres.

La herida te desconecta de tu esencia y vulnerabilidad.

La personalidad herida: la máscara que te desconecta de tu auténtico ser

La palabra «personalidad» proviene del latín *personalitas*, cuya traducción es «máscara». Cuando te hablo de «personalidad herida» me refiero a esa persona o avatar que surgió en un momento de necesidad como respuesta de tu sistema interno —tu mente emocional, tu cuerpo y tu espíritu— para protegerte de una situación que te hizo sentir herida y dolida.

Imagina por un momento cómo hubiera sido tu vida si, en vez de recibir un «Deja de llorar» o cualquier otra forma de invalidación, hubieses escuchado de tu padre o de tu madre: «¿Necesitas un abrazo? Aquí estoy para ti». Estoy segura de que hubiera sido muy distinto, que hoy serías otra persona y que la forma en que te relacionarías con tu entorno y tus vínculos también lo sería, ya que habrías interpretado que es lícito mostrarse vulnerable y que llorar es una forma válida de expresar las emociones. Sin embargo, si no fue el caso y viviste alguna experiencia que te hizo sentir herida, tu mente creó una defensa o protección para evitar que volvieran a hacerte daño, algo así como una armadura que, si te acostumbras a usarla mucho tiempo, te olvidas o desconectas de tu sentir y de tus auténticas necesidades.

Tu personalidad herida es la protección que nació en ese momento de gran vulnerabilidad para acompañarte a sobrellevar y vivir esas circunstancias dolorosas e incómodas. Por desgracia, muchas veces tu personalidad herida te aleja de tu versión más auténtica, esa que viene del amor puro que eres y que siempre has sido, ya que suele nacer del miedo, el desmerecimiento y la carencia.

Somos adultos con pequeños niños profundamente heridos en su interior. Muchas veces estos roles de adulto son tan rígidos y están tan reforzados que nos impiden entrar en contacto con esa parte vulnerable, auténtica y creativa que alguna vez fuimos.

Para realizar un proceso de sanación profundo es necesario que identifiques tu personalidad herida y que te des permiso para descubrir quién eres tú más allá de ese avatar, esa persona o esa máscara que construiste para protegerte.

Cuando se produce un accidente, una de las primeras labores de los médicos es retirar cualquier pieza de ropa para tratar la herida. En este caso, para hacer un trabajo profundo de liberación emocional es necesario que identifiques tu personalidad herida y, con mucho respeto y compasión, le digas que hoy ya estáis seguras y que es bueno derribar las murallas para descubrir quién eres más allá de la conclusión a la que has llegado a raíz de esa herida.

En términos metafóricos, podríamos decir que tu personalidad herida es el *software* que se instaló en esos momentos de vulnerabilidad. Como cualquier *software*, necesita actualizarse y, a veces, incluso desinstalarse para cambiarlo por uno nuevo. Pues acabas de llegar a ese punto. En este caso, parte del trabajo que estamos haciendo te permitirá empezar a desaprender y a deshacer todas las creencias que incorporaste y cada una de las historias que compraste en un momento de vulnerabilidad, y que ahora te impiden mostrarte tal como eres y reconocer la divinidad y el amor que yacen dentro de ti.

Para concluir esta parte, quiero que sepas que tu personalidad herida es esa máscara, esa parte protectora que evita que vuelvan a hacerte daño y que, a la vez, te aleja de la autenticidad que podrías llegar a sentir si dejaras de vivir desde el miedo a que te hirieran de nuevo.

Parte del procedimiento de liberación emocional consiste en ser consciente de que no es necesario que siempre te protejas para que no te hieran. En ocasiones, mostrarte auténtica y vulnerable forma parte del proceso de descubrir quién eres. De ese modo, dejarás de ser la que te dijeron que tenías que ser para descubrir quién eres en realidad, más allá de los condicionamientos, las armaduras, las máscaras y los roles que hayas creado para protegerte.

En próximos capítulos trataré el tema de la personalidad de forma más profunda. Por ahora me gustaría que reflexionases sobre estas preguntas:

- Si no tuvieras miedo de mostrar tu verdadero tú, ¿quién serías?
- ¿Qué harías de otro modo?
- ¿Cómo te relacionarías con los demás?

Aprende a soltar el dolor: la metáfora del vaso de agua

Imagina que sostienes en el aire un vaso de vidrio lleno de agua. La pregunta no es «¿Cuánto pesa el vaso?», sino «¿Durante cuánto tiempo puedes sostenerlo?».

Si lo aguantas durante un minuto, quizá no suceda nada, pero si lo sostienes durante una hora, un día o más, tu cuerpo empezará a mostrar síntomas de rechazo hacia el peso, como temblores, dolor, parálisis o calambres, lo que te indicará que ha llegado el momento de soltarlo.

El tema no es cuánto pesa el vaso, ya que el peso es el mismo tanto si pasa un minuto como una hora; lo importante es que, con el paso del tiempo, el vaso parece cada vez más pesado y es más retador sostenerlo.

Ese vaso de agua representa todas las situaciones que viviste en tu infancia y que te hicieron sentir herida:

- El amor que no recibiste de tus padres.
- Las promesas que no se cumplieron.
- Los abrazos que no te dieron.
- La atención que no tuviste.
- La validación emocional que no sentiste.
- La protección que necesitaste.
- La compañía que anhelaste.
- Los cuidados que esperaste.
- Los miedos que callaste.

Hoy, el peso de ese vaso se acumula en tu cuerpo, mente y espíritu, y afecta a tus relaciones, tu autoconfianza y tu conexión con la vida, esperando que decidas soltarlo...

Y mientras decidas aferrarte a ese dolor por miedo a no saber qué hacer cuando salga, más dolor atraerás a tu vida y menos capaz serás de recibir el amor de otros. ¿Por qué? Porque tendrás las manos ocupadas con el vaso lleno y, para recibir ese amor, debes soltar el pasado y aprender a hacerte espacio en tu vida. Porque donde hoy hay dolor puede haber amor, presencia y validación... pero solo si decides soltar el vaso y empezar a sanar.

EJERCICIO
Compadécete de tus vivencias

Para realizar este ejercicio, accede a los momentos de la infancia que guardas en tu álbum mental y elige una imagen de alguna circunstancia en la que te sentiste herida. Cuando la tengas, coge un papel y un bolígrafo y anótala. Por ejemplo: «Llegué a casa con buenas notas y mis padres no me felicitaron». Una vez que tengas esa circunstancia o ese momento anclado en la mente, realiza el siguiente ejercicio meditativo:

- Siéntate con la columna recta y echa los hombros hacia atrás para recordarle a tu cuerpo que estos minutos son para ti.
- Coloca la mano derecha en el corazón y la izquierda en el abdomen.
- Céntrate en la respiración; será tu ancla en este breve viaje autocompasivo.
- Inhala hondo y observa todas y cada una de las emociones y sensaciones que estén viniendo hacia ti. Solo observa, inhala y exhala.
- Imagina que estás delante de la puerta de tu cuarto infantil. Inhala y exhala; mantente presente ante cualquier emoción. Estás quieta frente a la puerta y decides entrar para encontrarte con una versión de ti más joven que está pasando por un momento en el que se sintió herida. Vas a entrar allí, pero no para evitar lo que sucedió, sino para acompañar a esa parte de ti que necesitó que alguien la hiciera sentir segura y sostenida en su dolor.
- Inhala profundamente y entra en esa habitación... Visualízate mucho más joven, sentada. Observa el rostro de tu versión niña, reconoce sus emociones, su edad y la situación por la que está o se siente herida.

- Visualiza que, al entrar, te sientas junto a esa parte de ti más joven, más vulnerable, incluso más indefensa. Reconoce su dolor y, al mismo tiempo, cógele la mano, y dile estas palabras con amor: «Estoy aquí contigo, ya he crecido y puedo ocuparme de ti. Ya estoy aquí contigo, estás segura conmigo».
- Mientras lo dices, valida su dolor y recuérdale que has salido victoriosa, que hoy has salido adelante y estás aprendiendo a ocuparte de ti. Inhala y exhala profundamente, y quédate allí el tiempo que necesites, sosteniéndote a ti misma.
- Cuando estés lista, inspira hondo y visualiza que esa versión de ti se guarda en lo profundo de tu corazón.
- Ya puedes salir de ese espacio.
- Inhala, exhala y repítete en voz alta: «Estoy segura. Aquí y ahora todo está bien».
- Inspira hondo. Cada respiración se vuelve más agradable y te da la oportunidad de soltar lo que necesites.
- Vuelve a inspirar, abre los ojos y haz un gesto o movimiento que te conecte con el presente.

APRENDIZAJES DE ESTE CAPÍTULO

✓ Tus heridas no viven en el pasado; están hoy aquí, contigo, esperando ser sanadas a través de tu reconocimiento y validación.

✓ Una herida emocional es una ruptura en tu interior y la interpretación de una situación en la que te sentiste profundamente vulnerable, insegura y desprotegida.

✓ Las heridas emocionales no sanadas se almacenan en el cuerpo en forma de sensaciones incómodas, esperando a que decidas validar todas y cada una de ellas.

✓ La personalidad herida es la máscara que creó tu mente para protegerte de que volvieran a hacerte daño, y te hace vivir desde el miedo, no desde el amor.

- ✓ Cualquier experiencia puede dejar una herida emocional, ya que lo importante es cómo la interpretaste y qué herramientas tenías para pasar por esa situación y procesarla.
- ✓ Lo más valioso de una herida emocional es cómo interpretas las circunstancias que viviste en ese momento.
- ✓ Tienes la capacidad de sanar tus heridas. No se trata de cambiar lo que sucedió, sino de hacer de esa experiencia dolorosa un medio para conocerte y acompañarte.

> Si el dolor fue muy profundo, tendrás que dejarlo ir muchas veces.
>
> YUNG PUEBLO

Cuando reconoces tu historia y pones en palabras experiencias y emociones que estaban guardadas en la profundidad de tu cuerpo, empieza el proceso de sanación y de liberación emocional, para así dar voz a todas esas experiencias silenciadas en tu interior.

3

Tus heridas condicionan tus creencias

> El cambio fundamental se dará cuando el pensador cambie de mentalidad.
>
> HERMES TRISMEGISTO, *El Kybalión*

La raíz de tus pensamientos son tus creencias

Cuando te hirieron en el plano emocional, tu cuerpo, tu mente y tu espíritu crearon una interpretación que no solo distorsionó el mundo que te rodea, sino también la imagen que tienes de ti.

Debido a esos análisis y conclusiones infantiles a los que llegaste como consecuencia de haber sido herida en la infancia, eres la mujer en la que te has convertido.

De la misma forma que una persona que ha sido agredida por un perro en la infancia temerá acercarse a uno toda su vida, hoy te da miedo acercarte a lo que te mereces, a tu expansión y al amor porque la interpretación que hiciste de niña procede de la desvaloración, el rechazo y el abandono. Por eso es necesario que actualices tu manual de creencias internas. Así podrás empezar a desaprender todo lo que integraste desde el miedo y resignificar cada una de esas experiencias desde el amor y la compasión.

Es necesario que reconozcas que todos tus recuerdos se almacenan en tu mente, incluso aquellos de los que no eres consciente, y que están guardados en sensaciones e interpretaciones del mundo que te rodea y de ti misma. El manual que escribió esa niña herida dirige hoy tu vida, en la que muchas veces te encuentras en callejones sin salida, respondiendo a tu presente con palabras del pasado.

La construcción de tu manual interno

La neuropsicología explica que, en la primera etapa de la vida —desde los cero hasta aproximadamente los catorce años—, nuestro cerebro se encuentra en un estado neuronal perfecto para el aprendizaje, en concreto durante los siete primeros años. Por eso en este periodo aprendemos todo lo básico en el terreno educacional y respecto al mundo, las relaciones y la vida, y, sobre todo, nos formamos una imagen de nosotras mismas. Este manual interno a través del cual te relacionas hoy se siguió formando gracias a las experiencias que viviste en la adolescencia y la vida adulta.

Para guiarte en este camino hacia el autoconocimiento y que puedas empezar a identificar los conceptos que forman este manual interno, en este capítulo te voy a ofrecer una dinámica de preguntas y unas frases para completar que me permitirán trabajar como si estuviéramos juntas, de modo que, paso a paso, puedas desaprender todo lo que no está en consonancia con la mujer consciente y merecedora de todo lo bueno que ya eres.

Por eso te pido que abras la mente a esta idea interactiva. Si puedes, coge un bolígrafo para anotar estas poderosas claves que te permitirán aprender de tus heridas.

El desmerecimiento es la conclusión de toda herida

¿Te has preguntado cuál puede ser el impacto de las experiencias que viviste de niña en tu autoestima actual?

Llegamos a este mundo inocentes, con un mapa en blanco que se irá llenando con cada una de las experiencias que vivamos, las palabras que escuchemos, los conceptos que interioricemos y, sobre todo, la forma en que nos traten.

Hoy, como adulta…

- … te amas como te amaron.
- … te cuidas como te cuidaron.
- … te tratas como te trataron.
- … te hablas como te hablaron.
- … te miras como te miraron.
- … te aprecias como te apreciaron.

Cada vez que no te trataron con dignidad, que no te sentiste reconocida, apreciada o validada a nivel emocional, o que interpretaste que tal vez no eras suficiente —por falta de herramientas, de experiencia y, sobre todo, de autoconocimiento—, grabaste ese concepto de ti que te dice que quizá no merezcas sentirte apreciada, vista, tratada con respeto, abrazada, escuchada y, sobre todo, validada.

En tus primeros años de vida comenzó a formarse tu identidad, tu autoconcepto, tu autoimagen y tu autoestima. La manera en que te relacionas hoy con el mundo procede de todo lo que se forjó en esa época.

Para averiguar qué integraste en esos primeros años de vida no basta con ir a ese baúl de recuerdos y conectar con las experiencias que viviste, sino que has de tener la capacidad de reflexionar, de plantearte preguntas incómodas y de esperar a que tu cuerpo, tu mente y tu espíritu se sientan lo suficientemente seguros como para responderlas. Así podrás empezar a ampliarlas y darte la oportunidad de reescribir tus interpretaciones.

Te tratas como te trataron

Los adultos solemos pensar que somos así porque nacimos así, que la genética decidió ciertos rasgos o cómo nos trataríamos antes de nacer. Sin embargo, la genética es la pistola; las circunstancias en las que nos gestamos, el entorno y el trato que recibimos por parte de nuestros cuidadores son el gatillo que determinó cómo íbamos a ser de mayores.

Para comprender y tirar de ese hilo al que llamas «hecho», «realidad», «identidad» o «personalidad», debes viajar a tu pasado y averiguar en qué momento de tu vida te mereciste el trato que estás recibiendo hoy, primero de ti misma y después de tu entorno.

«¿Y eso por qué?», me preguntarás. Pues porque vas a recibir el amor que crees merecer, porque esa fue la interpretación que hiciste en tus primeros años de vida respecto a lo que recibiste de lo que tus padres te pudieron dar. Más allá de culparlos o de que te señale cuál fue su modelo de crianza, hoy tienes la oportunidad de empezar a reeducarte, escribiendo nuevos conceptos que respeten tu merecimiento.

En la siguiente gráfica te muestro cómo algunas conductas que quizá tuvieran tus padres, cuidadores, profesores o figuras de autoridad en la infancia o adolescencia pueden haber impactado en tu interpretación y en cómo integraste estos conceptos.

SI UNO DE TUS PADRES FUE CONTIGO	HOY, COMO ADULTA, PUEDE QUE SUFRAS DE
Crítico.	Una fuerte voz autocrítica o busques mostrarte perfecta para evitar críticas.
Poco disponible emocionalmente.	Dificultad para expresar y validar tus emociones o mostrarte vulnerable.
Codependiente o manipulador.	Dificultad para establecer límites en tus relaciones.
Controlador o sobreprotector.	Una baja autoestima y suelas rebelarte.
Pesimista o negativo.	Conductas de autosabotaje, sobre todo cuando intentas salir de tu zona de confort.
Ausente física o emocionalmente.	Dependencia en tus relaciones o miedo al abandono.
Autoritario o castrante.	Un miedo profundo al juicio externo o sensación de vergüenza.

Como verás, la forma en que te trataron es la manera en que hoy te tratas a ti. Tu voz interna y tu adulta interna están compuestas por cómo interpretaste que te trataron en la infancia y adolescencia. Por eso, si tuviste un padre/madre crítico, puede que hoy seas demasiado crítica contigo misma, ya que de forma inconsciente interpretaste que es lo adecuado para sobrevivir.

Recuerda que los mensajes que recibes en la infancia de manera subconsciente son vitales para la supervivencia. Por desgracia, esta parte de ti no diferencia entre un mensaje que puede deteriorar tu valoración de ti misma, tu autoestima, y un mensaje que te está preparando para sobrevivir en el futuro. Es fundamental que te cuestiones de qué forma te trataron y satisficieron tus necesidades en tus primeros años de vida, ya que ahí está la clave de cómo te tratas y condicionas el amor que recibes de los demás.

En mi consulta no paro de encontrarme con adultas para las que es increíblemente retador aceptar que crecieron con padres o cuidadores críticos, autoritarios, controladores o dependientes. Es más fácil culparnos a nosotras y decir «Es que yo soy así» que retar y reflexionar sobre el ambiente en el que creciste.

Abuso verbal y emocional

Las redes sociales están llenas de vídeos «graciosos» que muestran cómo solían tratar a sus hijos las madres de «antes», lo que se ha convertido en una forma popular de drenar el dolor que, a nivel cultural, está muy arraigado en lo más profundo de nuestro espíritu y nuestra mente. Al mismo tiempo, también se han viralizado los contenidos que cada día pretenden educar a los padres acerca de lo que es el abuso verbal y emocional. En muchas culturas, como las de habla hispana, queda mucho trabajo por hacer.

Marshall Rosenberg, fundador del método Comunicación no violenta (CNV), expresaba: «Las palabras pueden ser como muros que nos aíslan o como ventanas que nos dejan ver el interior de una persona». Las palabras, las frases y los mensajes que escuchaste en la infancia pudieron edificar tu autoestima o destruirla, y para una niña que acababa de empezar a formar su identidad y su autoconcepto, o para una adolescente que estaba aprendiendo a relacionarse con el mundo, podrían haber sido un factor importante para determinar qué tipo de personas dejarías entrar en tu vida en el futuro.

Sobre todo en la infancia, el cerebro del niño aún no ha desarrollado la habilidad de cuestionar a sus padres ni su forma de ser, por lo que todo lo que escuchaste decir a tu madre o a tu padre lo consideraste como una verdad absoluta.

E igual que te creíste las historias de Papá Noel, el Ratoncito Pérez y el Coco, también asumiste palabras horribles y ofensivas sobre tu forma de ser y tu valor como persona.

Si en tu infancia o adolescencia te gritaron, humillaron, criticaron, insultaron o amenazaron, fuiste maltratada verbal y emocionalmente. Sé que cuesta reconocerlo porque eso implicaría modificar la historia de tu infancia «normal», pero más difícil aún es aceptar que tus padres eran humanos y, como tú, hoy ellos también cargan a hombros el peso de su infancia. No se trata de buscar culpables ni de excusarlos, sino de que seas consciente de cómo el impacto de cada una de esas experiencias ha condicionado tu forma de verte, tratarte y cuidarte. En definitiva, de cómo ha condicionado tu sensación de merecimiento y la forma en que permites que otros te traten hoy en día.

EL CASO DE MARIANA

Ahora quiero presentarte la experiencia de una paciente para que veas el impacto de las palabras y acciones en la niñez, del que hemos estado hablando.

Cuando Mariana era pequeña, su madre, cada vez que estaba molesta, lo que era habitual, le decía: «Vete para allá, que no quiero verte». Ese mensaje lo escuchó mucho entre los cinco y los diez años, hasta que llegó un punto en el que pasaba más tiempo sola que con su madre. A los veinte años, Mariana se mudó de España a Estados Unidos, muy lejos de sus padres. Con treinta y cinco mantuvo una relación muy tóxica con un chico que vivía en Francia. Su mayor queja durante las sesiones era: «No viene a verme lo suficiente; siento que no quiere estar conmigo».

Desde niña, Mariana se sintió abandonada y rechazada por su madre. El motivo para irse del país fue «Quiero mi espacio». El mensaje que le había repetido tanto su madre había condicionado sus decisiones, y aunque cada semana hablaba con sus padres con lágrimas en los ojos por la añoranza, no percibía que la invitaran a volver. Se sentía abandonada y rechazada una vez más por sus padres, pero esta era la interpretación que hacía Mariana desde sus heridas y sus carencias emocionales, que la llevó a aislarse en sus relaciones. Creó muy pocos vínculos y estableció una relación a distancia con un chico que, por motivos laborales, solo podía visitarla una vez al año, lo que reafirmaba el mensaje de su infancia: «Quien me ama me quiere lejos».

Durante los seis meses en los que trabajamos juntas, descubrió que no se había dado permiso para confiar en los demás y que siempre esperaba que la abandonaran, y como solo conocía eso, era lo que elegía en sus parejas de forma inconsciente.

Cuando por fin sanó la herida y renovó sus creencias, dejó de vivir desde el miedo y entabló una relación con alguien que vivía en la misma ciudad que ella.

Repite conmigo: «Si ella sanó, yo también puedo sanar».

Las etiquetas que recibiste en la infancia

¿Cuántas etiquetas de tu infancia siguen vigentes y te limitan de adulta?

El año pasado vi en acción una de las etiquetas que recibí en la niñez. Me apunté a un nuevo gimnasio de *spinning* en Barcelona y, durante una de las primeras clases, mientras cogía el ritmo a las coreografías, me tocó un profesor superexigente y con un nivel general bastante más alto que el de principiante en el que me encontraba. Siempre me ponía en primera fila para ver mejor la coreografía, pero el profesor siempre me señalaba o se bajaba de la bicicleta para ayudarme a coger el ritmo, lo cual me hizo sentir muy pero que muy avergonzada. Una parte de mí —por supuesto, conectando con la compasión— me decía que recordara que eran mis primeras clases y que lo estaba haciendo bien.

Aun así, cuando salí de allí, tenía mal sabor de boca y recordé las creencias: «Ana, es que no tienes ritmo», «Recuerda que no eres buena con las coreografías». Esas palabras flotaron en mi mente unos segundos, y al instante me hice la pregunta para reflexionar y traer a mi consciencia lo que estaba sucediendo. Fui muy clara: «¿En qué momento de mi vida aprendí que no era buena cogiendo el ritmo a las coreografías?». Le pedí a mi subconsciente que me dejara seguir trabajando en mi autocompasión y vivir la experiencia que tuve esa tarde en el *spinning* desde la amabilidad y el respeto a mi ritmo.

Justo antes de acostarme me vino un recuerdo de la infancia, de cuando iba al colegio de monjas. Tenía unos nueve o diez años y me estaba poniendo el maillot para un acto escolar. Había practicado muchas horas con las chicas del grupo, pero en ese momento la profesora me llamó aparte para decirme que no iba a participar porque no lograba coger el ritmo de mis compañeras, así que había decidido sacarme del grupo y ponerme como suplente.

No recuerdo exactamente sus palabras, pero sí, y como si fuera ayer, la sensación de vergüenza e impotencia, las ganas de llorar contenidas y las risas de las chicas. Después me vinieron otros recuerdos de adolescente, cuando bailaba con las canciones de Britney Spears en casa de mi abuela. Los comentarios de mis primos eran: «No sabe bailar», «Ana no tiene ritmo». Así que fui sumando un montón de recuerdos de cómo, a lo largo de mi vida adulta, esa etiqueta seguía teniendo poder sobre mí.

Me sorprendió ver que me había instalado en esa creencia, que huía de los bailes en grupo, de las actividades escolares y de los vídeos de TikTok. También me acordé de todas las veces que me quedé sentada y no bailé con mis amigas en las noches de chicas «porque no quería», cuando en realidad estaba esperando que el alcohol hiciera efecto y no me importara lo que dijeran; más aún, que mi mente no me trajera esos recuerdos.

Lo que sucede con las etiquetas es que, según a qué edad las recibas y, sobre todo, según quién te las coloque, las interiorizarás y te las repetirás muchas veces. Por desgracia, esas etiquetas se convertirán en creencias que regirán tu vida.

Hoy te invito a identificar quiénes te otorgaron esas etiquetas, llevándote incluso a mutilar parte de tu identidad.

Si prestas atención a la historia que te he contado sobre mi etiqueta, verás que el momento crucial implicaba a una persona de autoridad, en este caso a una profesora, que para mí era muy importante. Pudo haber sido mi madre, mi padre o mi abuela. Con esto quiero recordarte lo que te decía unas páginas atrás: para los niños, las palabras, las frases y los veredictos de los adultos —en concreto, de sus padres— son ley, porque a esa edad dependemos de ellos para sentirnos seguros y, por supervivencia, no los cuestionamos.

En mis sesiones individuales me he encontrado con pacientes que han recibido todo tipo de etiquetas que se han quedado tan pegadas a su identidad que, con treinta, treinta y cinco, cuarenta e incluso cincuenta años, siguen influyendo en lo que creen que se merecen y en cómo se muestran al mundo. Mi trabajo con ellas es conseguir que sean auténticas para que puedan sentirse merecedoras de ser vistas tal como son.

En la siguiente imagen te muestro algunas de las etiquetas que más he escuchado en mis sesiones, muchas de ellas, por desgracia, dichas por la madre o el padre de mis pacientes. También encontrarás algunos espacios en blanco para que puedas anotar algunas de las etiquetas que recuerdas haber recibido en tu infancia, con el único objetivo de que empieces a ser consciente de lo que están limitando y puedas darles un nuevo significado e interpretación. Esta experiencia le recordará a la adulta que eres hoy la valiosa niña y adolescente que alguna vez fuiste y sigues siendo.

Las etiquetas que recibiste en la infancia todavía pesan en tu vida adulta.

EJERCICIO
¿Qué etiquetas de tu infancia siguen vigentes en tu vida adulta?

Para ayudarte con las frases y etiquetas que oíste sobre ti durante la infancia, voy a dejarte algunos espacios en blanco para que completes las siguientes oraciones. Por favor, sé compasiva y léelas en primera persona para conectar contigo misma.

- La etiqueta que más escuché en la infancia hacia mí fue ______ ______________.
- La persona que me puso esta etiqueta en mi infancia fue ______ ______________.
- Lo que hacía o tenía diferente en mi infancia para que me pusiera esa etiqueta era ______________________________ ______________.
- La etiqueta que más escuché en la adolescencia hacia mí fue ______________.
- La persona que me puso esta etiqueta en mi adolescencia fue ______________.
- Lo que hacía o tenía diferente en mi adolescencia para que me pusiera esa etiqueta era ______________________________.
- Si las personas de mi entorno hubieran valorado mis diferencias, todo habría sido distinto porque ______________________ ______________.
- La crítica/juicio/comentario que más escuché o recibí en la infancia fue ______________________________ ______________.
- La crítica/juicio/comentario que más escuché o recibí en mi adolescencia fue ______________________________ ______________.
- Cuando me hablo a mí misma, la etiqueta/juicio/comentario que suelo usar es ______________________________.
- Lo que realmente necesitaba escuchar en mi infancia y adolescencia era ______________________________ ______________.

EJERCICIO

Conecta con tu guía interna

Como hemos tocado fibras sensibles y removido emociones incómodas, te invito a hacer el siguiente ejercicio de regulación emocional: ponte la mano derecha en el corazón, inspira hondo y repite en voz alta: «Mi que-

rida niña interior, te veo, te escucho y te reconozco. No estás sola; estoy aquí, contigo; estás segura conmigo».

Repítelo tantas veces como lo necesites.

Recuerda que, tal como te trataron, te tratas hoy a ti. Puede que en este momento estés rechazándote y mutilando partes valiosas de tu ser porque tu niña interna sintió que, para ser amada, era necesario castrarlas, mutilarlas y rechazarlas. Por eso es importante que le recuerdes a esa niña que aquello fue una etiqueta que te pusieron, que no te representa y que vas a reescribir el concepto que tienes de ti desde una historia de amor, respeto y compasión. En ella, podrás coger cada una de esas partes que fueron rechazadas y darles de nuevo la bienvenida a tu ser para, una vez más, lograr ser auténtica y, sobre todo, sentirte libre para ser tú misma.

Si en alguna ocasión has pegado una etiqueta en una superficie, te habrás dado cuenta de que cuesta mucho desengancharla, hay que andarse con cuidado y luego limpiar una y otra vez los restos de adhesivo. Esta es una analogía literal del trabajo que deberás hacer con las etiquetas adheridas a tu cuerpo emocional: retíralas con cuidado, y sé compasiva y paciente con el proceso. Si llevan mucho tiempo pegadas, seguramente tendrás que insistir y limpiar uno a uno los restos que se mantienen pegados. Además, si les ha dado el sol, puede que haya quedado una marca.

La vida sin etiquetas es mucho mejor.

Este es un trabajo de consciencia constante en el que cada día debes elegir de nuevo cómo te vas a hablar, cuidar y amar para así educar a otros en cómo necesitas que te traten y respeten.

Los mensajes que escuchaste

Como ya te he explicado, para una niña, las palabras de sus cuidadores o de sus padres son ley. Por mera supervivencia, debe escuchar estas frases que pueden incluir mensajes que en un futuro la ayuden a sobrevivir por su cuenta, pero al mismo tiempo confía su cuidado a sus padres, y esto implica creer en los mensajes que le mandan.

Por desgracia, no todos los mensajes que se dicen en las familias o en los clanes familiares son empoderadores. Con el paso del tiempo, muchos se pueden convertir en el peso muerto que lleves en tu mochila y que limiten a la mujer que eres hoy. Por eso es tan importante que los reconozcamos y nos demos cuenta de que siguen siendo el filtro a través del cual vivimos nuestra vida, para así ver si nos siguen siendo útiles.

Hago un breve paréntesis para aclararte que todos los mensajes o creencias que has escuchado en tu familia a lo largo de la vida tienen un fin biológico: la supervivencia. Independientemente de cuál sea el mensaje, por limitante que sea, nació de un momento de vulnerabilidad y miedo, y se transmitió de generación en generación para evitar que otros sufrieran por ese motivo.

No quiero invitarte a juzgar esos mensajes, sino más bien a reflexionar sobre ellos y a retarlos para ver si en la actualidad son empoderadores para ti. Te animo a dar el paso de desaprender el miedo para que puedas empezar a vivir desde el amor y el merecimiento.

EL CASO DE ANA

Ana llegó a mi consulta frustrada. A sus veintiocho años no había podido tener intimidad sexual placentera porque sufría de vaginismo; al mismo tiempo, estaba muy desconectada de su sexualidad y del placer en general. Desconocía el impacto de las palabras y los mensajes que había escuchado en su infancia y cómo estos la habían condicionado a vivir desde la limitación. Indagando en su historia me comentó que a los seis años su abuela le dijo que entre las piernas (en su zona íntima) debía ponerse un candado y no abrirlo a nadie. Y cuando aún no había cumplido los doce, su madre —separada de su padre, con una vida sexual libre— no dejaba de amenazarla con las consecuencias de quedarse embarazada. Ana, desde muy pequeña, aprendió a rechazar la conexión con su sexualidad. Para una niña, lo más importante es sentirse amada por su madre, y por eso ella mutiló y rechazó una parte de sí misma, desconectándose de su merecimiento, del placer y del gozo de vivir, lo que la llevaba a rechazarse en otras áreas de su vida. Tras un profundo trabajo de sanación emocional con hipnosis y sesiones con una fisiosexóloga, Ana está aprendiendo a resignificar su relación con el sexo, con su cuerpo y sobre todo con la vida. Comprender el impacto de su infancia en su vida adulta le permitirá dejar a un lado el autorrechazo y reconstruir su autoestima.

Repite conmigo: «Si ella sanó, yo también puedo sanar».

EJERCICIO
Reconoce los mensajes que te limitan

Responde a las siguientes preguntas:

- ¿Cuáles fueron los mensajes que escuchaste de forma repetida durante tu infancia?
- ¿Qué opinaban en casa acerca del dinero, el amor, las relaciones y las emociones?
- ¿Cuáles fueron las palabras más dolorosas que escuchaste en tu infancia y quién te las dijo?
- ¿Qué es lo que te dice más a menudo tu crítica interna?
- ¿Dónde tiene su origen la historia que te cuenta tu crítica interna?

No hagas de tus creencias tu herencia

Como dice el biólogo experto en epigenética Bruce H. Lipton en su libro *La biología de la creencia*, «tus creencias actúan como filtros de una cámara, cambiando la forma en la que ves el mundo. Y tu biología se adapta a esas creencias. Cuando reconozcamos de una vez por todas que nuestras creencias son así de poderosas, estaremos en posesión de la llave de la libertad».

No solo se trata de las heridas provocadas a raíz de los mensajes que escuchaste en los momentos más vulnerables —y moldeables— de la infancia, sino también de cómo has construido una identidad basándote en cada uno de ellos. Muchos de esos mensajes fueron contractivos en vez de expansivos, y por eso tu cuerpo se sigue aferrando a los fragmentos de esas historias ya caducadas que necesitan actualizarse, porque son lo único que conoces.

Y es igual de importante que sepas que hay una parte de ti que ha interiorizado una versión mucho más expansiva de estas historias y que, muy en el fondo, siempre ha sabido que estás hecha para más, para merecer más, recibir más y dar más. Te desconectaste de esa parte de ti porque era mucho más fácil escuchar y creer los mensajes de los adultos en los que confiabas que atender a esa voz interior que te decía que eras mucho más que esas etiquetas, y que esas creencias se te quedaban pequeñas.

Hoy tienes la oportunidad de recordar la verdad a tu mente y a tu cuerpo. Solo tú tienes la llave para dar un nuevo significado a cada una de esas creencias que albergas en ti. Recuérdale a tu sistema nervioso que estás segura. Tu tarea primordial es empezar a transformar ese miedo y esa vergüenza en amor y merecimiento, del mismo modo que plantamos una semilla y nos encargamos a diario de regarla, de limpiar la tierra y de que reciba todos y cada uno de los nutrientes que necesita para florecer.

Ha llegado el momento de que empieces a regar las semillas para tu crecimiento expansivo.

Sé que es un reto comenzar a cuestionarse cada uno de los mensajes que escuchaste de niña porque eso hará que también te cuestiones la vida que has estado viviendo y desde dónde lo has hecho, y que aceptes que una parte de ti anhela más. Esa niña está esperando que le des el futuro que se le prometió antes de venir a este mundo, y esa mujer indomable y consciente que está dentro de ti anhela conectar con la vida desde un lugar lleno de posibilidades.

Esas semillas siempre han vivido en tu interior. Por desgracia, debido a diferentes circunstancias, has estado regando las semillas poco adecuadas, pero a partir de hoy puedes empezar a ocuparte de las simientes del merecimiento y el amor. Recuerda que tu mente se cree todo lo que le dices, así que debes empezar a cuestionarte las historias que no dejan de contarse en tu cabeza y comenzar a preguntarte si esos relatos te expanden o te contraen.

Si sientes que en algún punto te has desviado del camino por haber hecho caso a esos mensajes que te han impedido conectar con tu esencia, quiero recordarte que estás en el lugar correcto, y que si has llegado a este punto es porque tenías que haber transitado cada uno de esos momentos retadores incómodos para que, de una vez por todas, pudieras decir «Hasta aquí» y hacer de tu dolor la máxima motivación para sanar y evolucionar.

Actualiza tu manual de creencias internas

Cada día tienes la oportunidad de actualizar tu manual para elegir de nuevo y apreciar el mundo y las situaciones que vives desde otro prisma. No se trata de odiar a la antigua versión de ti para crear una nueva, sino de ir a cada uno de esos momentos en los que compraste una verdad contractiva y recordarle a tu versión de niña-adolescente la realidad expansiva para la que has nacido.

Si quieres actualizar tu manual de creencias internas es indispensable que llegues al punto en que te incomode lo suficiente para retar a cada creencia y preguntarte si estás viviendo desde una realidad que es solo tuya o has elegido vivir lo que otra persona te contó. Para eso es necesario que te atrevas a cuestionar absolutamente todo lo que se presente ante ti. El cuestionamiento nace de la consciencia y de las nuevas perspectivas. No se trata de descubrir creencias malas o buenas, ni conceptos malos o buenos, sino de ver qué te sirve ahora y qué ha dejado de serte útil. Pregúntate si estás viviendo desde una realidad que responde a tu versión más expansiva y sanadora o si estás eligiendo hacer de tu herida tu destino. Una de las frases favoritas de las redes sociales —que no sabemos quién escribió, pero es muy famosa— reza: «Lo que no cambias... lo eliges una y otra vez».

Como te darás cuenta, en este capítulo he insistido en que escribieras situaciones clave de tu infancia y adolescencia, y esa es la herramienta universal del autodescubrimiento si no sabes por dónde empezar a sanar. Comienza escribiendo tus recuerdos de infancia, esos que hoy te arrancan una sonrisa o que te hacen recordar que tienes un trabajo de sanación pendiente.

Cuando conoces tu historia, la vuelves tuya. Ya no será lo que te dijeron en la infancia, sino lo que escuchaste en primera persona y lo que elijas hacer hoy con ese mensaje o esos mensajes, porque solo tú puedes ir en tu rescate. Puedo darte herramientas e iluminarte el camino, pero solo cuando estés decidida a descubrir.

En ese momento estarás encarnando a tu versión más elevada, más sanadora, y es así como recuperarás el poder para reescribir tu historia.

¿Quién eras antes de convertirte en la persona que el mundo te dijo que eras?

EJERCICIO
Conecta con tu poder sanador

- Siéntate en un lugar cómodo. Relaja los hombros, disponte y cierra los ojos con suavidad.
- Coloca la mano derecha sobre el corazón y la izquierda sobre el vientre.
- Observa cualquier zona de tu cuerpo en la que experimentes alguna sensación, física o emocional. Lleva el aire a esa zona y, al exhalar, suéltala.
- Mientras respiras, honra todas las sensaciones y emociones que vengan a ti. Mantente presente en ellas. Respira profundamente con cada una y, al exhalar, deja que se relajen.
- Con cada respiración, honra justo lo que sientes. No intentes alejar nada. Hazte presente con lo que necesitas sentir. Permite que la respiración se convierta en una fuente de alivio para tu cuerpo y tu espíritu.
- Inspira profundamente. Exhala del todo. Cada respiración se convierte en una suave liberación y en una oportunidad de alivio.
- Inspira profundamente, y exhala con suavidad. Continúa este ciclo de respiración por tu cuenta.
- Repítete en voz alta los mensajes o palabras que anhelaste escuchar en tu infancia: «No hay nada que puedas hacer que te haga menos merecedora», «Eres suficiente», «Lo que haces es suficiente», «Lo que tienes es suficiente», «Mereces ser tratada con amor y respeto».
- Ancla cada frase o mensaje con tu inhalación y, al exhalar, deja salir lo que necesites. Inspira tus sensaciones y emociones.
- Al exhalar, recuérdate que eres más que suficiente.
- Inhala y exhala una vez más.
- Cuando estés preparada, abre los ojos muy despacio.
- Haz un gesto o movimiento que te conecte con el presente.

APRENDIZAJES DE ESTE CAPÍTULO

- ✓ Tus creencias internas son la composición de las conclusiones a las que llegó tu niña interna como consecuencia de haber sido herida.
- ✓ A raíz de tus heridas, en esas conclusiones tienes conceptos y versiones caducadas de ti creadas desde el miedo, la vergüenza y el desmerecimiento.
- ✓ Indagar en los recuerdos e interpretaciones de tu infancia es clave para descubrir qué has integrado, de modo que identifiques qué conceptos necesitas actualizar.
- ✓ Tu crítica interna se ha formado por los mensajes, las etiquetas y los comentarios que escuchaste en la infancia, y debes ocuparte de cultivar un nuevo diálogo que provenga de las frases y las palabras que te hubiera gustado escuchar a medida que ibas creciendo.
- ✓ La forma como te trataron es como te tratas hoy a ti. Puede que en la actualidad te rechaces y estés mutilando partes valiosas de tu ser solo porque tu niña interna sintió que, para ser amada, era necesario castrar, mutilar y rechazar esas partes de sí misma. Pero ahora debes recordarle a esta niña —y reescribir en este manual— una historia de amor, respeto y compasión.
- ✓ Hoy tienes la oportunidad de recordarle a tu mente y a tu cuerpo la verdad: cuentas con tu espíritu; solo tú tienes la llave para darle un nuevo significado a cada una de esas creencias que albergas en ti.
- ✓ Para actualizar tus creencias es importante que te incomoden lo suficiente como para retarlas y preguntarte si estás viviendo desde una realidad que es absolutamente tuya o has elegido vivir lo que otra persona te contó.

Parte del proceso de sanar, desaprender y reprogramar tu mente es aceptar que recibiste lo que había o lo que podían ofrecerte. Sin embargo, hoy puedes darte mucho más, elegir no incomodarte para los demás, sino para incomodarte para recordar lo que muy en el fondo siempre has sabido. Sí, mereces recibir el amor que tanto das a otros, incluso más. Te prometo que a medida que avances en la lectura irás experimentado un cambio de consciencia en tu vida y en tu relación contigo misma.

4

Herencias emocionales

> Llega un momento en que tenemos que dejar de rescatar a la gente que ha caído al río. Hay que subir aguas arriba y averiguar por qué cae.
>
> DESMOND TUTU

¿Todas las herencias familiares son contributivas? ¿Y si alguna herencia heredada limita tu capacidad para ser libre en lo emocional?

Empecemos por definir qué significa el término «herencia». En un principio, es lo que recibimos de nuestros antepasados, pero si profundizamos un poco más veremos que la palabra viene del latín *haerentia* y, que quiere decir «estar unido o adherido a algo». Para mí este segundo sentido tiene más peso porque, de algún modo, la familia nos atraviesa, está grabada en nuestro ADN, en nuestra forma de pensar, en nuestras decisiones cotidianas.

Tu cerebro siempre escoge lo familiar versus lo desconocido aunque esto sea más sano o coherente y responda mejor a tus creencias. Siempre elegirá lo familiar porque todo lo que significa familia y herencia está adherido y codificado en nuestro interior, y nos condiciona hasta el punto de que suele dirigir nuestra vida de forma inconsciente.

A mi esposo se le da muy bien dibujar y todo lo que tiene que ver con el arte. Cuando le pregunté si en la infancia practicó estas habilidades, me dijo que no, que todo se debía a que su bisabuelo fue un artista conocido en la ciudad donde él creció, y que muchos llegaron a decirle que tenía las mismas manos que su predecesor. En otras palabras, consideraba que su talento era por herencia familiar.

Sin embargo, además de dones, talentos, costumbres, recetas, tradiciones y rituales, heredamos otras muchas cosas de las que no somos conscientes:

- El dolor.
- La conexión con el mundo emocional.
- El miedo.
- Los hábitos financieros.
- Las inseguridades.
- Las adicciones.
- Las vergüenzas.
- Las culpas.
- Las opiniones sobre el mundo o la vida.
- Las creencias limitantes.
- Los destinos incompletos.
- Los juicios y la autoexigencia.

El psicólogo y psiquiatra suizo Carl Jung afirma en su texto *Recuerdos, sueños, pensamientos*:

> Cuando trabajaba en mi árbol genealógico, entendí la extraña comunión del destino que me une a mis antepasados. Tuve el fuerte presentimiento de que estaba bajo la influencia de actos y problemas que quedaron incompletos, no resueltos por mis padres, mis abuelos y mis otros antepasados. Tuve la impresión de

que a menudo en la familia hay un karma impersonal transmitido de padres a hijos. Siempre pensé que tenía que responder a preguntas ya hechas a mis antepasados o que tenía que concluir o continuar los problemas no resueltos previamente.

La familia no solo nos influye en el plano físico, emocional y mental, sino también espiritualmente.

En tu mochila emocional (subconsciente) no solo llevas el peso de tus propias vivencias e interpretaciones, sino también las que se han guardado de modo inconsciente y genético, y se han pasado de una generación a otra con el único fin de sobrevivir y proteger al clan familiar. En palabras más claras y tajantes, el neuropsicólogo Paul Pearsall afirma en su obra *The Power of the Family*: «Nuestro instinto más básico no es la supervivencia; es la familia».

El vínculo sanguíneo no es más importante que proteger tu paz. No todas las familias impulsan y te proveen de las herramientas que necesitas para tu supervivencia, sino que las hay que te ofrecen patrones dañinos y visiones distorsionadas sobre las relaciones, la comunicación y la vida. Son las que denominamos «familias disfuncionales». Suelen basarse en la premisa «La familia lo es todo», de modo que te inducen a asociar afecto y aceptación con abuso emocional y autotraición. Si has crecido en un hogar así, es probable que hayas aprendido a normalizar el maltrato, el abuso de poder, los gritos, la violencia, la falta de respeto y, sobre todo, la manipulación.

En las familias disfuncionales se usa la culpa para manipular a sus miembros. Llega un punto en que está tan normalizado que puedes sentirte mal por querer hacer lo que necesitas. Se te ha educado en priorizar la aprobación del clan familiar a la tuya. En estas familias abunda la falta de empatía, de modo que puede que sientas que juzgan o desprecian tu forma de pensar, tus emociones o tus opiniones. Se normalizan la crítica excesiva y los comentarios hirientes o denigrantes. En ellas, es común el abuso de sustancias como el alcohol u otras para adormecerse o retraerse. Carecen de una comunicación asertiva, agreden con comentarios pasivo-agresivos y suelen hablar a espaldas de otros familiares; si en algún momento se enfrentan, lo hacen a gritos o abusan verbalmente de los demás. Como son impredecibles, sientes que no puedes contar con tus padres o con tus hermanos para que te apoyen, sino que su comportamiento irresponsable te hace sentir insegura. Y sobre todo está muy presente la parentalización: aunque seas una niña, debes ocuparte de ti, de tus hermanos e incluso de otros adultos, lo que te obliga a crecer muy rápido y mutila tu infancia.

«Espera... ¿quieres decir que otras familias no hacen esto?». Si has normalizado la manipulación y las conductas insanas de la tuya, puede que no me creas si te digo que existen familias sanas en las que el respeto y el afecto no está condicionado por el control. Y tal vez te preguntes: «¿Por qué no me he percatado antes?». Pues porque en la infancia ves a tus padres y a tu familia como tu fuente principal de apoyo y seguridad; no era responsabilidad tuya saber que te estaban hiriendo emocionalmente. Ahora que te has dado cuenta, puedes empezar a resignificar esas interpretaciones caducadas y actualizar cada patrón, conducta y creencia a unas que respondan con quien tú eres. Parafraseando a Richard Kadrey…

Cuando creces en un hogar que está constantemente en llamas, es fácil creer que el mundo entero está ardiendo.

Pero justo ahora estás a salvo expandiendo tu consciencia y saliendo de tu zona de miedo para empezar a cocrear una vida que no se base en la supervivencia y la duda en ti misma, sino más bien en la que puedas aprender a cultivar dentro de ti y en tus relaciones la seguridad y el amor que siempre has merecido. Dicho esto…

- ¿Estás dispuesta a cambiar la forma en que veías a tu familia?
- ¿Estás dispuesta a mirar a esas personas desde una visión más curiosa y reflexiva?

Ahora inspira, inhala y exhala, y repite conmigo: «Estoy decidida a ver a mi familia de otra manera». Vuelve a respirar profundamente.

¡Enhorabuena! Has dado el primer paso. No sé cuál es la imagen que tienes hoy de tu familia, tal vez sea la más digna o quizá todo lo contrario, pero lo que puedo decirte es que, una vez que decidas verlos con curiosidad y reflexión, empezarás a descubrir esa herencia invisible que cargas en tu mochila y podrás elegir si hoy, en este punto de tu vida, es algo quieres conservar e incluso pasar a tus hijos, si es el caso.

EJERCICIO
Escritura sanadora

Toma un papel y un bolígrafo, y responde a las siguientes preguntas o despertadores (me gusta llamarlas así porque expenden la consciencia) para entender un poco más tus herencias emocionales:

- ¿Qué frases se dicen en tu familia como si fueran una ley?
- ¿Cuáles son sus valores?
- ¿Puedes ver algún reto o dificultad que se repita en ella desde hace generaciones?
- ¿Cómo resolvéis vuestros conflictos familiares?

- ¿A qué se teme más en tu familia? (Por ejemplo, a lo que digan los otros, a la escasez, a la enfermedad, al divorcio, etc.).
- En todas las familias hay manipulación. ¿Cuál es la típica en la tuya?
- ¿Conoces algún secreto de tu familia? ¿Por qué es secreto?
- ¿Cómo se demuestra el amor en tu familia?
- ¿Y el desprecio?
- ¿Cuál es la emoción más aceptada en tu familia?
- ¿Y la menos aceptada?
- ¿Qué actitud, conducta o valor no te gustaría heredar de tu familia?
- ¿Cuál o cuáles te gustaría dejar como legado o herencia para tus hijos?

Espero que, gracias a estas preguntas, te des cuenta de que esas herencias familiares se van transmitiendo de generación en generación y condicionan tu mundo emocional y relacional. Algunas pueden ser poco importantes, traer buenos recuerdos o hacernos sentir seguras, pero otras pueden ser como losas, obsoletas e incluso inútiles para el estilo de vida o el camino que queremos seguir.

Para que entiendas un poco más tu herencia, te contaré una historia personal. Los mensajes que escuchamos en la familia son muy importantes porque allí se moldea la percepción que tenemos del mundo. Por eso practico mucho la escucha consciente de las frases que digo para identificar qué mensajes, creencias limitantes o necesidades se esconden en ellas.

Durante un momento de reto personal que viví a finales del año 2022, me oí usando la frase «Es que es muy difícil» mientras conversaba con mi pareja, algunas amistades, mi terapeuta e incluso mi familia respecto a ese tema. En febrero de 2023 recibí la visita de mi padre en Barcelona. Él vive en Venezuela y llevábamos casi un año sin vernos. Me comentó su situación personal, y un día que tuve suficiente presencia y claridad le oí decir «Es que es difícil». Decidí prestar atención para ver cuántas veces pronunciaba esa frase, y me sorprendió muchísimo darme cuenta de que, cada vez que se refería a un tema concreto, la mencionaba de tres a cinco veces.

Hice este mismo ejercicio con mi madre y, para mi sorpresa, también la escuché un par de veces repitiendo esa frase.

A raíz de eso, decidí empezar a cuestionar mi interpretación de lo «difícil». En la actualidad es una palabra que, tras una decisión consciente, ya no uso; prefiero el término «retador». El primer ejercicio que hice fue empezar a escucharme de forma consciente y, cada vez que decía «difícil», lo cambiaba automáticamente por «retador» o «reto». La diferencia fue sustancial. Si había logrado superar otros retos o cambios en distintos momentos de mi vida, no era difícil, solo retador. Luego respiraba hondo y realizaba una previsualización de compasión antes de decirme: «Haz lo que tienes que hacer».

Espero haberme explicado. No estoy hablando de un mensaje, una frase sencilla o una palabra. Cuando digo «difícil» me refiero a una interpretación del mundo, a una sobreidentificación con el victimismo, a un **desempoderamiento** y, sobre todo, a una visión escasa y carente de las fortalezas que había mí en ese momento.

Tus herencias familiares no tienen que ser tu destino. Puedes empezar a cuestionar cada interpretación, visión, creencia e incluso juicio con el que te encuentres en tu día a día.

Quiero hacerte una pregunta muy valiosa que ha actuado como despertador tanto para mí como para mis pacientes en este recorrido:

¿Desde dónde experimentaría yo esta situación si no tuviera esta creencia o juicio de mi pasado?

Es importante que no solo la utilices en las circunstancias contractivas, sino también ante situaciones expansivas, para ayudarte a ampliar tu visión neutra de los acontecimientos que te rodean, ya que **el trabajo de sanación emocional consiste en aprender a desaprender** respecto a quién te dijeron que eras y aprender quién eres o quieres llegar a ser en realidad.

Para ti, que no tienes información sobre tu herencia familiar

Hago un pequeño paréntesis para responder a esa persona que me está leyendo y que tal vez desconoce su historia familiar y, por desgracia, no tiene acceso a ella. Tal vez te sientas como un barco a la deriva a la hora de descubrir tus herencias emocionales, pero tu familia y tus herencias están guardadas en tu cuerpo, en tus genes, en tus respuestas automáticas, en tus sensaciones corporales, en tus creencias, en esas frases que repites sin darte cuenta, en los olores o lugares que aprecias y, sobre todo, en lo que te da paz y en lo que te incomoda.

Sé que para ti es un reto responder a las preguntas que te he planteado y a las que te haré a lo largo del capítulo, pero todas esas respuestas están en ti, en tu mente subconsciente e inconsciente. Si eliges observar de forma consciente tu vida, con la mirada curiosa y reflexiva con la que estudiarías a tu familia, estoy segura de que empezarás a identificar patrones, circunstancias que se repiten, retos que se parecen y personas similares que siguen llegando a tu vida, y eso es porque una parte de ti está llamando —o eligiendo— de forma subconsciente a esas personas o situaciones porque te resultan familiares. Así que plantéate esta pregunta: «¿Qué circunstancias, por cómodas o incómodas que sean hoy, sigo eligiendo porque de alguna forma hay una parte de mí que se aferra a ellas?».

Me refiero a un perfil particular de amistad o de pareja, o bien a una situación laboral en la que siempre terminas sintiéndote de una forma concreta. De este modo encontrarás ese hilo del que tirar para conocer tu historia. Y aunque tal vez no tengas la misma cantidad de información que otras personas, cuentas con todo lo que necesitas para descubrirlo dentro de ti, literalmente hablando. Además, aquí me tienes para darte un abrazo y decirte que no estás sola.

Para sanar las herencias emocionales, los enemigos son la culpa sistémica y su fin biológico.

Cuando comenzamos a hablar de cuestionar, reflexionar y ser curiosos con el comportamiento de la familia, una de las primeras emociones que tiran de nosotros —como la correa de un perro que se está yendo demasiado lejos— es la culpa sistémica. Para algunas personas, cuestionarse su sistema familiar es muy incómodo, y puede que una parte de ellas sienta que está traicionando a su familia y a sus padres por poner en tela de juicio sus formas.

Para una niña o niño, el ser más importante es el que le cuida y cubre sus necesidades. Por lo tanto, la culpa es una emoción con un fin muy biológico, pues provoca que el pequeño o la pequeña se cuestione su conducta si hace algo que vaya en contra de los valores o los intereses de la madre o el padre, para así reparar el daño y no alejarse del cuidador principal o del clan familiar que le brinda cuidados.

EJERCICIO
Imaginación

Imagínate el siguiente escenario: vives en la selva, en una tribu, y estás discutiendo con alguien de tu clan que no comparte tu opinión, tus valores o tu visión del mundo. Tú, muy moderna, le dices a todo el clan que ya puede plantearse dejar de cazar tantos animales y empezar a pensar en una alimentación vegetariana. A los líderes de la tribu no les gusta la idea, ya que estás cuestionando sus formas, rituales y valores.

Veamos dos desenlaces diferentes, uno con culpa y otro sin ella.

- **Escenario con culpa.** La culpa sistémica te recuerda que tu tribu es lo único con lo que cuentas para sobrevivir. Es tu familia, tu lugar seguro, de modo que te costará seguir viva sin ellos en épocas duras o si aparecen depredadores. Si mañana te atacara un animal salvaje, con el apoyo de la tribu podrías matarlo, usar sus pieles como protección para el invierno y hacer un ritual para celebrar la victoria, lo cual crearía estrechos lazos entre vosotros. Con este escenario, decides cambiar de opinión y te apegas a los valores y las costumbres de tu tribu. Piensas que, más allá de satisfacer tus deseos, deben prevalecer otros valores más importantes, como sobrevivir y sentirte segura.
- **Escenario sin culpa.** Decides seguir tus valores, recorrer tu propio camino, y te vas a otro lugar para llevar una vida vegetariana, de modo que honras tu ser. Pero mientras vives según tus principios, te ataca el depredador salvaje de la versión anterior. Ya no tienes a nadie que te defienda, así que, por desgracia, falleces o quedas herida de gravedad, y como no hay nadie que te cuide, te mueres.

La culpa sistémica es la emoción que nos recuerda que, a nivel biológico, el miedo más profundo que tenemos no es la muerte, sino el rechazo de la tribu, porque es lo que nos puede matar. Pero ya no somos niños ni estamos en la selva, y aunque es válido y necesario tener tribus a las que pertenecer, eres libre de elegir una tribu o familia que responda a tus valores, que no ponga en riesgo tu integridad y que comparta tu visión del mundo. Para ello, debes recordarle a tu cuerpo —o sea, a tu sistema nervioso—, a tu mente y a tu espíritu que no estás en peligro, que debe salir del modo supervivencia, para que puedas lidiar con la culpa, esa que te quiere llevar a seguir atada a las formas de tu clan familiar, y sostenerla, y así, tal vez, elegir hacerlo de otro modo.

La culpa es ese radar que te indica si estás retando a tus herencias emocionales.

La culpa no desaparecerá; tampoco el miedo. Son emociones básicas para la supervivencia que están muy codificadas en la biología. Deberías transitarlas a través de la presencia, la meditación y el trabajo interno; si puede ser, mejor que te acompañe un terapeuta con el que aprendas a sostener lo incómodo de la culpa sin juicios y con presencia, hasta que ese músculo esté tan fortalecido que ya no te limite y seas capaz de alcanzar la libertad emocional que tanto deseas.

¿Y si el reto emocional o el patrón que estás viviendo no empezó contigo? ¿Es posible heredar el dolor familiar?

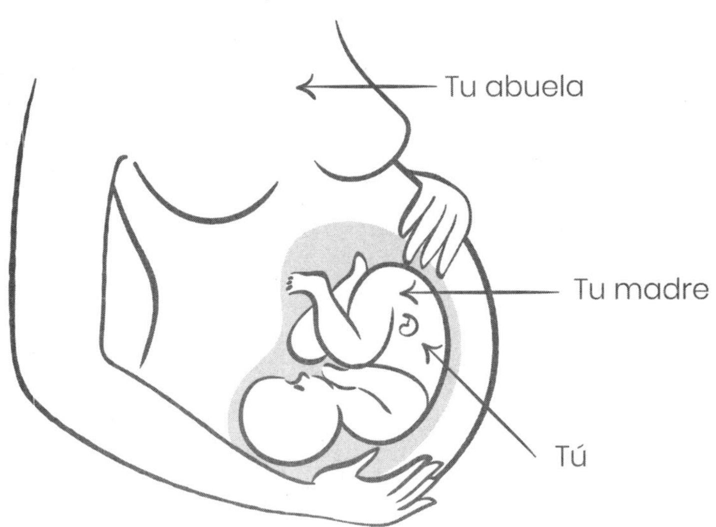

Tu madre, tu abuela y tú alguna vez compartisteis cuerpo

Los óvulos de la mujer se forman en los ovarios durante el cuarto mes de gestación. Esto significa que tu vida celular como óvulo comenzó en el vientre de tu abuela. Por tanto, celularmente hablando, cada mujer ha pasado cinco meses en el vientre de su abuela, y ella a su vez se formó en el de la suya. Este descubrimiento se realizó hace más de un siglo, y hoy, con los estudios sobre trauma transgeneracional, se ha establecido de qué modo el trauma se transmite entre los clanes femeninos, ya que, a diferencia de los hombres —los espermatozoides empiezan a multiplicarse en la pubertad—, las mujeres nacemos con una provisión de óvulos única para toda la vida.

¿Entiendes hasta dónde nos lleva la herencia?

¡Sí! Cuando hablamos de heridas emocionales o traumas, debemos tener en cuenta el entorno emocional en el que se hallaba tu madre mientras estabas en su vientre, porque, como afirma el experto en biología celular Bruce Lipton, «Las emociones de la madre, como el miedo, la ira, el amor y la esperanza, entre otras, pueden alterar bioquímicamente la expresión genética de sus hijos». A esto debemos sumarle el entorno emocional que experimentó tu abuela mientras tu madre estuvo en su vientre.

Por tanto, considera que quizá las dificultades emocionales que estás viviendo hoy no empezaron contigo. En tu cuerpo, tu sistema nervioso y tu mente llevas las memorias emocionales de las heridas (traumas) que vivió tu madre cuando estabas en su vientre y las que vivió tu abuela cuando tu madre y tú estabais en el suyo.

Si durante el embarazo de tu madre tu abuela sufrió una pérdida familiar, se enteró de la infidelidad de su marido o su pareja la abandonó, esas situaciones le causaron un estrés que impactó en tu memoria emocional y provocó que, antes de nacer, una parte de tu biología celular ya conociera y codificara lo que es el dolor profundo de una pérdida, un abandono o una traición.

Todas y cada una de las circunstancias estresantes que experimentaron tanto tu abuela como tu madre están codificadas en tu sistema nervioso. Como si fueras un arma cargada, llevas una serie de condicionamientos e interpretaciones que se expresan en reacciones desmedidas o incoherentes porque no es tu mente consciente la que responde, no eres tú... Es tu biología, desde una serie de recuerdos emocionales almacenados en tu cuerpo, y te frustras porque no sabes por qué te sientes de una manera concreta o por qué respondes a ciertas circunstancias de una forma determinada.

La doctora Christiane Northrup, una de mis escritoras favoritas, en su obra *Madres e hijas: creando un legado de salud física y emocional*, lo resume de forma poética: «Así, cada hija contiene a su madre y a todas las mujeres que la precedieron. Los sueños no realizados de nuestras antepasadas maternas forman parte de nuestra herencia».

A nivel biológico, emocional e incluso de consciencia, compartes información con tu familia como si fueras un iCloud familiar al que puedes subir fotos o vídeos para que los vean tus familiares. Tu sistema nervioso, tu memoria celular y tu subconsciente colectivo son como ese lugar en el que se han almacenado los datos que tu biología consideró valiosos para tu supervivencia. Y aunque no puedas borrar esa información, puedes resignificarla y darle una nueva interpretación, validándola y reconociéndola para dar sentido al dolor emocional heredado.

¿Y cómo se transmiten los traumas de una generación a otra?

Gracias a los avances de la ciencia, los estudios sobre el ADN y los marcadores genéticos, se ha dado luz a muchos cuestionamientos sobre la supervivencia y se ha averiguado que las situaciones adversas y traumáticas de una generación dejan una huella indeleble en la carga genética de la siguiente, creando cambios en la expresión de los genes con el propósito de que esta tenga más oportunidades de sobrevivir.

En el artículo «Las emociones en la maternidad y el desarrollo humano», publicado en la revista *Birth Psychology*, el biólogo molecular Bruce Lipton, uno de los precursores del campo de la epigenética, aborda, como ya hemos citado, cómo las emociones de la madre —miedo, ira, amor, esperanza, etc.— pueden alterar bioquímicamente la expresión genética de sus hijos, y afirma que, cuanto más repetitiva sea una experiencia emocional, más impacto tendrá en el desarrollo del bebé.

En el libro *El cerebro del niño*, el experto en neurociencia infantil Daniel J. Siegel explica que, durante los últimos meses del embarazo, el bebé experimenta todas las emociones de la madre. Por tanto, parte del trabajo terapéutico debe centrarse en averiguar cómo fueron esos nueve meses de gestación y qué vivió ella, sobre todo en los últimos meses y durante el parto.

En este sentido, todo lo que tu madre experimentó desde que se enteró de que estabas en su vientre hasta más o menos tus tres o cuatro años ha condicionado tu mundo emocional. Y lo mismo le sucedió a tu madre con tu abuela, y a tu abuela con tu bisabuela.

En 2005 se publicó el revolucionario e histórico estudio de la doctora Rachel Yehuda que recogía sus observaciones sobre mujeres embarazadas —en su segundo o tercer trimestre—

que se encontraban en las Torres Gemelas y en sus proximidades el día del atentado. Demostró que las pautas de estrés desde el punto de vista bioquímico, en los niveles de cortisol, se transfirieron a sus hijos. Las mujeres que participaron en su estudio, diagnosticadas con trastorno de estrés postraumático, dieron a luz a niños con niveles bajos de cortisol, afección que suele comprometer la capacidad de regular las emociones y gestionar el estrés. Por tanto, estos niños que ni siquiera habían llegado al mundo ya estaban predispuestos a tener dificultades para regular las emociones y gestionar el estrés. También se documentó que eran bebés que solían sobreexcitarse y sobrerreaccionar ante nuevos estímulos.

En la actualidad ya se han publicado un número significativo de estudios que demuestran que las experiencias adversas causantes de heridas emocionales en mujeres embarazadas pueden influir en la expresión genética de generaciones posteriores. Muchos de estos artículos de investigación han concluido que los hijos de madres que sufrieron situaciones traumáticas que las hirieron profundamente en lo emocional tienen el triple de probabilidades de padecer depresión y ansiedad, y de consumir de sustancias.

Mamá, cuéntame qué pasó

Para que identifiques las heridas emocionales que han ido pasando de generación en generación hasta llegar a ti, y que hoy piden ser sanadas, es necesario que vayas a la raíz de tu historia: debes conocer las experiencias que vivió tu madre mientras estabas en su vientre, y conocer las experiencias de tu abuela cuando tu madre estaba en su vientre.

EJERCICIO
Une las piezas de tu historia emocional

Para que puedas descubrir tu historia y dar sentido a toda esa experiencia emocional que vives hoy como adulta, es importante que reconectes con las piezas que desconoces de tu contexto emocional para sostener a la niña que fuiste desde la adulta que eres hoy.

A continuación te ofrezco una lista de preguntas que puedes plantearle a tu madre o al familiar cercano a ella al que puedas acceder:

- ¿Fui un bebé deseado?
- ¿Se produjo alguna situación traumática cuando estabas embarazada de mí?
- ¿Sufriste ansiedad, depresión o estrés durante el embarazo o antes de que yo naciera?
- ¿Mi parto fue difícil? ¿Fui un bebé prematuro que tuvo que estar en incubadora?
- ¿Cuáles fueron las circunstancias que rodearon mi concepción y el embarazo?
- ¿Fui separada de ti al poco tiempo de nacer?
- ¿Sufriste depresión posparto?
- ¿Sufriste de algún trauma emocional durante mis tres primeros años de vida?
- ¿Sufriste un aborto o murió el bebé que nació antes que yo?
- ¿Cómo era tu relación de pareja durante el embarazo?
- ¿Mi padre se implicó en el embarazo? ¿Estuvo involucrado en mi crianza?
- ¿Fui separada de ti durante mis tres primeros años de vida (por motivos de salud, familiares, de trabajo u otros)?
- ¿Tuviste que dedicar atención y cuidados a mis hermanos durante ese tiempo?

Ten en cuenta que responder a estas preguntas requiere de ti cariño, interés y, sobre todo, sostener la vulnerabilidad cuando aparezcan las emociones incómodas. Es normal que te sientas triste, molesta, frustrada o impotente. En este momento, toda experiencia emocional es válida, así que respira hondo y felicítate porque ya has empezado a ocuparte de ti. Gracias por permitirme acompañarte en este viaje.

Aunque toda la información acerca de la que estamos preguntando se encuentra almacenada en tu cuerpo, en tu mente subconsciente y en tu espíritu, es importante que conozcas las historias para así dar sentido a cada una de las sensaciones, los síntomas y las experiencias emocionales que vivas hoy.

Todas estas preguntas marcan hitos en la relación que creaste con tu madre en tus primeros años de vida, pues ella era tu fuente de seguridad, la persona con la que estuviste en contacto durante nueve meses. Identificar experiencias adversas o circunstancias que puedan haber impactado de forma negativa en tu desarrollo emocional es clave para que entiendas hoy qué heridas están dirigiendo tu vida, tus vínculos y tu relación contigo misma.

En próximos capítulos profundizaremos en el vínculo que mantienes con tu madre, por eso es importante que reúnas las respuestas a las preguntas anteriores. Si no tienes acceso a esa información, quiero que sepas que ese es uno de los motivos más consultados para el uso de la hipnosis de regresión, ya que mediante esta poderosa herramienta podemos sumergirnos en tu mente subconsciente, que ha almacenado las experiencias en tu cuerpo, para entender de dónde vienen esas historias rotas que estás repitiendo y dar sentido a cada gota de dolor almacenada en tu cuerpo.

EL CASO DE NATALIA

Natalia tenía cuarenta años cuando llegó a mi consulta. No había formado una familia y se sentía muy frustrada porque siempre solía toparse con personas que la rechazaban o que no estaban disponibles en el plano emocional. Sus relaciones no duraban más de seis meses, y en ellas no se sentía amada ni apreciada.

Al poco tiempo de hablar sobre su infancia, detectamos una herida profunda de rechazo. Me contó que su madre le había comentado que su embarazo había sido deseado y que sentía mucho amor hacia ella, aunque a lo largo de su infancia se mostró fría y exigente. También me dijo que, durante sus primeros meses de vida, su madre estuvo muy distante porque sufrió depresión posparto.

A pesar de que había muchos factores que apuntaban a la creación de una herida de rechazo a temprana edad, elegimos realizar una hipnosis de regresión para conocer las experiencias almacenadas en su subconsciente y descubrir el origen de su herida. Para su sorpresa —no grata, aunque liberadora al mismo tiempo—, durante la hipnosis Natalia conectó con una profunda sensación de rechazo que venía por parte de su madre mientras ella estaba en su vientre y, al mismo tiempo, una fuerte vergüenza y un profundo dolor en el alma. La palabra que salió de la boca de Natalia cuando le pedí que expresara qué sentía fue «abuso».

Por medio de un trabajo de autocompasión y liberación del dolor que no le pertenecía —tanto hacia ella como hacia su madre—, logramos regresar al aquí y ahora con una sensación de desahogo y un fragmento de la verdad, a la que mi paciente tenía que enfrentarse. Una vez integrada la experiencia, entendió que parte del dolor y el rechazo que sentía hacia los hombres, hacia sí misma e incluso hacia la vida venía de las experiencias que había vivido su madre durante la gestación y el embarazo, y del rechazo que sufrió su progenitora por sus padres al enterarse de la noticia.

Tras un profundo trabajo, Natalia decidió aclarar la situación con su madre. Ella le confesó que habían abusado de ella de joven, pero no había podido probar los malos tratos, pues entonces no había tanta información como ahora. Siguió con esa persona hasta que la dejó embarazada, sola y llena de vergüenza. Por extraño que parezca, Natalia solo duraba cinco o seis meses con los chicos con los que salía, el mismo tiempo que estuvo su madre con su pareja.

Una vez realizado el trabajo de liberación emocional, después de dar sentido a la historia y a la información que estaba almacenada en el interior de Natalia, pudimos empezar a trabajar en sanar la herida y en suturarla con compasión, trabajo corporal y autoaceptación, para que, en su debido momento, se convirtiera en autoestima.

En la actualidad, Natalia lleva más de un año y medio en pareja, desde poco tiempo después de terminar nuestras sesiones.

Repite conmigo: «Si ella sanó, yo también puedo sanar».

Porque, cuando el dolor tiene sentido, empieza la alquimia de la sanación para sostener a mis pacientes —si es necesario, incluso en el duelo— y transitar por ese camino que, en su debido momento, nos llevará a la liberación y sanación emocional.

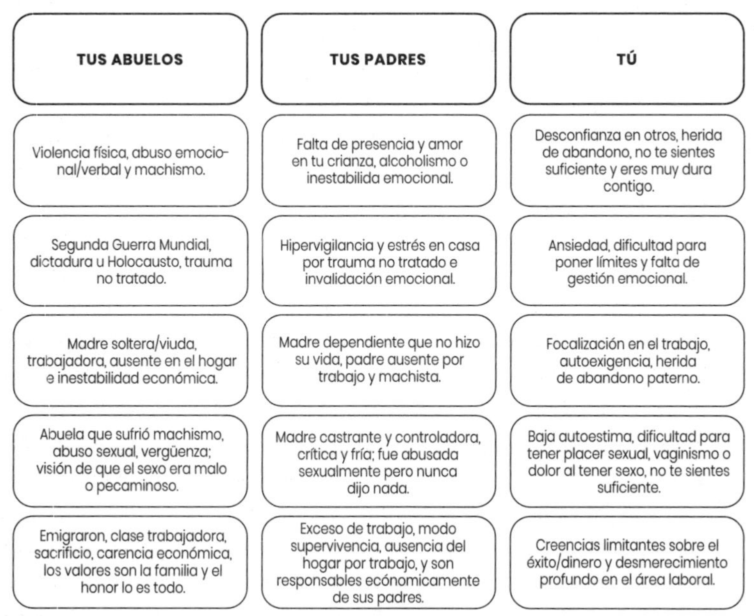

TUS ABUELOS	TUS PADRES	TÚ
Violencia física, abuso emocional/verbal y machismo.	Falta de presencia y amor en tu crianza, alcoholismo o inestabilida emocional.	Desconfianza en otros, herida de abandono, no te sientes suficiente y eres muy dura contigo.
Segunda Guerra Mundial, dictadura u Holocausto, trauma no tratado.	Hipervigilancia y estrés en casa por trauma no tratado e invalidación emocional.	Ansiedad, dificultad para poner límites y falta de gestión emocional.
Madre soltera/viuda, trabajadora, ausente en el hogar e inestabilidad económica.	Madre dependiente que no hizo su vida, padre ausente por trabajo y machista.	Focalización en el trabajo, autoexigencia, herida de abandono paterno.
Abuela que sufrió machismo, abuso sexual, vergüenza; visión de que el sexo era malo o pecaminoso.	Madre castrante y controladora, crítica y fría; fue abusada sexualmente pero nunca dijo nada.	Baja autoestima, dificultad para tener placer sexual, vaginismo o dolor al tener sexo, no te sientes suficiente.
Emigraron, clase trabajadora, sacrificio, carencia económica, los valores son la familia y el honor lo es todo.	Exceso de trabajo, modo supervivencia, ausencia del hogar por trabajo, y son responsables ecónomicamente de sus padres.	Creencias limitantes sobre el éxito/dinero y desmerecimiento profundo en el área laboral.

Cuando reconoces el dolor familiar que ha pasado de generación en generación, le das sentido. Al igual que el río siempre busca una salida, las herencias emocionales también lo harán, y si hoy estás leyendo este libro significa que tu nivel de consciencia se ha elevado lo suficiente para convertirte en el miembro de la familia que busque un nuevo sentido a ese dolor, que traiga transformación y trascendencia, para así, desde el amor, liberar a aquellos que han vivido toda la vida en el miedo y la sombra.

Abre los oídos y el corazón a lo que necesita ser sanado en tu historia personal y en la de tu familia.

EL CASO DE LEONOR

«Tengo miedo a quedarme sola», me decía una paciente de casi cuarenta años, madre de dos niños, que había llegado a mí después de pasar por todo tipo de terapias tradicionales y no tradicionales. El motivo de la consulta era su fobia a conducir sola o a quedarse sola en casa. Hacía casi un año había emigrado con su marido y sus dos hijos. En ese momento comenzaron las fobias y el apego excesivo a su pareja, porque temía quedarse sola.

Durante las sesiones, escuché repetidamente la frase «Tengo miedo a quedarme sola», así que a la tercera vez le pregunté: «¿Quién se quedó sola en tu familia?».

Entonces me contó la trágica historia de su bisabuela, que había emigrado con su marido de Italia a Latinoamérica, y al cabo de unos años de llegar, con una hija de tres años (la abuela de Leonor), el bisabuelo murió y ella se quedó viuda y sin protección. A su vez, su abuela tuvo una única hija, la madre de mi paciente. Cuando Leonor tenía nueve años murió su abuelo, y como su abuela estaba tan dolida por la pérdida, la niña solía acompañarla por la tarde porque su abuela no quería «quedarse sola»; falleció muchos años después.

Una frase sencilla estaba cargada de la historia y del dolor subconsciente de las mujeres de su familia. Esa herida detonó casi como una alarma en cuanto ella emigró a otro país, pues lo llevaba inscrito en su biología y sus memorias emocionales, alertándola para que no sucediera lo mismo.

Tras varias sesiones con diferentes tipos de herramientas, como un ejercicio de sanación del linaje e hipnosis de sanación, logró empezar a sostener y transitar sus miedos desde un enfoque compasivo, recordándose a cada minuto que ella nunca había estado sola, y que su clan y su familia siempre habían estado con ella, apoyándola.

Repite conmigo: «Si ella sanó, yo también puedo sanar».

Aprender a escuchar los mensajes que decimos de forma sistemática es una forma de empezar a ser conscientes de lo que necesita ser sanado. Se trata de que puedas empezar a tirar del hilo de esa historia que está pidiendo sanación tanto a nivel personal como a nivel generacional.

Los tentáculos de las heridas emocionales pueden llegar a extenderse de una generación a otra hasta ese miembro de la familia que está dispuesto a sanar y dar voz a un dolor guardado durante décadas.

No podemos sanar lo que no estamos dispuestas a ver

Cuando comiences a reconocer las experiencias dolorosas, tu cuerpo, tu mente y tu espíritu intentarán protegerte. Es normal que al principio te cueste aceptar las disfunciones de tu familia y las heridas emocionales que han pasado de generación en generación, y cómo todo este equipaje ha impactado en tus emociones.

Si sientes heridas activas y otras emociones que empiezan a removerse en tu interior, tranquila, date permiso para sentir y sé amable contigo. La vergüenza que quizá sientes hoy o la impotencia por no haber tenido los mejores modelos familiares es válida. Te recuerdo que el trabajo que estamos haciendo se basa en conseguir la valentía necesaria para descodificar y desprogramar esos patrones de vergüenza y transformarlos en autocompasión.

Recuerda: la vergüenza no es tu herencia.

Tus heridas emocionales son como pistas que te van guiando por el camino de regreso a casa, a ti y a tu auténtica esencia. Ser consciente de que has heredado patrones, conductas e interpretaciones desde el miedo y la supervivencia te ayudará a tomar de tus ancestros, familiares y cuidadores lo que te funciona y dejar lo que no. Y lo harás sin culpa, orgullosa de haber crecido lo suficiente y de saber bastante sobre ti, consciente de lo que no te aporta ni te impulsa, abrazando la oportunidad de crear nuevas instrucciones para tu vida, unas que provengan de tu coherencia interna.

EJERCICIO
Cultiva la autocompasión

La práctica de la autocompasión te permite cultivar una aceptación radical de ti misma para, a su debido tiempo, amarte incluso con tus heridas e ir desprogramando de tu cuerpo, mente y espíritu los códigos de desmerecimiento.

Hoy puedes darte el amor y la aceptación que necesitas. Incluso con tus heridas y patrones, puedes hacer espacio para escribir en tu interior una historia que te haga sentir segura de dentro hacia fuera.

- Siéntate con la columna recta y echa los hombros hacia atrás para recordarle a tu cuerpo que estos minutos son para ti.
- Coloca la mano derecha en el corazón y la izquierda en el abdomen.
- Céntrate en la respiración; será tu ancla en este breve viaje autocompasivo y de aceptación.
- Dirige una mirada interna compasiva hacia tus dolores y hacia cualquier forma de malestar, físico o emocional, sin huir de él. Mantente presente.
- Inhala y exhala. El aire entra y sale.
- Cuenta diez respiraciones, con inhalaciones y exhalaciones suaves.
- Cada respiración va inundando de paz y calma tu consciencia.
- Visualiza una llama o un punto de luz en el centro del pecho. Es el espíritu que vive dentro de ti, la alegría de estar viva, una profunda felicidad que puede abrazar cualquier herida, cualquier malestar emocional o físico.
- Siente que de ese punto o llama comienza a brotar amor con cada inhalación y exhalación, llenándote y envolviéndote.
- Desde tu centro profundo, dile a tu interior: «Te abrazo. Deseo que

seas feliz. Te amo. Quiero que vivas en armonía y con salud, que reconozcas lo valiosa que eres».

- Siente que un amor engloba tu totalidad, con tus capacidades y limitaciones, un amor incondicional que mereces por el mero hecho de existir.
- Te amas tal cual eres, sin necesidad de cambiar ni modificar nada.
- Inhala y exhala. Ese amor te llena y te envuelve.
- Repítete una vez más, desde tu centro profundo: «Te abrazo. Deseo que seas feliz. Te amo. Quiero que vivas en armonía y con salud, que reconozcas lo valiosa que eres».
- Quizá sientas que vibra en las células de tu cuerpo. Nota cómo sonríen tus células, pequeñas vidas sonriendo.
- Siente amor incondicional hacia ti, acéptate y perdónate de corazón.
- Recuérdate que nunca ha habido nada malo en ti.
- Déjate envolver por este amor que en realidad eres, un amor que puede aceptar, reconocer y sentir compasión por las limitaciones e imperfecciones de tu existencia.
- Inhala y exhala profundamente, guardando esta experiencia en tu corazón.
- Cada respiración se vuelve más amable y te da la oportunidad de soltar lo que necesites.
- Respira hondo, abre los ojos y haz un gesto o movimiento que te conecte con el momento presente.

APRENDIZAJES DE ESTE CAPÍTULO

✓ Has heredado la información inconsciente y emocional de tu familia, su forma de ver la vida, sus creencias, sus juicios y sus fortalezas.

✓ La culpa sistémica tiene la función de evitar que abandones la protección de tu clan, limitando la elección de tu propio camino por miedo al rechazo. Debes elegir incomodar a otros para sentirte libre de ser tú misma.

- ✓ En algún momento, tu madre, tu abuela y tú compartisteis el mismo cuerpo, con lo que tus células heredaron el impacto de las experiencias emocionales tanto de tu lado materno como paterno.
- ✓ Tus heridas emocionales han ido pasando de generación en generación y hoy piden ser sanadas por medio de síntomas, retos o dificultades. Para estar bien en tu vida, es necesario que vayas a la raíz de tu historia.
- ✓ Entender lo que experimentó tu madre mientras estaba embarazada de ti es clave para dar sentido a cada una de tus experiencias y heridas actuales.
- ✓ En las familias disfuncionales se usa la culpa para manipular a sus miembros. Llega un punto en que está tan normalizado que puedes sentirte mal por hacer lo que necesitas.
- ✓ Si has normalizado la manipulación y las conductas insanas de tu familia, puede que no me creas si te digo que existen familias sanas en las que el respeto y el afecto no están condicionados por el control.
- ✓ Aprender a escuchar los mensajes que dices de forma sistemática es una manera de empezar a ser consciente de lo que necesita ser sanado.
- ✓ Tus herencias familiares no tienen que ser tu destino. Puedes empezar a cuestionar cada interpretación, visión, creencia e incluso juicio con el que te encuentres en tu día a día.

El acto más auténtico de sanación emocional es elegir no ajustarte a los estándares de otras personas y empezar a dibujar los tuyos para honrarlos siempre.

5

Lealtades familiares

> Cuando sanas tu karma familiar, no solo dejas las maldiciones, sino que reclamas las bendiciones.
>
> Ashok Bedi

Las lealtades familiares son patrones de conducta que ejercemos de forma inconsciente, motivados por un sentimiento de solidaridad y compromiso, y que unifican las necesidades y expectativas de nuestra familia. Estas lealtades son invisibles, y muchas veces nos impiden ser o hacer lo que queremos en el fondo de nuestro corazón porque tememos traicionar o ser infieles a los valores, los pensamientos y las motivaciones de nuestro clan, lo que puede provocar la exclusión de la familia de una manera simbólica e incluso real.

Para muchas personas, ser rechazadas o expulsadas del clan implica experimentar vergüenza, soledad, perder el apoyo de sus seres queridos…, lo que puede resultar muy doloroso, ya que, por desgracia, no todas las familias tienen una mente abierta ni creen en el libre albedrío.

Algunas lealtades familiares son invisibles, se mueven a nivel inconsciente, pero pueden identificarse en frases como «Todos los hombres de esta familia son médicos», «Todas las mujeres se casan antes de los treinta», «Ninguna mujer anda viajando o viviendo sola en otro país», «Los hijos tienen la responsabilidad de cuidar de sus padres», «Las parejas deben estar constituidas por un hombre y una mujer», etc.

Las lealtades inconscientes pueden llevarte a repetir patrones de conducta, incluso los mismos hechos en las mismas fechas o a las mismas edades, para «honrar» de forma inconsciente a tus padres y a tus ancestros en tu vida y en tus relaciones.

Las lealtades son esos hilos invisibles que condicionarán tus conductas, tus elecciones de vida e incluso tus relaciones de pareja.

Para transformar estas lealtades inconscientes y librarte de ellas, es necesario que entiendas que la mayoría se asocian con el sentimiento de culpa, cuyo único objetivo es que no seas expulsada del clan.

Mientras no seas mejor, diferente ni superior a alguien de tu clan, no te expulsarán. Por eso muchas veces te puedes ver atrapada en un bucle de situaciones académicas, laborales, de salud, de amistades y, por supuesto, de relaciones de pareja como una forma de honrar lo que es aprobado y conocido en tu clan, aunque esto sea dañino, como, por ejemplo, una enfermedad, un divorcio, las deudas o el fracaso. Inconscientemente, preferimos un dolor conocido y aprobado por nuestro sistema familiar que un éxito o una alegría diferente que pueda presentar una amenaza hacia tu posición en él.

¿Cuándo pueden producirse las lealtades inconscientes?

- Eres la madre de tus padres.
- Eres la madre de tus hermanos.
- No eres libre de expresar tu orientación sexual.
- Te cuesta tener éxito en la vida laboral.
- Te cuesta tener pareja estable.
- Tienes metas académicas no culminadas.
- Te cuesta tener hijos.
- Sufres inestabilidad económica.
- Te saboteas en las relaciones.
- Mantienes deudas constantes.
- Sufres enfermedades o las has vivido en tu entorno.
- Estás divorciada o has vivido un divorcio en tu familia.
- Y mucho más...

También pueden darse cuando se expresan comentarios en forma de juicio o crítica hacia ciertas conductas, actitudes o elecciones de otras personas, como vecinos, amistades o conocidos. Esos comentarios cargados de los antivalores de tu familia son señales o pequeñas banderas rojas que te indican dónde no debes ir o lo que no debes elegir para evitar que te rechacen en tu clan.

Al mismo tiempo, por un lado las lealtades familiares pueden matar tu sentido del honor hacia tu familia. pero por otro pueden aportarte apoyo, contención y seguridad. Como ya he comentado, el fin de estas lealtades es la supervivencia del clan: te desean lo mejor y son el equipaje necesario, desde su visión del mundo, para que estés seguro.

Sanar las lealtades no es cortar con la familia. Tu clan te configura y forma parte de ti. Borrar a tu familia, rechazarla y distanciarte de ella te causará un dolor profundo y, de forma inconsciente, esta intentará alejarte para amputar o mutilar una parte de ti.

Es completamente válido que elijas distanciarte de ellos para descubrir tu camino, entendiendo que su modelo de valores o su forma de vivir no está en línea con la tuya. Si careces de las herramientas de gestión emocional necesarias para comunicar lo que precisas, es muy sabio que marques límites, reconectes contigo y descubras quién eres más allá de lo que tu familia te enseñó sobre ti y sobre la vida.

Muchas veces cortamos los lazos físicos pero no nos damos cuenta de que nos rige el mismo modelo de creencias, que actuamos de la misma manera y que, inconscientemente, seguimos siendo leales a ellos. No es lo mismo distanciarte de un familiar que sanar el vínculo que mantienes con él o ella.

El trabajo idóneo debería empezar por sanar el vínculo, lo que te permitirá resignificar la interpretación que tienes de la vida o de las relaciones a raíz de los mensajes o lealtades transmitidos por un familiar o por varios de ellos.

Para algunas personas, las lealtades familiares pueden llegar a ser expansivas: impulsan, invitan al progreso y el desarrollo individual. Esto suele suceder en familias que han hecho el trabajo de sanación, que han tenido la oportunidad de salir del modo supervivencia y de dejar de lado el miedo, para vivir desde el amor y el respeto a la libertad de ser. En estos casos las lealtades se vuelven contenedoras.

Si tienes una familia con muchas heridas emocionales transmitidas de generación en generación, derivadas de experiencias culturales, cargas de dolor o miedo, o que siempre haya vivido en modo supervivencia, es probable que hayas crecido en un lugar donde abundaba la inmadurez emocional por falta de herramientas, dependencia, temor al abandono o manipulación. En estos casos, las lealtades pueden llegar a convertirse en una limitación que te impide alcanzar tu libertad emocional.

EJERCICIO
Escritura sanadora

Con la intención de ayudarte a reflexionar sobre tus lealtades y patrones heredados, te invito a que cojas un papel y un bolígrafo, abras tu mente y tu corazón, y respondas a las siguientes preguntas. La intención es despertar a tu guía interna, esa que es capaz de reflexionar y cuestionar, desde el amor, si algo te está honrando o no.

- ¿Cuál es la frase o lema con que definirías a tu familia?
- ¿Qué es lo que nadie ha logrado en tu familia? (Casarse, graduarse, tener su propia empresa, llegar sano a los cincuenta...).
- ¿Qué es lo que en tu familia todos tienen que hacer, lograr o cumplir por obligación, como si fuera una ley familiar? Por ejemplo: «En esta familia todos se han graduado/casado por la Iglesia/son heteros/enferman a cierta edad...».
- ¿En tu familia hay un/a «exiliado/a del clan» o alguien muy distante a los demás miembros? ¿Qué hizo esa persona? ¿Que se dice de esta persona en la familia?
- ¿Cómo honras hoy a tu familia?
- ¿Qué conductas socialmente aceptadas sientes que pueden deshonrar a tu familia? (Ser homosexual, mudarse de ciudad o de país, casarse con alguien de otra religión, elegir no tener hijos...).
- ¿Qué conductas se alaban y se refuerzan en tu familia?
- ¿Qué conductas son juzgadas o criticadas por tu familia?
- Piensa en las conductas que se alaban o se juzgan en tu familia. ¿Son malas o buenas en sí, o se trata de la interpretación familiar?
- ¿Recuerdas alguna ocasión en la que fueras juzgada o criticada por no honrar los valores familiares?
- ¿Recuerdas alguna ocasión en la que fueras reconocida por «ser buena» y honrar los valores familiares?

- ¿Qué aprendiste de tu familia que pudiera limitarte?
- ¿Qué aprendiste de tu familia que pueda impulsarte?
- ¿Qué te sientes obligada a hacer o ser hoy para honrar a tu familia?
- ¿Qué actitud o decisión admiras entre tus amistades o parejas que en tu familia sería juzgada? Por ejemplo: «Admiro que mi mejor amiga dejara su bufete para convertirse en profesora de yoga y cumplir su sueño».
- ¿Puedes reconocer alguna conducta o algún valor que hoy te obligues a honrar solo para que tu familia te acepte?
- ¿Cómo sería tu vida si eligieras honrarte a ti primero? ¿Qué te permitirías dejar? ¿Qué te permitirías iniciar?

Estás despertando y abriendo los ojos a los patrones de tu familia para empezar a elegir qué te funciona y qué no, qué no te parece una carga y qué notas como algo impuesto y limitante en tu vida. Es normal que te sientas incómoda después de responder a estas preguntas, pero verlas con claridad te ayudará a plantearte, antes de actuar, si ese comportamiento pretende honrar a tu familia antes que a ti. Enhorabuena, porque sanar es integrar y hacer consciencia.

Una de las formas más sencillas de identificar las lealtades en tu familia es buscar a la famosa oveja negra; en mi caso, me gustaría llamarla «el despertador». Suele ser esa persona que quiere romper con los patrones familiares, alguien que elige honrar sus valores por encima de los del clan, y que por esas elecciones reta las creencias, la mentalidad, los pensamientos y los valores de la familia, de modo que la juzgan y critican.

Por ejemplo, si un hijo elige vivir su vida y no hacerse responsable ni ocuparse de sus padres, sino de su núcleo familiar —de su pareja y sus hijos—, será juzgado por su distancia, por su falta de amor y agradecimiento por lo que sus padres le dieron. En este caso, estamos hablando de una familia en la que la lealtad consiste en ocuparse antes del clan que de la familia nuclear, lo cual impedirá que esa persona se desarrolle de forma sana en el plano emocional y social.

En mi consulta no dejo de recibir quejas de mujeres con madres o suegras emocionalmente inmaduras y manipuladoras que les exigen que les presten más atención y que las pongan por encima de sus propias parejas, ya que fueron las que les dieron la vida. Ten mucho cuidado con el control pasivo que puede ejercer tu familia sobre tu vida. Espero que tus padres no estén haciéndote pagar con tu vida la vida que ellos te dieron.

EL CASO DE MÓNICA

Mónica llegó a mi consulta con problemas en sus relaciones de pareja y heridas profundas durante la infancia causadas por el abandono emocional de su padre. Este salía a trabajar tres semanas al mes y solo estaba en casa siete días. En la actualidad, proyecta ese patrón en sus parejas: hombres muy trabajadores, poco disponibles para una relación y algo machistas.

Y aunque parecía que este era el tema que quería trabajar, a medida que avanzábamos Mónica fue manifestando que su mayor frustración y reto emocional era que ella quería estudiar Psicología (y no Derecho, en lo que se había graduado) en otro país.

Tenía la oportunidad de irse al extranjero con una beca parcial, contaba con amistades con las que podía vivir y propuestas de trabajo a media jornada, pero le preocupaba dejar a su madre sola con su padre. A sus treinta y tres años, y a pesar de que había vivido su vida, no era capaz de hacer lo que necesitaba, e incluso se sentía mal al plantearse esa posibilidad. Así es como se muestran las lealtades inconscientes que nos impiden tomar decisiones que nos honrarán.

Profundizando en las sesiones con mi herramienta —la hipnosis de regresión y sanación—, llegamos a un recuerdo muy valioso de su infancia: tenía cinco años y estaba acostada en la cama de sus padres con su madre, que estaba llorando. Desde su inocencia, Mónica le preguntó por qué lloraba y su madre le respondió: «No me gusta que tu padre me deje sola tanto tiempo». Esa misma noche Mónica durmió con su madre sin ser consciente de que, a partir de ese momento, estaba tomando el lugar de «acompañante de su madre» como una forma de lealtad.

Por eso cuando se planteaba irse a otro país no lo veía viable, porque era como si le hiciera a su madre lo mismo que le había hecho su padre. Incluso en una de las sesiones me dijo: «Me duele que mi padre fuera egoísta; eligió su trabajo por encima de estar con mi madre y con la familia». Ese era el juicio que se hacía a sí misma: si elegía darse prioridad e irse a otro país a cumplir su meta, sería egoísta como su padre. Tras mucho trabajo terapéutico, Mónica logró sanar su rol de «cuidadora de su madre» y se dio la oportunidad de irse al extranjero. Hoy sigue trabajando fuera de su país, aunque muy pendiente de su madre, pero pudo vivir la vida que quería e incluso la admiraron por perseguir sus sueños.

Repite conmigo: «Si ella sanó, yo también puedo sanar».

Las lealtades no son buenas ni malas. El problema está en hasta qué punto ese cordón emocional te hará ser más solidaria con tu familia que contigo, impidiéndote vivir tu vida y desarrollarte como una mujer consciente y madura en el plano emocional, relacional y espiritual.

¿Quién eres cuando tu familia no te ve? Si fueras libre de hacer todo lo que deseas, ¿qué harías diferente? ¿Quién eras antes de convertirte en la persona que tu familia y tus padres te dijeron que fueras? Las lealtades familiares quedan al descubierto cuando eres la hija parentificada.

Cuando una niña toma el rol de un adulto en la familia —ya sea de forma física o emocional—, se pierde parte de su infancia y se desconecta de su vertiente infantil, aquella relacionada con el juego, la permisión, la autocompasión y la relajación.

¿Alguna vez has querido relajarte, tomarte un tiempo para ti, pero has sentido una culpa profunda por no estar siendo productiva?

Si te identificas con esta afirmación, quizá en algún momento de tu infancia hayas tenido que dejar de lado tus necesidades de niña y asumir las responsabilidades de un rol más adulto. Suele ser común en las familias en las que los padres fueron emocionalmente inmaduros, carentes de las herramientas necesarias para gestionar sus emociones, o en las monoparentales con varios hijos y, en ocasiones, con falta de recursos económicos.

¿Te suenan las frases «Era muy madura para su edad» o «Desde pequeña era muy independiente»? Detrás de estas conductas se oculta una niña herida que no se sintió acompañada durante la infancia y que, desde muy temprana edad, tuvo que ser el apoyo emocional de sus padres o hermanos.

Al crecer muy rápido, se crea una herida emocional, ya que esa niña no está alineada con sus tiempos cronológicos ni con etapas valiosas del desarrollo físico, social y emocional, lo cual puede tener como consecuencia que, en la vida adulta, sienta un gran resentimiento al ocuparse de ella, pues pasó mucho tiempo ayudando a los demás y nunca la enseñaron a hacerse cargo de sí misma.

Si te ha pasado, es probable que hoy hayas asociado a tu identidad tu rol de hija parentificada o cuidadora. Por eso debes ocuparte de ti desde el gozo y la autorresponsabilidad, no desde el resentimiento y el autoabandono. Al fin y al cabo, has estado tanto tiempo ocupándote de los demás que una parte de ti anhela que ellos estén para ti, como tú lo estuviste para ellos.

Si en la infancia solías ser el apoyo emocional de tus padres o hermanos, responsable de regular sus estados emocionales aunque ellos fueran adultos y tú una niña; si tenías que escuchar y comprender situaciones que escapaban a tu comprensión infantil, y aun así te esforzabas por traerles esa presencia y ese apoyo; o si solías buscar alguna forma de entretenerlos —contando chistes, bailando o captando su atención para cambiar su estado de ánimo—, allí, sin saberlo, aprendiste a abandonarte para estar con y por los demás con tal de ser amada.

Si en tu infancia se esperaba de ti que fueras el apoyo económico o doméstico de tus padres o hermanos —eras la responsable de cocinar para ti, para tus hermanos e incluso para tus padres, o bien siempre te ocupabas de ayudar en las tareas del hogar, dejando a un lado tus necesidades infantiles—; si tenías que trabajar en el negocio familiar o hacerte cargo de tus hermanos, como si fueran tus hijos, a pesar de ser aún una niña, es probable que aprendieras desde pequeña a dejarte a un lado y a confundir el amor con sentirte útil.

Es válido que en tu infancia te dieran responsabilidades que apoyaran tu desarrollo físico, emocional, social e incluso espiritual, o aquellas que se adaptaran a tu edad y a tu etapa evolutiva por un tiempo determinado, y sobre todo bajo la supervisión y guía de un adulto responsable. Esos son los deberes otorgados con consciencia y contención por parte de los padres.

Existe una gran diferencia entre que tu madre te diga: «Ven, te enseño a darle el biberón a tu hermano pequeño» mientras ella te supervisa, y «Pon a hervir agua, prepárale el biberón a tu hermano y dáselo», cuando ella no está en casa o tiene que ocuparse de otras tareas, por lo que ni te supervisa ni te acompaña.

Una niña no es responsable de descubrir cómo tiene que ocuparse de sí misma, y mucho menos de entender cómo tiene que hacerse cargo de otro ser humano. Una niña debe ser acompañada y guiada paso a paso para aprender a cultivar su autorresponsabilidad y su autocuidado.

La infancia parentificada

- Te implicaron en las discusiones de los adultos de tu hogar.
- Tenías que mediar en las disputas entre tus padres o hermanos.
- Te usaron como sustituta para llenar el vacío de la pareja de tu madre/padre.
- Desde muy temprana edad, te sientes responsable de la felicidad o el bienestar de tu madre, padre o hermanos.
- Te sentías responsable de tu madre/padre como si fueras su pareja o cuidadora, incluso si estos no mantenían sus capacidades físicas o mentales.
- Tu madre se quejaba o desahogaba contigo respecto a tu padre, o viceversa.
- Creciste sintiéndote responsable del bienestar de tus padres o hermanos.
- No recuerdas momentos de tu infancia en los que fueras solo una niña.
- Sientes que no viviste tu infancia.
- En la infancia experimentaste ansiedad, depresión, agotamiento y pesar por la vida.
- Desde tu infancia hasta hoy, como adulta, sientes una gran culpa y carga sobre los hombros.

Cuando una niña es forzada o empujada por las circunstancias familiares a asumir responsabilidades que están por encima de su etapa biológica y cronológica, hablamos de violencia, abuso físico o emocional y negligencia infantil. Si te has sentido identificada con lo que te he comentado, es probable que leer estas palabras sea realmente duro para ti.

Es necesario que reconozcas que hoy tu cuerpo se encuentra en un estado de constante supervivencia por las heridas emocionales y el abandono que sufriste en la infancia, porque una niña que ha tenido que ocuparse más de los otros que de sí misma ha aprendido a olvidarse de ella, a mutilar su infancia, su conexión con el gozo y, sobre todo, a alejarse de su intuición.

La inmadurez emocional de algunos cuidadores también hizo entender a muchos hijos que sus padres seguían juntos por ellos, que no se separaban por ellos, y en algunas sesiones incluso he llegado a escuchar frases como «No te vayas, que la niña creerá que no la quieres», «No me dejes, quédate por los niños» o «Tenemos que estar juntos para que los niños sigan bien», que cargan de forma inconsciente a los hijos con la responsabilidad de la relación de sus padres. Hoy en día, muchas mujeres que oyeron frases como estas o parecidas se sienten responsables de la estabilidad emocional de los matrimonios o de las relaciones de sus padres. La consecuencia de los muchos años siendo el apoyo emocional de los progenitores es en muchos casos no vivir la propia vida, no mantener relaciones estables o desplazar siempre a las familias para ocuparse de los padres.

De forma inconsciente, la parentificación puede convertirse en una lealtad invisible que te haga creer que eres responsable del bienestar emocional, económico, relacional y físico de tus padres. Es como si hubieras olvidado que ellos también fueron adultos y que tomaron decisiones que hoy tienen consecuencias y que no son responsabilidad tuya. Y como sé que es un tema que levanta ampollas y que hay muchos puntos de vista distintos respecto hasta qué punto una adulta debe hacerse cargo de sus padres, en mi opinión profesional y personal, el punto que debes tener presente es si esa acción te esté costando tu paz mental, tu salud física, tus relaciones, tu estabilidad emocional, tus sueños e incluso tu vida espiritual.

Por eso en tu vida adulta te cuesta tanto relajarte y dejar de asociar tu identidad con lo que haces. Cuando en la infancia solo se te valoraba por el apoyo que ofrecías en el hogar, aprendes que te querrán si eres útil para los demás. Quizá por ese motivo busques constantemente la aprobación, el reconocimiento y la atención por medio de rescatar o apoyar a tus amistades o parejas, y te sobrecargues de trabajo o responsabilidades laborales porque no sabes cuándo es suficiente, ya que no se te enseñó a cultivar la autocompasión.

Cuando no tienes a nadie más que a ti para cuidar de tus necesidades emocionales, es muy probable que, si lees o escuchas que tienes que responsabilizarte de sanar tus heridas y de tu autocuidado, te sientas aterrada, lo veas injusto e incluso te enfades. Si no te han enseñado qué se siente al ser cuidada, atendida y acompañada, y al mismo tiempo has asociado tu identidad con el cuidado de otros antes que el tuyo propio «para ser vista y reconocida», es normal que sientas que no tienes una guía que te permita saber por dónde empezar. Pero esa guía siempre ha estado dentro de ti. Tu adulta interna y tu niña interna no dejarán de hablarte de las necesidades de tu alma, y te enviarán señales en forma de síntomas corporales o emocionales para que te des cuenta de que te estás abandonando y haciéndote invisible ante ti misma.

RECUERDA
Es válido sentir...

... rabia por haber perdido la infancia cuidando de otros.
... indignación por no haber recibido los cuidados que merecías.
... resentimiento por haber perdido la infancia.
... miedo al descubrir quién eres, más allá de la cuidadora de los demás.
... un dolor profundo.

Lamento de corazón que en tu infancia no te sintieras acompañada y que tuvieses que dedicar ese valioso tiempo a acompañar a otras personas. No obstante, aunque sé que es incómodo leerlo, no puedes seguir usando el pasado como excusa para olvidarte de ti. Si continúas usándolo, perpetuarás el ciclo de la herida, haciéndote lo mismo que te hicieron en la infancia.

No eres responsable de la felicidad ni de la estabilidad emocional de tu madre, de tu padre ni de tus familiares. **Solo eres responsable de tu estabilidad emocional.**

Cuando te das cuenta de que las relaciones no son solo sacrificio, ves que puedes llegar a mantener vínculos recíprocos y sanos en los que te sientes vista y amada por ser quien realmente eres, en los que puedes empezar a reconocer tus necesidades emocionales sin proyectarlas en los demás, para así comenzar a ocuparte de ellas o, mejor dicho, de ti.

Se trata de dejar suficiente espacio para poder estar en tu vida más que en la de los demás, de dejar de hacerte invisible en tus relaciones y empezar a ocuparte de tus necesidades.

De una niña parentificada a una mujer que ejerce el rol de salvadora

Si eres la mujer que ejerce este rol, es probable que, en el fondo, tus relaciones caigan en bucle por falta de reciprocidad, o que incluso algunas sean unilaterales: das y no recibes a cambio. Esto se debe a que creciste bajo la parentificación, que ha condicionado tus relaciones actuales y, sobre todo, tu visión de ti misma.

En las familias en las que se alaba a las niñas que ejercen como terapeutas o confidentes, o a las que cuidan de sus hermanos o de otros adultos, estas pequeñas aprenden que deben sacrificarse para ser vistas y valoradas. Una adulta que ejerce el rol de salvadora con su pareja o con sus seres queridos suele tener una herida infantil de abandono por parte de unos padres que no pudieron estar presentes de forma física o emocional, lo que ha provocado que hoy, como adulta, adopte este rol para sentirse vista y reconocida.

Una forma de ejercer el rol de salvadora es convertirte en la madre/padre de tu pareja, asumiendo un rol paternal, cuidando, rescatando y controlando las finanzas, las decisiones y su forma de ser, lo que provoca dinámicas de poder poco saludables y dependientes. La sombra del rol de salvadora es el autoabandono y el autosacrificio, lo que hace que siempre estés para otros y muy pocas veces para ti, y dejes a un lado tus necesidades.

Como adulta responsable, es muy importante que te alejes de este rol y que des un paso atrás para valorar el camino que están recorriendo los demás, ya que intentar salvar a otros también limita su capacidad de elección y la posibilidad de madurar emocionalmente.

Para dejar atrás este rol es necesario que cultives la inteligencia emocional, que gestiones las relaciones desde el autocuidado y que aprendas dónde, cuándo y con quién debes establecer límites, ya que el mejor antídoto para sanar tu vida emocional es la autorresponsabilidad.

Si sueles relacionarte desde el rol o las actitudes de la salvadora, hay una niña herida dentro de ti que pide ser escuchada y vista, y hasta que no reconozcas esas heridas e identifiques los patrones que tienes que desaprender seguirás relacionándote desde el autoabandono.

Porque cada vez que ejerces el rol de salvadora con otros reflejas en tu interior la salvación que tu niña interna necesita de ti.

EJERCICIO
Conecta con tu guía interna

Como hemos tocado fibras sensibles y removido emociones incómodas, te invito a hacer el siguiente ejercicio de regulación emocional: ponte la mano derecha en el corazón, inspira hondo y repite en voz alta: «Hoy elijo ocuparme de mí, elijo verme y responsabilizarme de mis actos. Las emociones y situaciones de los demás no son mi responsabilidad. Cuando estoy bien para mí, puedo estar bien para los demás. Soy más que suficiente para hacerme cargo de mí».

Repítelo tantas veces como lo necesites.

No eres responsable de haber asumido ese rol, lo hiciste por supervivencia, pero es normal que, a medida que leas, sientas un sinfín de emociones, como tristeza por la infancia que no tuviste, rabia por los permisos que no te dieron para ser niña o incluso duelo al saber que hay momentos que no volverán. Aun así, recuerda que aquí y ahora tienes un millón de posibilidades para ofrecerte esos permisos, libertades y espacios —de gozo, juego, presencia, curiosidad y relajación— que no tuviste en la infancia. Eso ya no es responsabilidad de los que te criaron, sino que hoy debes empezar a ajustar las cuentas en ese banco emocional para comenzar a saldar todas las deudas con tu niña interna. Porque no son tus padres los que te deben algo; eres tú la que te lo debes todo a ti misma.

EJERCICIO
Escritura sanadora

Con la intención de abandonar el rol de salvadora, toma un papel y un bolígrafo, y responde a las siguientes preguntas terapéuticas. Estos despertadores te ayudarán a conectar con tu esencia.

- ¿Quién necesitaba ser salvada/rescatada/defendida en tu infancia?
- ¿En qué momento adoptaste el rol de protectora o salvadora?
- ¿Con quién estás ejerciendo ese rol en la actualidad? ¿Cómo lo practicas?
- ¿Recuerdas si tu niña interior necesitó de alguien que la salvara o rescatara?
- Si no te relacionaras desde este rol, ¿cómo serían tus vínculos? ¿Cómo sería la relación con tu pareja?
- Si tomas el rol de salvadora/rescatadora/héroe, ¿qué rol le dejas a la otra persona en la relación?
- Si en vez de rescatar a otros te centraras en rescatarte a ti, ¿cómo sería tu vida? ¿Qué sería diferente en ti y en tus relaciones?
- ¿Cuánto dejas de brillar por rescatar a los demás?
- ¿Cómo traducirías en acciones el dejar de rescatar a los demás? (Por ejemplo, establecer X límite con X persona, o no responder a las llamadas familiares durante un viaje en pareja...).

> Los faros no corren por toda la isla buscando barcos que salvar; simplemente se quedan ahí brillando.
>
> Anne Lamott

Debes estar preparada para crear tu propio camino

Descubrir tu propio camino es estar dispuesta a no quedarte en los lugares, las habitaciones, las relaciones, las circunstancias, las dinámicas o los trabajos que exijan que te abandones. Tu familia y tu genética te han equipado con una serie de herramientas, instrucciones, valores y creencias, y debes elegir quedarte con ellas o no. La información no puede destruirse, solo puede transformarse, por lo que el trabajo no es rechazar u odiar lo que has recibido a través de tus vínculos familiares, sino más bien que te cuestiones y elijas si vas a usarlo.

En la elección, hay sanación.

Lo que a las generaciones anteriores les funcionó para su supervivencia puede que ya no te sirva, así que es tu trabajo y tu responsabilidad usar lo mejor que puedas aquello que has recibido. Transfórmalo y adáptalo para que te funcione.

El mayor miedo que aflora cuando quieres actuar de otro modo es la posibilidad de perder el amor o la aprobación de los que aprecias, pero es un riesgo que vale la pena correr si estás dispuesta a crear una vida que sientas tuya y de nadie más.

Crecer emocionalmente significa descubrir tu propia forma de hacer las cosas, y quién eres más allá de lo que tus padres y tu familia te dijeron, y para ello es necesario que conectes con tu fuente profunda de amor interno, con tu heroína interior, para sostener la incomodidad de elegirte aunque eso conlleve que otros te llamen «oveja negra», «mala hija», «hija rara» o «hija que ya no quiere a su familia», porque a algunos padres o familiares les ofenderá si eliges tu propio camino. No es que lo que hayas recibido de ellos no sea suficiente; es que te toca descubrir qué es suficiente para ti y qué enciende tu alma, aunque eso signifique que, para ellos, no sea suficiente.

Acepta y agradece

Según la psicología positiva de la doctora Barbara Fredrickson, el agradecimiento es una de las emociones más poderosas y transformadoras, ya que es expansiva, promueve un estado de salud y amplía el espectro emocional para sentir de forma consciente otras emociones expansivas como el amor y el gozo.

De no ser por todo lo que tu familia te ha ofrecido de forma consciente e inconsciente, no habrías alcanzado muchas metas en tu vida. Por dolorosa que haya sido tu infancia o disfuncional que sea tu familia, hicieron lo que pudieron con lo que tenían; por tanto, estoy segura de que podrás agradecer algo de lo que recibiste. Elígelo.

Acepta que no puedes transformar lo que sucedió en el pasado, ni cambiar ni salvar a tus padres ni a tu familia; solo puedes evolucionar tú y elegir hacerte cargo de ti.

Date permiso para pasar tu duelo, para transitar por el dolor y el resentimiento de tu niña interna por lo que recibió y por aquello de lo que careció; así podrás asumir la claridad y la aceptación de lo que no se puede cambiar.

Algunos gurús espirituales afirman que el perdón corresponde a un ser superior, y que intentar perdonar en nuestra humanidad solo nos llevará a inflar el ego y a sentirnos superiores, así que el camino más humilde y compasivo es la aceptación radical.

Elegirte es una forma de sanar tus heridas emocionales

Recuerda que descubrir tu propio camino es estar dispuesta a no quedarte en los lugares, las habitaciones, las relaciones, las circunstancias, las dinámicas o las conversaciones que exijan que te abandones. Se trata de que identifiques si te estás abandonando por complacer a los demás o por sentirte útil a cambio de amor y reconocimiento. Tu cuerpo y tu espíritu te enviarán señales en forma de síntomas, malestares físicos y emocionales, e incluso desconexión de tu intuición.

Si educas a tu entorno para que sepa cómo tratarte, si empiezas a elegirte y a reconectar con la voz de tu adulta interna —esa que es capaz de acompañar a esa pequeña niña que vive dentro de ti y brindarle todo lo que necesita—, interrumpirás el bucle de la herida emocional. Porque el camino de la sanación de las emociones no consiste en crear una versión mejor de ti, sino más bien en invitarla a salir y darle espacio al eliminar lo que ya no resuena contigo. En honrar cada fibra de tu ser. Deseo que todas las mañanas, cuando te levantes, te sientas satisfecha porque la vida que estás creando no es mejor ni peor que la de nadie... Es simplemente la tuya.

EJERCICIO
Visualización sanadora: honra tu camino

Accede al álbum mental en el que conservas los momentos de tu vida y elige una imagen de tu familia extensa (abuelos, padres, hermanos e incluso tíos o primos). Una vez que tengas esa foto mental, ese momento anclado en tu mente, realiza el siguiente ejercicio:

- Siéntate con la columna recta y echa los hombros hacia atrás para recordarle a tu cuerpo que estos minutos son para ti.
- Coloca la mano derecha en el corazón y la izquierda en el abdomen.
- Céntrate en tu respiración; será tu ancla en este breve viaje de la sanación.
- Visualízate ahora delante de un camino muy largo.
- Inhala y exhala, mantente aquí y ahora.
- A medida que vas caminado, trae a tu mente la imagen de la foto familiar.
- Imagina que, uno a uno, tus familiares te dicen:

  «Tienes permiso para actuar como consideres que es correcto».
  «Te impulsamos a la vida».
  «Te deseamos éxito en tu camino».
  «Te deseamos salud en tu camino».
  «Te deseamos amor en tu camino».
  «Eres libre de recorrer tu camino».
- Visualizando que los tienes enfrente, les respondes:

«La forma en que elija vivir será suficiente».
«Me libero de toda culpa para vivir de manera plena».
«Soy libre de reescribir mi destino».
«No le debo nada a mi familia».
«Me lo debo todo a mí».
«Gracias por iluminar mi camino».
«Confío en mi guía interna».
«Elijo honrar mi camino».

- Mientras dices esas palabras, visualizas que cualquier lazo o lealtad invisible que te ataba se deshace desde el amor hacia ti, recordándote que has salido adelante y que estás aprendiendo a ocuparte de ti.
- Inhala y exhala profundamente. La imagen de tus familiares se desvanece, pero guardas sus palabras y las tuyas en tu corazón.
- Visualízate andando hacia este camino infinito, libre y llena de gozo.
- Respira, guarda toda esta experiencia en el corazón.
- Cada respiración es más amable y te da la oportunidad de soltar lo que necesites.
- Respira hondo, abre los ojos y haz un gesto o movimiento que te conecte con el momento presente.

APRENDIZAJES DE ESTE CAPÍTULO

✓ Las lealtades familiares son patrones de conducta que ejercemos de forma inconsciente, motivados por un sentimiento de solidaridad y compromiso, y que unifican las necesidades y expectativas de nuestra familia.

✓ A veces, las lealtades nos apoyan y nos desarrollan como individuos, pero si hemos crecido en sistemas familiares disfuncionales lo más seguro es que estas lealtades limiten nuestro sano desarrollo emocional y como individuos.

✓ Reconocer las creencias, reglas e interpretaciones que has heredado de tu familia es clave para sanar tus lealtades familiares.

- ✓ Una forma de lealtad familiar y de abuso emocional es la parentificación. Se produce cuando una niña toma el rol de un adulto, ya sea de forma física o emocional, perdiendo parte de su infancia y asociando su identidad con el rol de salvadora o cuidadora de sus familiares.
- ✓ Sanar es aprender a elegir lo que te honra a ti y a tu integridad emocional, y librarte de lo que hace que te abandones.
- ✓ La verdadera sanación no es develar una nueva versión de ti, sino liberar a tu versión auténtica, que lleva años encarcelada por miedo a incomodar a los demás.

Eres tu mejor sanadora cuando reconoces tu historia y eliges de forma consciente ocuparte de ti.

6

Nos amamos tal como nos enseñaron a amarnos

> No puedo hacer nada por ti excepto trabajar en mí... Tú no puedes hacer nada por mí más que trabajar en ti.
>
> RAM DASS

¿Sabes qué impacto tuvieron tus padres en tu desarrollo emocional y relacional?

De niña, las personas más importantes para ti son tus padres, ya que dependes de ellos y, por supervivencia, los idealizas viéndolos como modelos o roles que debes seguir. De ese modo, las conductas y opiniones de tus padres moldearán tu realidad e influirán en tu percepción sobre la vida, sobre las relaciones, incluso sobre ti misma.

Muchas hijas adultas no transitan por el cambio de percepción para dejar de ver a sus padres como los seres más importantes del mundo y considerarlos como lo que son, humanos imperfectos con luces y sombras. Gran cantidad de mis pacientes siguen idealizando a sus padres o colocándolos en pedestales, ya sea para alabarlos por lo buenos que fueron o para juzgarlos por sus errores. Sin embargo, para hacer este trabajo de sanación emocional es necesario que dejes de idealizar a tus padres y que empieces a conectar con su humanidad para reconocer aquellas actitudes o conductas que ejercieron en la crianza y que han impactado de forma negativa en tu vida como adulta.

En muchas sesiones me dicen: «Mi madre tiene un carácter complicado, pero nos llevamos bien», «Sí, mis padres me pegaban, pero de eso hace muchos años; ahora estamos bien», «Me llevo muy bien con mi padre, y eso que fue muy duro conmigo durante la adolescencia».

Si prestas atención a todas estas frases, verás que la conducta de los padres está siendo minimizada. Quienes las pronuncian resaltan lo bien que se llevan hoy, invalidando los sentimientos de sus niñas interiores y negándose la oportunidad de verlos como humanos imperfectos. La forma en que tus padres te trataron impacta en la manera en que te tratas. El trabajo no es culpar a los padres por los errores que cometieron, sino darnos cuenta de que hoy nosotras nos tratamos de la misma forma. ¿Cómo?

- Castigándonos igual que nos castigaban ellos.
- Exigiéndonos igual que nos exigían ellos.
- Amándonos igual que nos amaban ellos.
- Premiándonos igual que nos premiaban ellos.
- Cuidándonos igual que nos cuidaban ellos.
- Alimentándonos igual que ellos lo hacían.

El trabajo de los padres es guiar y acompañar el desarrollo físico, mental, emocional y relacional de sus hijos; reconocer, validar y satisfacer sus necesidades, y, al mismo tiempo, modelar conductas coherentes con lo que predican. Si tu madre era cariñosa contigo y te trataba muy bien, lo importante era que el mensaje fuera coherente.

Evaluemos un caso típico de comportamiento incoherente: si ella te invitaba a cuidar de tu cuerpo con alegría y amor, pero veías que se pellizcaba los michelines delante del espejo, se criticaba y menospreciaba su aspecto o sus aptitudes, quizá no solo hayas interiorizado el amor que te ofreció, sino también las conductas de baja autoestima que modeló, lo que haya provocado que en la actualidad seas contigo más como era ella consigo que como era contigo. Parece un trabalenguas, pero es real.

Los padres enseñan muchísimo a los niños a nivel verbal. Sin embargo, los estudios de crianza consciente han demostrado que el mayor impacto de enseñanza que pueden transmitir los padres a los hijos es por medio del comportamiento no verbal: su conducta, su forma de ser, la manera en que tratan a sus hijos y cómo se tratan a sí mismos.

Si tus padres no han hecho su trabajo de sanación o no han reconocido que tienen heridas emocionales, será muy difícil que respeten tu esfuerzo para sanarte y, sobre todo, que lo reconozcan, porque durante tu infancia es probable que proyectaran en ti todas y cada una de sus heridas —por buenas que fueran sus intenciones—. Cuando reaccionamos a nuestras heridas, terminamos hiriendo a los demás.

Con esto no quiero decir que sean culpables de quién eres hoy. Sus acciones y estilos de vida impactaron en tu realidad, pero hoy eres adulta, responsable de ocuparte de lo que recibiste y de elegir cómo quieres que esto siga impactando en tu vida.

Dime cómo fueron tus padres y te diré cómo eres hoy contigo

- Tu padre/madre fue codependiente en sus relaciones de pareja o familiares y toleró situaciones que vulneraban sus valores, como maltrato, infidelidad, críticas u otras actitudes. **Si fue así, hoy, como adulta, puede que** te sea casi imposible marcar límites, lo que te llevará a soportar situaciones incómodas, a resentirte en las relaciones, a poner a todo el mundo por delante de ti y a descuidar tus necesidades y a ti misma.

- Tu padre/madre mostraba una actitud controladora, posesiva o sobreprotectora hacia ti, limitaba tu capacidad de hacer o de expresarte, te seguía o te exigía cómo tenías que ser. **Si fue así, hoy, como adulta, puede que** te cueste conectar con tu autodeterminación, no te sientas capaz de lograr algo por ti misma o te asuste la opinión de los demás. O, por el contrario, puede que tiendas a rebelarte ante la autoridad, evadas el compromiso y percibas el amor como una forma de control.
- Tu padre/madre tuvo una actitud crítica hacia ti, hacia sí mismo/a o hacia la familia en general. **Si fue así, hoy, como adulta, puede que** hayas internalizado una voz interna muy autocrítica; si le prestas atención, a lo mejor repite las frases que escuchaste en tu infancia. Al mismo tiempo, puede que tengas una actitud crítica hacia tu pareja o tus amistades, o que ejerzas un rol complaciente en tus relaciones para evitar que te critiquen.
- Tu padre/madre se mostró poco disponible a nivel emocional: evitaba las conversaciones íntimas, o en familia no se hablaba de emociones. **Si fue así, hoy, como adulta, puede que** te cueste conectar y validar tus experiencias emocionales y expresar lo que sientes hacia tus seres queridos, o que no te guste mostrarte vulnerable en tus relaciones, de modo que te refugies en el trabajo o en alguna actividad en la que desconectes emocionalmente.
- Tu padre/madre estuvo ausente durante tu infancia o

adolescencia, ya fuera por divorcio, separación, muerte o un trabajo muy exigente; pasabais semanas o meses sin hablar o sin veros. **Si fue así, hoy, como adulta, puede que** te dé miedo estar sola, te cueste gestionar las separaciones y tiendas a relacionarte desde un rol dependiente, responsabilizando a tu entorno de tu bienestar emocional. O, por el contrario, que elijas a parejas que dependan de ti para convencerte de que no te van a abandonar.

- Tu padre/madre te rechazó, te desaprobó o tuvo poco reconocimiento verbal hacia ti como persona o hacia tus elecciones. **Si fue así, hoy, como adulta, puede que** tiendas a ser perfeccionista y muy autoexigente, buscando siempre complacer y cuidar la imagen que tienen otros de ti. Es un mecanismo de defensa para evitar el rechazo y la desaprobación que viviste en tu infancia. O, por el contrario, tiendes a rebelarte y te cuesta sentirte merecedora de alcanzar el éxito en tu vida.

Nos amamos tal como nos enseñaron a amarnos.

Se ha demostrado que los niños que no experimentan relaciones seguras en su hogar se convierten en adultos con baja autoestima, diálogo interno negativo y autocrítico, posibles problemas de adicciones y una gran dificultad para cultivar las relaciones sanas.

Pregúntate:

- ¿Qué conductas de autoabandono aprendiste en casa? (Mala alimentación, bebida, sedentarismo, dependencia, autocrítica, autosaboteo, etc.).
- ¿Qué conductas de amor propio aprendiste en casa? (Alimentación sana, horas de sueño, ejercicio, relaciones ba-

sadas en el compromiso y los límites, compasión, responsabilidad hacia uno mismo, etc.).

Bessel van der Kolk, psiquiatra neerlandés experto en traumas, recuerda: «La conexión entre padres e hijos es la intervención de salud mental más poderosa conocida por el hombre».

Para reconocer tu historia no tienes que encontrar a los culpables o responsables, sino entenderte cada vez más y ser capaz de desarrollar una relación consciente contigo misma.

Padres emocionalmente inmaduros

Cuando leí el libro *Hijos adultos de padres emocionalmente inmaduros*, de la psicoterapeuta Lindsay C. Gibson, me sentí validada y aliviada. El concepto de «padres tóxicos», tan usual para referirse a los cuidadores que han herido las emociones de sus hijos, me incomoda porque les resta humanidad y porque no todos han herido de forma intencionada. Los padres emocionalmente inmaduros carecen de herramientas para gestionarse y tienen una profunda herida emocional, lo que ha provocado que se comporten de forma inmadura y distante con sus hijos. Gibson los define así:

> Los padres emocionalmente inmaduros utilizan mecanismos de supervivencia que se resisten a la realidad en lugar de afrontarla. No aceptan la autorreflexión, por lo que rara vez aceptan la culpa o se disculpan. Su inmadurez los hace incoherentes y poco fiables emocionalmente, y son ciegos a las necesidades de sus hijos una vez que su propia agenda entra en juego.

Si te suenan frases como «Ah, no, mis padres no son tan malos. Me querían y lo hicieron lo mejor que pudieron, me dieron estabilidad económica y se ocuparon de mis necesidades físicas», o bien «Sí, sucedió X en mi infancia, pero no fue para tanto», puede que estas palabras sean ciertas y que, al mismo tiempo, sean una forma de evadir el tema o de minimizar lo que viviste. Tus padres, como cualquier persona con buenas cualidades, tenían defectos, y es válido tomar conciencia de cómo impactaron en tu desarrollo adulto. Por ejemplo: «Lo que me hicieron mis padres me dolió mucho, y eso ha influido en mi autoconfianza, en mi autoestima y en mis relaciones. Ahora que soy consciente de ello, puedo empezar a darme lo que necesito para creer en mí».

La siguiente lista de Gibson te ayudará a identificar la inmadurez emocional de tus padres en el entorno en que fuiste criada o incluso hoy en tu relación como hija adulta. Recuerda que no se trata de buscar culpables, sino de entender qué te faltó y qué debes aprender a darte.

Características de los padres emocionalmente inmaduros

- Cuando están molestos, culpan y critican a los demás por su molestia.
- Suelen enrabietarse, portarse de forma inmadura o tener reacciones emocionales desmedidas.
- Se estresan y alteran con facilidad.
- Responsabilizan a su entorno de su estado emocional: «Mira lo que me has hecho hacer», «He tenido que pegarte/gritarte/maltratarte para que me entiendas».
- Suelen tomárselo todo de forma personal o como un ataque.
- Los hijos suelen desarrollar un alto sentido de la responsabili-

dad hacia el estado emocional de sus padres incluso desde pequeños.

- Se sienten incómodos con las emociones tanto ajenas como propias.
- Evaden las conversaciones sobre temas emocionales o sentimentales.
- Suelen avergonzar o castigar a sus hijos por expresar sus emociones. Por ejemplo: «No seas tan sensible o exagerada», «No montes una pataleta».
- Les cuesta asumir su responsabilidad cuando hieren a alguien. Suelen decir «lo siento», pero no intentan reparar sus errores.
- Castigan, avergüenzan, controlan y culpabilizan cuando sienten que sus hijos piensan y actúan de forma diferente a ellos.
- Elogian a los hijos que comparten su opinión y rechazan a los que opinan de otro modo.
- Se sienten con derecho sobre el tiempo y el apoyo emocional de sus hijos. Por ejemplo, esperan que siempre respondan a sus llamadas, se presentan en casa de sus hijos sin avisar o les exigen que asistan a actividades familiares.
- Les cuesta respetar los límites de sus hijos.
- Les cuesta validar las experiencias emocionales y la realidad de sus hijos cuando estas no encajan en su forma de pensar.
- Carecen de empatía hacia los emociones ajenas, incluso hacia las propias.
- Suelen tener una visión rígida de la realidad: es blanca o negra.
- Tienden a hacer comentarios o a expresar opiniones sin considerar el estado emocional de los demás.
- Suelen minimizar sus errores y no aceptan la responsabilidad por los daños que provocan. Por ejemplo: «No es para tanto».
- Sus hijos deben apoyarlos y atenderlos siempre, ya que se lo «deben».

- Les cuesta anteponer las necesidades de sus hijos y, en caso de hacerlo, suelen resentirse y expresarlo de manera pasivo-agresiva.
- Creen que sus hijos siempre tienen que obedecerles, aunque sean adultos.

Si eres hija de padres emocionalmente inmaduros, es normal que tengas una profunda sensación de desmerecimiento y sientas que no eres suficiente para que alguien te ame y te respete.

El abandono emocional como consecuencia de crecer con unos padres emocionalmente inmaduros

Atender a tus necesidades emocionales en la infancia no era un extra, sino que formaba parte de la responsabilidad de tus padres, ya que estaban a tu cuidado. Por eso hoy, sin darte cuenta, descartas la importancia de tus necesidades emocionales y te cuesta aprender a validarlas.

Durante años, me sentí incomprendida. A pesar de tener pareja y vínculos seguros, la sensación de vacío emocional que había en mi pecho y en mis relaciones era perenne. Hasta muchos años después no empecé a familiarizarme con las heridas emocionales y el trauma infantil. Entonces pude dar contexto a las experiencias que había vivido en la infancia que estaban minando mi sensación de merecimiento.

Aun habiendo pasado por muchos procesos de sanación de las emociones, recuerdo los duros momentos en que fui agredida emocionalmente por mi madre o las veces que mi padre me invalidó, incluso de adulta. Pensaba que era normal, es decir, que una hija tenía que ser capaz de tolerar eso a sus padres. Tras muchos años de trabajo interno, herramientas, conocimiento personal y profesional, pude reunir valor para empezar a pautar esos límites y dejar claro qué estaba dispuesta a tolerar. Por supuesto, en este proceso me ayudó la distancia física que marqué entre ellos y yo, ya que vivo en otro continente. Hoy sé que puedo amarlos y que, cuando estoy mucho tiempo cerca de ellos, veo cómo resurgen mis heridas, de manera que todo el trabajo realizado siempre se verá retado por situaciones de exposición con nuestros padres.

En terapia decimos que el trabajo dura toda la vida porque, por mucho que hayamos integrado esas herramientas, siempre llegará un nuevo reto o una nueva experiencia que nos hará explorar otras áreas que debemos sanar en nuestro interior. Al mismo tiempo, cuando hemos cultivado nuestra autoconfianza y nos conocemos, sabemos qué estamos dispuestas a tolerar y qué no, y puede que, aunque al principio sea difícil, ya tengamos nuestro merecimiento regado —y a punto de florecer, como un brote en primavera— para establecer límites y honrar todas nuestras necesidades a pesar de que nuestro entorno nos pida que nos traicionemos.

Lindsay C. Gibson afirma: «La soledad de sentirse invisible para los demás es un dolor tan fundamental como las lesiones físicas, pero no se nota en el exterior».

El dolor por no sentirte sostenida y validada a nivel emocional se transforma en abandono y deja una profunda herida emocional y física. Todo el afecto, la validación, el reconocimiento y el acompañamiento que no se reciben en la infancia se buscarán en la vida adulta por medio de la gratificación instantánea, el abuso de sustancias, querer complacer a los demás, mantener relaciones dependientes y, sobre todo, una profunda sensación de desmerecimiento hacia uno mismo.

Como consecuencia, en la infancia aprendemos el autoabandono, a través del cual nos dejamos de lado y nos volvemos invisibles para anteponer a nuestras necesidades el afecto o el reconocimiento de los demás. Nos dejamos en pausa o nos postergamos para dar prioridad a los otros, todo a cambio de recibir su aprobación, presencia, escucha o reconocimiento. También puede que no sepamos marcar límites y toleremos circunstancias, dinámicas o personas que atenten contra nuestra integridad emocional. Por tanto, es posible que establezcamos relaciones con personas narcisistas, que sigamos en trabajos en los que nos sintamos explotadas o no respetadas, que tengamos amistades controladoras o que elijamos parejas con las que repitamos las dinámicas disfuncionales y dependientes que aprendimos en la infancia.

Que tus padres estuvieran presentes en el plano físico no quiere decir que contases con ellos a nivel emocional; incluso eso puede darte pistas sobre cómo hoy quizá elijas parejas que, aunque estén disponibles en cuanto a intimidad física o sexual, quizá no lo estén emocionalmente. En pocas palabras, no bastaba con que tus padres estuvieran en casa o atendieran tus necesidades básicas; también eran los responsables de acompañarte a sostener, validar y atravesar tus experiencias emocionales en la infancia para que supieras que, más allá de que estuvieran o no presentes, podías contar con ellos.

Por eso, si te has identificado con el término «padres emocionalmente inmaduros», es muy valioso que consideres que, como consecuencia de esa crianza donde hubo abandono emocional, es probable que también se encuentren escondidas lealtades inconscientes y una profunda sensación de culpa y de deuda hacia los padres.

Para ilustrarlo, te contaré un caso que me llegó mientras escribía este capítulo.

EL CASO DE MELISSA

Melissa llegó a mí porque cargaba con muchas heridas que la hacían sentirse inferior y poco merecedora de ser feliz. Desde hacía un tiempo tenía problemas en su relación de pareja, ya que había intentado quedarse embarazada, y a eso se le sumaban los problemas de comunicación con su madre.

Venía de un hogar con padres emocionalmente inmaduros y una madre dependiente y controladora. Esta vivía muy cerca de la pareja; siempre pasaba a visitarlos sin avisar y hacía comentarios despectivos como «Si no has podido ser madre, será por algo» o «Eres la única que no me ha dado nietos». Melissa había normalizado las conductas de su madre, y aunque su marido le decía: «Cuando estás con ella, llegas herida y lo pagas conmigo», Melissa estaba en la fase de negación.

Mientras realizaba su segundo tratamiento de fecundación *in vitro*, su madre la implicó en el conflicto familiar que mantenía con su hermana menor. El tratamiento no funcionó, y su marido intentó hacerle ver que, si se hubiera ocupado de ella en lugar de estresarse con los conflictos de su madre, tal vez todo hubiera sido diferente. Cuando estaba con su madre se sentía como una niña pequeña y le costaba hacerse respetar, por eso terminaba cediendo.

Melissa estaba viviendo las consecuencias de una madre emocionalmente inmadura con la que mantenía una relación disfuncional y parentalizada en la que siempre era su salvadora y se dejaba a ella a un lado. A través de la hipnosis de sanación, hicimos una regresión a su infancia en la que se encontró con su niña interna, que a su vez cuidaba de otra niña —su madre— que le pedía atención y esperaba que creciera rápido para que la ayudase, no para que pudiera hacer su vida. Cuando liberó a su niña de la carga de cuidar de su madre y su versión adulta se ocupó de ella, sintió una gran liberación interna. A eso tenemos que sumarle el trabajo de inteligencia emocional para marcarse límites y gestionar la culpa que sentía al no estar siempre disponible para su madre. Al poco tiempo, todo fue arreglándose entre ella y su pareja, que la ayudaba recordándole sus límites hasta que por fin aprendió que era mejor mantener una relación en la distancia con su madre, y pudo florecer su estabilidad emocional.

Repite conmigo: «Si ella sanó, yo también puedo sanar».

Cuando venimos de hogares disfuncionales y encima hemos sido criados por padres emocionalmente inmaduros, es muy probable que tengamos un sistema de lealtades inconscientes muy arraigado, ya que estos progenitores suelen utilizar la culpa como arma para manipularnos y mantenernos controlados. Suelen hacernos sentir que les debemos algo o que su bienestar es responsabilidad nuestra, lo que limita la conexión y el desarrollo de la adulta que está en nuestro interior. Por supuesto, la mayoría de los padres no lo hace de forma consciente, aunque algunos conocen el daño que pueden causar y no están dispuestos a ceder el control pese a saber que la conexión que crearán con sus hijos será a través de esos vínculos insanos.

La autotraición y la complacencia como consecuencia de crecer con padres emocionalmente inmaduros

Si creciste con padres impredecibles, quizá te hayas convertido en un camaleón social, ajustándote de forma inconsciente a tu entorno, cambiando para adaptarte y evitar que te abandonen. Es un mecanismo de supervivencia infantil que muchas veces traemos a la vida adulta y que puede hacerte sentir vacía y desconectada de tu esencia. Hoy puedes dejar de vivir desde el miedo al abandono de tu niña interna y cogerla de la mano, recordarle las promesas que le has hecho y encontrar juntas el camino de regreso a tu auténtica versión.

EJERCICIO
Conecta con tu guía interna

Como hemos tocado fibras sensibles y removido emociones incómodas, te invito a hacer el siguiente ejercicio de regulación emocional: ponte la mano derecha en el corazón, inspira hondo y repite en voz alta: «Mi querida niña interior, te veo, te escucho y te reconozco. No estás sola; estoy aquí, contigo; estás segura conmigo».

Repítelo tantas veces como lo necesites.

Crecer con padres emocionalmente maduros

Un cuidador maduro te hará sentir bien porque ha cultivado un vínculo seguro. Está conectado con su adulto consciente, que representa su capacidad de autorreflexión y autorrespeto, lo que le permite ejercer una crianza consciente basada en el respeto y en promover el desarrollo emocional de los hijos.

Características de los padres emocionalmente maduros

- Buscan ayuda profesional en vez de culpar a sus hijos. Son los primeros en ir a terapia y luego llevan a sus descendientes.
- Entienden que los niños nunca son un problema, y que como cuidadores son responsables de ayudarlos a afrontar los contratiempos o retos por los que estén pasando.
- Conocen el concepto de «multirrealidad» y entienden que la verdad de los hijos no es la misma que la suya, de modo que pueden respetar su visión del mundo y su autenticidad.
- Animan a sus hijos a formar sus propios valores y creencias.
- No son amigos de sus hijos; respetan y honran sus roles como cuidadores.

- Entienden que imponer sus opiniones es cruzar los límites de sus hijos. Por eso, aunque educan, respetan la opinión de sus hijos.
- No se sienten superiores ni inferiores a los demás, ni modelan su merecimiento a sus hijos.
- Felicitan a sus hijos por sus esfuerzos, no por sus resultados.
- No suelen dar premios a sus hijos, sino que más bien los motivan a reconocer y celebrar las metas alcanzadas.
- Son capaces de darse cuenta de si están proyectando sus heridas en sus hijos.
- Están dispuestos a reconocer sus errores y a intentar reparar el daño causado por su conducta.
- Validan la experiencia emocional de sus hijos aunque no sean capaces de entenderla por completo.
- Tienden a escuchar a sus hijos más que a hablar de sí mismos.

Si has crecido con padres emocionalmente inmaduros, vale la pena que conozcas la diferencia que supone crecer con padres maduros que brindan seguridad y contención emocional a sus hijos, para que, en un futuro —si eliges tener hijos o si ya los tienes—, integres estas cualidades de madurez emocional por medio del desarrollo de tu autoconsciencia y la sanación de tus heridas emocionales.

Sana la herida que dejan unos padres emocionalmente inmaduros

Para sanar y ser para ti el padre o la madre que no tuviste, es importante que entiendas que la crianza inmadura viene de no tener la autoconsciencia o las herramientas necesarias para sanar y hacer el trabajo interno. Si estás leyendo este libro ya no tienes escapatoria: eres una persona que ha abierto los ojos, consciente de las conductas que pueden herir en lo más hondo a tu niña interior y a otras personas, incluso a tus propios hijos, si es el caso.

Conocer las poderosas cualidades de un cuidador maduro puede ayudarte a conectar con esa adulta interna que está empezando a sostener y a contener a la niña que vive dentro de ti. Se trata de que aprendas a cuidarte de la forma que tanto necesitas, como debió ser en tu infancia, así que observa con atención la lista que te he presentado unos párrafos más arriba para identificar cuáles de esas actitudes maduras son las que más necesitaste en tu niñez. A partir de hoy, puedes empezar a brindar ese nivel de madurez emocional a la niña que vive dentro de ti.

Te recomiendo que lo hagas con calma y centrada, pues ser una adulta consciente y madura implica ser capaz de reconocer que has integrado los comportamientos inmaduros de tus padres, y que muchas veces estos pueden salir en la forma en que te tratas a ti y en especial a tus parejas. Esto te llevará a dar el primer paso para reconocer y sanar la inmadurez emocional, de manera que puedas empezar a reparar los daños de las heridas causadas, incluso aquellas que fueron creadas por ti.

EJERCICIO
Escritura sanadora

Con el fin de entender un poco más tus herencias emocionales, responde a las siguientes preguntas o despertadores para expandir tu consciencia:

- Ojalá mis padres hubieran sido más ________________.
- En mi infancia, perdí la oportunidad de ser ________________.
- En mi infancia, no tuve la oportunidad de sentirme ________________.

- ¿Por qué le cuesta tanto a mi padre/madre ser ______________? (Afectuosa/o, empática/o, comprensiva/o...).
- La falta de inmadurez emocional de mis padres me hace sentir hoy, como adulta, que ______________.
- ¿En qué situaciones hoy te invalidas, anulas o no te reconoces? ______________
- Deseo que algún día alguien sea conmigo más ______________.
- En mi vida adulta, soy inmadura emocionalmente cuando ______________.
- Para cultivar mi inteligencia emocional, a partir de hoy puedo ______________.
- Hoy me reconozco a mí misma que ______________.

Ten en cuenta que responder a estas preguntas requiere sostener la vulnerabilidad cuando aparezcan emociones incómodas. Es normal que te sientas triste, molesta, frustrada o impotente. En este momento, toda tu experiencia emocional es válida. Toma una respiración profunda y felicítate porque ya estás haciendo el trabajo, te estás ocupando de ti, y quiero darte las gracias por permitirme acompañarte en este viaje.

Sanar se ve y se siente diferente en cada persona

El tiempo para sanar y reparar el daño de las heridas emocionales es único e individual. Los años no se pueden borrar, pero serás capaz de lograr una vida que responda a tus auténticos valores y que, sobre todo, honre tu esencia. Se trata de que seas responsable de tus decisiones, incluso de las que has tomado bajo la influencia de tu estado de supervivencia y de tus heridas. Hecho esto, ya puedes empezar a salir de ahí para entrar en una presencia compasiva que una todas tus necesidades. Estos cambios no se producirán de la noche a la mañana; son pequeñas promesas que irás haciéndote a diario para así cocrear la vida que anhelas desde tu sabiduría interior.

Si tus necesidades emocionales te parecen un territorio desconocido, es muy importante que en este punto de la lectura te plantees buscar un apoyo profesional para contener y dar espacio a todas las emociones, las historias, los recuerdos y las sensaciones que puedan estar resurgiendo por miedo a la sanadora y catártica lectura de este libro. Pero, sobre todo, quiero recordarte que no estás sola. Aunque no puedas vernos, en espíritu te acompaña la luz de miles personas que hoy están haciendo el trabajo de sanación interno. Allí nos encontramos muchos con el mismo propósito, porque, cuando tú sanas, el mundo sana.

Formas de iniciar una conversación vulnerable con tus padres sobre tus experiencias de la infancia

Los hijos adultos de padres con inmadurez emocional tienden a fantasear con las tan anheladas disculpas por el daño y el dolor causado o con cambios radicales en el comportamiento de sus padres hacia ellos.

Si mantienes con tus padres una conversación difícil sobre lo que viviste en tu infancia, debes tener la madurez suficiente como para no esperar de ellos respuestas poco realistas o incoherentes respecto a su historial de comportamientos. Al mismo tiempo, si en tu corazón sientes la necesidad de expresar determinadas palabras, narrar ciertos hechos o comunicarles cómo te sientes a raíz de esas vivencias pasadas, debes tener en cuenta que la persona que te hirió no es la indicada para sanarte, que esperar cierto nivel de madurez de tus padres es el deseo de tu niña interior de recibir lo que no tuvo, y que ya no es responsabilidad suya ofrecerte ese consuelo.

Muchos padres con inmadurez emocional carecen de capacidad de autorreflexión. Otros tienden a vivir en negación; hasta olvidan los daños que provocaron a sus hijos al pronunciar frases como «Eso no sucedió así» o «Yo nunca te hice daño». Incluso en los que han cultivado su inteligencia emocional, la vergüenza por haber herido a sus hijos tiende a hacer que eviten cualquier conversación relacionada con sus acciones pasadas.

Inicios para una conversación vulnerable sobre las situaciones de la infancia que te han afectado como adulta

- «He estado reflexionando sobre determinados temas de mi infancia, y hay algunos aspectos a los que me gustaría que diéramos sentido juntos. ¿Cuándo te iría bien hablar?».
- «Mi terapeuta me ha animado a reflexionar sobre algunas situaciones de mi infancia. Me encantaría que estuvieras abierto/a a que hablásemos de ello juntos».
- «Hay algunas situaciones de mi infancia que me siguen afectando, y he intentado no comentarlas. Quiero que nuestra relación sea más fuerte y cercana, así que creo que deberíamos hablar sobre ello. ¿Qué me dices? ¿Te sentirías cómodo/a?».
- «Creo que lo hiciste lo mejor que pudiste con lo que sabías y la educación que tuviste, pero hubo situaciones de mi infancia que me dañaron. No creo que quisieras herirme, pero significaría mucho para mí si pudiéramos hablar de lo que sucedió en esos momentos».
- «¿Estarías dispuesto/a a contarme cómo era tu vida cuando eras pequeño/a? Creo que me ayudaría a dar sentido a algunas de mis vivencias infantiles».
- «Valoro nuestra relación y quiero que siga fortaleciéndose. Hubo situaciones que ocurrieron en la familia cuando yo era niña con las que no me siento bien. Creo que nuestra relación se beneficiaría si pudiéramos hablar de ello».

- «Sé que puede ser difícil hablar de temas emocionales, pero creo que nuestra relación mejoraría si habláramos de algunas de nuestras situaciones familiares pasadas. ¿Qué podemos hacer para que esta conversación sea más fácil?».

Es normal que reflexiones sobre tu infancia, ya sea porque estás leyendo este libro o porque llevas tiempo en el camino de la sanación emocional. Y está bien que quieras hablar con tus padres de lo que ocurrió en el pasado. Puede que esperes que te ayuden a entender esos sucesos y que, en tu corazón, reconozcas el daño que sufriste. Es probable que, por medio de tu autocompasión y la mirada amplia y reflexiva que has adquirido gracias a tus experiencias de sanación y a la lectura de este libro, puedas ayudarlos o acompañarlos a conectar con su autorreflexión y que ajustes tus expectativas a la realidad de sus limitaciones con respecto a su educación emocional. A veces, el mejor regalo que puede darte tu padre/madre es escucharte y agradecerte tu sinceridad.

Hay un duelo profundo y único para cada mujer adulta: cuando se da cuenta de que puede que sus padres nunca entiendan el dolor que le causaron en la infancia.

Unos padres se abrirán a mantener estas conversaciones y otros no. Si llega a suceder lo segundo, regálate un fuerte abrazo, valida tu valentía y respeta sus límites, porque tal vez escapa a sus capacidades.

Cómo tener una relación con un padre emocionalmente inmaduro sin que te cueste la estabilidad emocional

Si aun teniendo en cuenta su inmadurez emocional estás dispuesta a interactuar de manera consciente y constructiva con tus padres, las siguientes cinco pautas te ayudarán a cultivar esa relación desde la inteligencia emocional:

1. No tienes que cambiarlos ni sanarlos. Una de las cualidades de la madurez emocional es la capacidad de aceptar que dos personas tengan una visión completamente distinta de la misma circunstancia. Si pretendes mantener una relación con ellos, centra tu interacción en el aquí y ahora, no en cambiarlos ni, mucho menos, en cambiar tú para que te acepten. O, simplemente, puedes conectar con ellos desde un lugar consciente contigo misma.
2. Haz una lista que establezca límites claros de lo que estás dispuesta a tolerar respecto a tus padres. Repásala cada vez que vayas a encontrarte con ellos para poder empezar a honrar tus necesidades y compartir con ellos al mismo tiempo.
3. Comunicar lo que te incomoda es una forma muy catártica de sanar las dinámicas que aprendiste en la infancia. Este compromiso siempre tiene que salir de ti, y debes recordarles qué es lo que no te permite sentirte a gusto.
4. Interrumpe las dinámicas de control. Es habitual que, cuando estés con tus padres, resurjan las viejas dinámicas o patrones, sobre todo por su parte y por parte de tus respuestas inconscientes. En ese momento tienes que establecer límites claros con frases específicas e interrumpir las dinámicas de control que suelen ejercer ha-

cia ti, diciéndoles lo que te incomoda. Por ejemplo: «No me gusta que te plantes en mi casa sin que yo lo sepa de antemano. La próxima vez no podré recibirte si no me avisas con X tiempo de antelación», «Respeto tu punto de vista sobre X, pero no estoy de acuerdo por Y, así que espero que lo entiendas», «No soy la persona adecuada para hablar contigo sobre este tema; preferiría charlar sobre X», «Creo que sería mejor que habláramos una vez por semana o cada quince días, ya que ahora estoy ocupada con X. Gracias por entenderme». En cualquiera de estas situaciones, recuerda reafirmar tus límites con una frase de amor o compasión que les demuestre lo mucho que los aprecias, pero mantente siempre firme ante lo que les has comunicado.
5. Limita tu interacción estableciendo tiempos puntuales para compartir con ellos sin que acaparen tu energía emocional y tu presencia. Si vais a quedar para comer los domingos, establece una hora de llegada y comunica con antelación que tienes que irte a X hora. La clave está en avisar siempre antes de que te quedarás un tiempo determinado, el que consideres que puedes tolerar sin sentir que te estás abandonando emocionalmente.

Recuerda que tus padres fueron niños en el pasado y que quizá también vivieran experiencias dolorosas en la infancia. Esto no excusa cómo te trataron, pero pretende despertar tu compasión y amabilidad, y que te des cuenta de que en su interior también habitan unos niños profundamente heridos que puede que hoy carezcan de las habilidades emocionales necesarias para integrar los niveles de consciencia que estás explorando al leer este libro. Así que, de la misma forma que respetas las limitaciones emocionales de cualquier otra persona, respeta las suyas y, desde el amor, decide si los aceptas como son de forma radical, estableciendo límites para honrarte, o si decides amarlos a distancia.

Distanciarte y tener tu espacio también es una forma de sanar tus heridas. No puedes sanar en el mismo sitio en que enfermaste, de modo que muchas veces tendrás que abandonar lugares, dinámicas, circunstancias e incluso relaciones si hacen que te abandones.

En consulta me he encontrado con algunas personas que han elegido marcar esta distancia como castigo tanto para ellas como para sus padres, a consecuencia de las experiencias que vivieron en la infancia. La distancia con tu familia de origen —tus padres o tus hermanos—, si no es consciente y tiene un propósito, evita tu proceso de sanación. Puedes pasar diez años sin hablar con tus padres y aun así tener dentro de ti a esa niña herida que sigue esperando de ellos lo que no recibió en la infancia.

Hacer el trabajo de sanación no necesariamente implica que cambie la relación con ellos. La que tiene que cambiar eres tú, viéndolos a ellos como los humanos que son y asumiendo la responsabilidad que te corresponde respecto a las necesidades que ellos no pudieron llenar. En pocas palabras, una vez que los liberas de las responsabilidades que ya no les corresponden, puedes empezar a verlos desde otro prisma. Si te has distanciado de tus padres, pero sigues albergando dentro de ti el dolor de sus acciones hacia ti, ha llegado el momento de que hagas ese trabajo interno y dejes de culparlos, porque, mientras los culpas, esperas que sean ellos los que reparen el daño, aunque sea de forma inconsciente.

La persona que te hirió no es quien te tiene que sanar. Eres tú la que debes ocuparte de tus heridas, no tus padres.

Con el propósito de expandir tu consciencia y guiarte hacia tu proceso de sanación emocional, intenta ver a tus padres o cuidadores de forma objetiva y con ojos comprensivos; solo así entenderás que la forma en que te trataron —aunque fuera dolorosa— no estaba relacionada contigo. Muchos padres tienen las mejores intenciones, pero cometen errores y hieren a sus hijos. Reconoce sus defectos y cómo te han afectado, pero recuerda su humanidad desde la compasión y la amabilidad. No pasa nada si no te sientes preparada para ello. Por favor, ve a tu ritmo.

Cuando entiendes que todo es información y que tu responsabilidad como adulta es elegir qué te es útil y qué no desde la consciencia, te das cuenta de que aprender a sanar es descubrir nuevas formas de aceptarte y cuidarte, para que cada día puedas ser para ti la madre o el padre que no tuviste.

EJERCICIO
Una mirada compasiva hacia tus vivencias

Para realizar este ejercicio, accede al álbum mental de los momentos que conservas de tu infancia y elige la imagen de algún instante o circunstancia en el que te sentiste emocionalmente abandonada o herida. Cuando lo tengas anclado en tu mente, realiza el siguiente ejercicio meditativo:

- Siéntate con la columna recta, echa los hombros hacia atrás con suavidad para recordarle a tu cuerpo que estos minutos son para ti.
- Colócate la mano derecha en el corazón y la mano izquierda en el abdomen.
- Céntrate en la respiración; será tu ancla durante este breve viaje autocompasivo.
- Respira hondo y observa todas las emociones y sensaciones que acudan a ti.

- Solo observa, inhala y exhala.
- Visualiza esa versión de tu infancia o adolescencia en la que emocionalmente te sentiste abandonada por tus padres.
- Inhala y exhala, mantente presente ante cualquier emoción.
- Estás frente a esa versión de ti, más pequeña, más joven, más vulnerable, que en este instante transita por un momento en el que se sintió herida.
- Vas a entrar allí, pero no para evitar lo que sucedió, sino para acompañar a esa parte de ti que necesitó que alguien la hiciera sentir segura y sostenida en su dolor.
- Inhala profundamente y visualiza a tu yo actual delante de tu yo niña. Observa el rostro de tu versión joven, y reconoce sus emociones, su edad y la situación por la que está transitando.
- Reconoce su dolor y, al mismo tiempo, a su lado, cógela de la mano y dile estas palabras con amor:

> «Todo lo que sientes es válido; mereces que tu experiencia emocional sea reconocida. Te sientes sola, lo sé. Ese vacío en tu pecho pesa, pero ya no volverás a estar sola. Aunque hoy sientas que... [nombra la emoción que experimenta tu yo niña], tienes permiso para sentirte así. Yo ya he crecido y estoy aquí para cuidarte».

- Ahora dile esa frase que tanto te hubiera gustado escuchar durante tu infancia o tu adolescencia.
- Mientras se la dices, valida su dolor y recuérdale que tú has salido victoriosa, que hoy has salido adelante y que estás aprendiendo a hacerte cargo de ti.
- Inhala y exhala. Quédate allí el tiempo que necesites, sosteniéndola.
- Cuando estés lista, inspira hondo y visualiza que esa versión de ti se guarda en lo profundo de tu corazón.
- Ahora puedes salir de ese espacio.
- Inhala, exhala y repite en voz alta para ti:

«Estoy segura. Aquí y ahora, todo está bien. Todo lo que siento aquí y ahora es válido».

- Respira profundamente. Cada respiración se vuelve más amable y te ofrece la oportunidad de soltar lo que necesitas.
- Inspira hondo, abre los ojos y haz un gesto o movimiento que te conecte con el momento presente.

APRENDIZAJES DE ESTE CAPÍTULO

✓ Los padres enseñan muchísimo a los niños a nivel verbal. Sin embargo, los estudios de crianza consciente han demostrado que el mayor impacto de enseñanza que pueden transmitir los padres a los hijos es por medio del comportamiento no verbal, como su conducta.

✓ Los padres emocionalmente inmaduros no desarrollan habilidades emocionales como la empatía, la gestión emocional y la autorreflexión, lo cual los lleva a tener comportamientos incoherentes e impredecibles en la crianza de los hijos, cosa que les impide acompañarlos y guiarlos de forma segura y sostenida emocionalmente.

✓ La negligencia emocional puede obligarnos a vivir una infancia dolorosa y generarnos heridas emocionales y una sensación de profunda soledad que, a lo largo del tiempo, puede condicionar de forma negativa los vínculos en la vida adulta.

✓ Las hijas de padres emocionalmente inmaduros viven con una profunda sensación de desmerecimiento que las lleva a no sentirse suficientes para que alguien las ame y respete.

✓ Que tus padres estuvieran presentes en el plano físico no implica que estuvieran disponibles a nivel emocional.

✓ El dolor por no sentirte sostenida y validada emocionalmente se transforma en abandono y deja una profunda herida emocional y física. Por eso quizá hoy te cueste regular tus emociones.

- ✓ El tiempo que tardamos en sanar y reparar el daño de las heridas emocionales es único e individual. Lo que pasó en la infancia no se puede borrar, pero se puede elegir una vida que esté alineada con nuestros auténticos valores.
- ✓ Si creciste con padres impredecibles, quizá te hayas convertido en un camaleón social, ajustándote de forma inconsciente a tu entorno, cambiando para adaptarte y evitar que te abandonen.
- ✓ Un cuidador maduro te hará sentir bien porque ha cultivado un vínculo seguro. Está conectado con su adulto consciente, que representa su capacidad de autorreflexión y autorrespeto, lo que le permite ejercer una crianza consciente basada en el respeto y en promover el desarrollo emocional de los hijos.
- ✓ Respeta las limitaciones emocionales de tus padres desde el amor y decide si los aceptas como son, estableciendo límites para honrarte, o si decides amarlos a distancia.
- ✓ Reconocer tu historia no es buscar culpables o responsables, sino entenderte cada vez más y desarrollar una relación consciente contigo misma.
- ✓ Cuando entiendes que todo es información y que tu responsabilidad como adulta es elegir qué te es útil y qué no desde la consciencia, te das cuenta de que aprender a sanar es descubrir nuevas formas de aceptarte y cuidarte, para que cada día puedas ser para ti la madre o el padre que no tuviste.

Eres tu mejor sanadora cuando reconoces tu historia desde la compasión y te das la oportunidad de ser responsable de ti misma y de dejar que los demás sean responsables de sí mismos.

Utiliza las herramientas que te he ofrecido en este capítulo para empezar a ver tu infancia desde otro prisma más compasivo y, al mismo tiempo, para recordar a esa niña que vive dentro de ti que todas las carencias emocionales que ha experimentado hoy pueden ser sanadas si eliges cultivar tu autorresponsabilidad.

7

Herida de madre

> Nunca te curarás de un dolor que no admitas que tienes. Nunca te curarás de un dolor que no te permitas sentir. Permítete sentir, no esperes que te lo permita otra persona.
>
> NAJWA ZEBIAN

Las heridas arquetípicas

Un arquetipo es un patrón original que proviene de otras representaciones basadas en él que pueden identificarse sin importar su cultura o tiempo cronológico. Este término lo propuso el psicoanalista suizo Carl Jung, que, en su teoría, afirma que estos patrones arquetípicos están en nuestro inconsciente colectivo. Forman parte de nosotros y nos ayudan a desarrollar la personalidad.

Cualquier película de Marvel —o de Disney— está compuesta por personajes como un héroe o una heroína, villanos, doncellas en apuros, sabios que aconsejan o guían a los héroes y el fiel compañero del o de la protagonista. Arquetipos. Si la vieras sin activar el sonido o en una lengua que no te resultase familiar, probablemente entenderías de qué va, comprenderías a los personajes aunque no hablarais el mismo idioma e incluso predecirías su comportamiento y el desenlace del filme.

La teoría de Jung ha repercutido no solo en el mundo del cine, sino también en el de la psicología, ya que inspiró el famoso indicador o test de personalidad que usan hoy más de dos millones de personas al año para conocer sus rasgos.

Ahora bien, cuando te hablo de heridas arquetípicas me refiero a la herida de madre y a la herida de padre. Estas no solo se crean por la relación directa con la madre y el padre, sino también por distintas figuras que cumplan estos roles.

En este capítulo y en el siguiente profundizaremos en estas heridas. Abre tu mente, pero sobre todo tu corazón, y de lo que te voy a contar toma solo lo que te resuene, lo que te expanda y lo que te invite a profundizar para ocuparte de ti. Si algo de lo que te diga no encaja con tu modelo mental, no pasa nada. En ese caso, léeme con curiosidad.

La herida de madre

La herida de madre está representada por el arquetipo femenino, también llamado por Jung «*anima*», que simboliza la intuición, el autocuidado, lo emocional, el recibir amor, el cuidado a otros, la bondad, la entrega, la comunicación, la flexibilidad y la paciencia.

En la astrología está representada por la luna, que encarna el mundo emocional, lo inconsciente, el ir hacia dentro, la noche, la introspección, el movimiento interno, el cuerpo, la familia, el instinto, la fertilidad y los ciclos.

Por otra parte, en el taoísmo, este arquetipo está representado por el yin, el lado oscuro y la carga negativa, la naturaleza, el frío, el invierno, la oscuridad, la luna, lo suave, lo nutritivo, el agua, la calma, lo interno y la recepción.

El vínculo con la madre es el más importante de la infancia, y está relacionado con la empatía, la compasión, la validación, la seguridad y la gestión emocional que puedas tener hoy como adulta, lo que impacta en tus relaciones interpersonales y, sobre todo, en la relación que mantienes contigo misma. Al mismo tiempo representa la carencia de una guía que te invitara a integrar todo lo que significa ser madre tanto literal como arquetípicamente.

En psicoterapia denominamos a esa carencia «herida de madre», y se refiere al vínculo roto (herida/trauma) entre el infante y su progenitora en los primeros años de vida. También representa el dolor heredado de forma inconsciente por parte de la mujer debido a los abusos tanto sociales como familiares que ha vivido a lo largo de la historia. Esta herida se transmite de madres a hijas como una herencia emocional. Existe un ciclo de mujeres heridas sin fin hasta que en el clan nace una persona como tú, con el profundo anhelo en el alma por sanar y trascender ese dolor emocional.

Maternarte

A lo largo de este capítulo te hablaré de la acción de ser una madre para ti misma. La llamaremos «maternarte», ya que es el acto de cuidar de ti en cuerpo, mente y espíritu, atendiendo a tus necesidades como mujer y, al mismo tiempo, siendo para ti y tu niña interna la madre que no tuviste o la que necesitas hoy. A partir de ahora, cada vez que leas este término, me estaré refiriendo a esto, porque haremos que forme parte de nuestra vida. Plantéate esta sencilla pregunta:

¿Eres buena madre para ti misma?

Muchas veces, el dolor viaja de una generación a otra hasta encontrarse con un miembro de la familia que está dispuesto a romper el ciclo de sufrimiento, vergüenza, culpa y creencias limitantes para transmutar ese miedo y transformarlo en amor, empatía, merecimiento, libertad y gozo. No has elegido este libro por casualidad. Tu espíritu clama por liberarse y lo has escuchado.

Cuando una mujer elige sanarse, está sanando a su madre, a su abuela, a su hija y a todas las mujeres de su clan.

Tu madre fue la primera persona con la que creaste un vínculo y una relación. Su voz, su olor y su tacto están grabados en tu subconsciente y en tu sistema nervioso porque fueron las primeras impresiones sensoriales que tuviste al llegar al mundo.

Creo que es necesario aclararte que, cuando hablo de una herida materna, de la energía femenina o del arquetipo femenino, no solo me estoy refiriendo a tu madre como progenitora o al sexo femenino. Este arquetipo puede ser encarnado por otras mujeres en tu clan, como hermanas mayores, tías o abuelas; y también por hombres que ejerzan el rol de cuidador y que asuman las cualidades de este arquetipo. Por tanto, los incluiré a todos cuando me refiera a la herida de madre o a la energía femenina herida, y a la carencia de modelos en tu infancia que te acompañaran y guiaran a cultivar dentro de ti la importancia del autocuidado, la validación emocional y la escucha de tus necesidades para que pudieras desarrollarte de forma sana a nivel social, emocional y físico.

La relación que mantuviste con tu madre marcará una pauta en todas y cada una de las relaciones y vínculos que tengas en un futuro, ya que fue con ella con quien viviste tu primera experiencia de lo que es recibir amor y atención, y esta influye en tu desarrollo individual y emocional a lo largo de tu vida.

La forma de tratarte de tu madre representa cómo vas a integrar tu arquetipo femenino, es decir, todo lo que te he explicado a propósito del autocuidado, el autoconcepto, la autoestima, el autorrespeto y la autoconfianza.

> Porque tal como tu madre te amó,
> aprendiste a amarte;
> porque tal como tu madre te miró,
> aprendiste a mirarte;
> porque tal como tu madre te habló,
> aprendiste a hablarte;
> porque tal como tu madre te trató,
> aprendiste a tratarte;
> y porque tal como tu madre te respetó,
> aprendiste a respetarte.

La herida de madre deja cicatriz cuando ella no está en sintonía emocional contigo, y eso significa que tus necesidades infantiles no pudieron ser satisfechas o atendidas, lo cual en tu infancia y en tus primeros años de vida no solo debió de ser frustrante, sino también doloroso, porque una parte de ti, tanto espiritual como física y emocional, no terminó de desarrollarse, y la consecuencia es la creencia limitante de que no mereces recibir aquello que tu madre no te puedo dar.

Situaciones o actitudes que provocan la herida de madre

- Te apartaron de tu madre en tus primeros años de vida, ya fuera por abandono, viaje, enfermedad, duelo, separación o migración.
- Era emocionalmente inmadura y no fue capaz de brindarte el apoyo, la contención y la atención que necesitaste en la infancia.

- Era fría, poco afectuosa y reservada.
- Sufriste abusos físicos o verbales por parte de tu madre.
- Te criticaba, te juzgaba y te exigía siempre.
- Falleció antes de que cumplieras los dieciocho años.
- Estuvo ausente por motivos laborales o por otras cuestiones.
- Delegó tu cuidado a una canguro, abuela o hermana mayor.
- No recibiste reconocimiento verbal por parte de tu madre.
- Sufría una enfermedad física o mental que no le permitió ocuparse de ti.
- Juzgaba tu cuerpo y controlaba tu forma de comer u opinaba sobre ella.
- Era controladora o sobreprotectora, siempre estaba encima de ti y te prohibía muchas cosas.
- Fue maltratada y tenía dependencia emocional hacia sus parejas.
- Te desplazó por el nacimiento de otro hijo o por una pareja.
- Te rechazó.
- Fue irresponsable y negligente.
- No respetaba tus límites ni tu privacidad.
- Daba mucha importancia al qué dirán y a las opiniones externas.
- Te manipulaba y te hacía sentir que eras responsable de su estabilidad emocional.
- Se tomaba mal cualquier comentario u opinión, se sentía atacada y se hacía la víctima.
- No sabía regular sus emociones y tenía reacciones desmedidas por cualquier tontería.
- No sabía relajarse, descansar y cuidar de ella. Siempre estaba haciendo algo o atendiendo a alguien.

EJERCICIO
Conecta con tu guía interna

Como hemos tocado fibras sensibles y removido emociones incómodas, te invito a hacer el siguiente ejercicio de regulación emocional: ponte la mano derecha en el corazón, inspira hondo y repite en voz alta: «Mi querida niña interior, te veo, te escucho y te reconozco. No estás sola; estoy aquí, contigo; estás segura conmigo».

Repítelo tantas veces como lo necesites.

Como ya te he comentado en el capítulo 4, los traumas y el dolor se heredan y, con estos, los ciclos de vergüenza, desmerecimiento y baja autoestima. Si creciste con una madre que tenía alguna de las características que he mencionado, es probable que estuviera profundamente herida y que en su interior también llevara una niña que no se sintió vista o atendida.

Cuando una madre tiene que dar a sus hijos lo que no le dieron a ella, este hecho abre profundas heridas y, sobre todo, produce un gran duelo que viene de la mano de una ola de resentimiento y rabia. Por eso espero que, si eres madre o eliges serlo en un futuro, aprendas a darte aquello que no recibiste de la tuya para que, cuando te toque dárselo a tus hijos, no lo hagas desde un lugar de carencia o desmerecimiento, sino desde el autocuidado y el merecimiento.

En la creación de la herida no solo juega un papel fundamental la conducta de la madre, sino que debemos tener en cuenta que cualquier una herida es la interiorización e interpretación personal de los hechos por parte de un individuo. Por eso no solo se trata de cómo fue tu madre, sino de cómo sentiste que ella fue contigo.

Como te he comentado, la herida de madre va más allá de tener una figura materna que no pudo ocuparse de tus necesidades emocionales. Esta herida inconsciente y transgeneracional habla de la desconexión de la mujer de su **sagrado femenino** por culpa de la cultura patriarcal. Si durante tu desarrollo infantil tuviste figuras maternales —hermanas mayores, abuelas, madrinas, tías o profesoras— que te rechazaron, te trataron de forma injusta o humillante, te abandonaron o te traicionaron al no cumplir sus promesas, eso pudo causar que la herida fuera más profunda en ti.

Consecuencias en la vida adulta de tener una herida de madre

- Tienes una alta exigencia contigo misma.
- Te cuesta establecer límites en las relaciones.
- Eres demasiado complaciente con los demás.
- Tu diálogo interno es excesivamente crítico.
- Eres perfeccionista.
- Eres dependiente en las relaciones.
- Sueles guardarte lo que sientes para no incomodar.
- Tienes una actitud camaleónica y adaptas tu personalidad según con quién estés, lo que limita tu capacidad para mostrarte auténtica.
- Desconfías de los demás.
- Sientes una profunda desconfianza y sensación de competencia respecto a otras mujeres.
- Sueles ser la cuidadora, la salvadora o la madre en tus relaciones de pareja, con tus amistades e incluso con los compañeros de trabajo.
- Te traicionas para complacer a los demás.
- A veces te sientes atrapada en el rol de «hija buena» sin saber qué quieres para ti.
- Te sientes herida por cómo tu madre se comportó en tu infancia aun si hoy tienes una buena relación con ella.

- Sientes un profundo rechazo y desconexión con respecto a tu madre.
- Sabes reconocer las necesidades de los demás y los acompañas a regular sus emociones.
- No sabes reconocer o atender tus necesidades.
- Te cuesta darte permiso para relajarte y para descansar.
- No sabes cómo ser una madre para ti.
- Sientes rechazo y vergüenza hacia tu cuerpo.
- Te cuesta conectar con el placer sexual o sientes vergüenza/rechazo hacia el sexo.
- Tus decisiones giran en torno a lograr el reconocimiento, la aprobación o la opinión positiva de tu madre.
- Tienes o tuviste una relación complicada con la comida: trastornos alimentarios, alimentación desordenada o alimentación emocional.
- Tienes dificultades con el peso (aumento o disminución) que pueden afectar gravemente a tu salud como consecuencia de no saber maternarte o cuidarte.
- Vives desconectada de tu energía femenina: no sabes escuchar a tu intuición y tienes falta de empatía y amabilidad hacia ti o hacia los demás.
- Te cuesta gestionar tus emociones: reaccionas de forma desmedida o te desconectas por completo de ellas.
- Tienes problemas de salud en el útero, los órganos sexuales femeninos o los senos.

Tu madre marca una pauta en tu relación contigo misma, ya que ella te hace de espejo y te muestra cómo debe comportarse una mujer. De la forma en que se trataba a sí misma y te trataba a ti, modela un patrón de cómo debes ser. A nivel psíquico, en tu relación contigo misma, tu madre representa cómo te ves y cómo te sientes, además de cómo te relacionas con los demás y cómo se supone que los otros te deben tratar y valorar. Como te he comentado, tu madre es la persona más importante en tus primeros años de vida. Aunque seas adulta, sus acciones y comportamientos hacia ti te han marcado una pauta que se encuentra guardada en tu subconsciente, por lo que debes empezar a liberarte de los patrones que ya no te funcionen y establecer nuevas pautas relacionales tanto contigo misma como con tus relaciones externas.

Tu estado de salud siempre hablará de cómo te cuidas. Tu cuerpo siempre te dará señales de todas y cada una de las veces que has dejado de ser buena madre para ti, haciendo sentir a tu niña el dolor de las heridas de la infancia, porque nada duele más que ser tú misma la que reabra y perpetúe el dolor emocional con actitudes poco compasivas o amables hacia ti.

Tu cuerpo te dará pistas del dolor que se encuentra enquistado en él con síntomas físicos o emocionales. Muchas veces no solo es un dolor emocional, sino también generacional, de tu clan femenino, heredado de una mujer a otra. En familias donde ha habido casos de abusos sexuales continuos —generación tras generación— o falta de madres afectuosas y compasivas, es habitual que las mujeres muestren síntomas en las partes del cuerpo asociadas a estas heridas. Por ejemplo, si las heridas tienen una connotación sexual, les dolerán los órganos reproductivos, y si están relacionadas con la falta de afecto materno, tendrán problemas en los senos o en las glándulas mamarias, ya que representan el acto de cuidar, alimentar y nutrirse.

Tu cuerpo es el espejo que reflejará con síntomas físicos o emocionales las heridas de tu niña interior.

Tu madre no es tu amiga

Una madre que se hace amiga de su hija está distorsionando el rol de ambas en la relación. Detrás de un «Mi madre y yo somos amigas» hay una hija que ha asumido el rol de salvadora/cuidadora de su madre y que se siente responsable de hacerla feliz, aunque le cueste su propia felicidad. Los roles familiares tienen un propósito: la madre es madre y la hija es hija. En cuanto estos roles se difuminan, se instauran dinámicas codependientes y lealtades entre madre e hija que la descendiente puede proyectar en sus relaciones de pareja y amistades. Es probable que se cree una relación teñida de culpa, manipulación, dependencia, ansiedad y lealtades.

El trabajo de la madre o cuidadora es entregar, y el trabajo de la hija es recibir. Cuando se intercambian los roles, te estás responsabilizando de la estabilidad emocional de tu madre y estás tomando el rol de salvadora, otorgándole a ella el de víctima, además de anteponer sus necesidades a las tuyas. Entiendo que es doloroso e incómodo darse cuenta de esto, porque tal vez desde la infancia seas tú la que siempre la escuchaba, le daba apoyo emocional e incluso la aconsejaba, siendo tú la que necesitaba de ella ese apoyo, escucha y consejo.

Una amiga se preocupa por ti, te ayuda en lo que puede, te escucha y te apoya en la medida de sus posibilidades. Una amiga quiere verte feliz, pero sabe que es responsabilidad tuya que llegues a serlo. En una relación de dependencia es difícil ver la delgada línea que separa lo que es tu responsabilidad y lo que no. Este tipo de dinámicas están cargadas de emociones como la culpa, la vergüenza y el dolor. Es muy retador para ambas que cada una haga su vida, y en especial para la hija, ya que se siente responsable de la felicidad de su madre.

«Mamá, si tú no puedes ser feliz, ¿quién soy yo para serlo?»

Cuando has crecido con una madre que no ha sabido sanarse y que cumple con muchas de las características que he mencionado antes, es probable que hayas creado una lealtad inconsciente hacia ella. Ya sea porque sufrió mucho, porque tuviste que ser su apoyo emocional, porque su nivel de inmadurez le impedía celebrar tus logros o por otras circunstancias, la lealtad tiene como fin honrarla y que tú permanezcas en el lugar de hija, de niña pequeña, sin permitirte que te posiciones como mujer libre e independiente.

Situaciones que reflejan este tipo de lealtad

- No tienes una relación sana de pareja porque tu madre no la tuvo.
- Cumples con el mismo patrón de relaciones que han tenido tu madre y las mujeres de tu familia.
- Si tu madre perdió un hijo, tal vez no te sientas merecedora de tener los tuyos propios.
- Si tu madre no tiene pareja, tal vez no te sientas merecedora de ser feliz en una relación.
- Si tu madre no pudo alcanzar sus metas, tal vez te encuentres con obstáculos constantes para conseguir las tuyas o te sabotees de forma inconsciente para no ser mejor que ella.
- Si tu madre y tú teníais una actividad para vosotras solas, puede que no te sientas capaz de realizarla con otra persona o por tu cuenta para no ser desleal con ella.
- Si tu madre afirmaba que era tu mejor amiga, tal vez te sientas desleal y sabotees tus relaciones con otras amistades para seguir fiel a tu «mejor amiga», lo que te lleva a buscar siempre a tu madre como tu amiga.

- Si tu madre se ha comportado como tu hija y has tenido que hacerte cargo de ella a nivel físico o emocional, es probable que te cueste tener hijos, ya que esto significaría dejar de ser la madre de tu madre. Y esto podría significar ser desleal con ella.

Sé que estas situaciones son complejas. Las lealtades son únicas y se relacionan con toda la información que alberga cada clan femenino. Por eso, para identificar qué lealtad inconsciente puedes estar experimentando hoy hacia tu madre o hacia tu clan femenino, es necesario un acompañamiento individual y profundo. Así podrás tomar conciencia de lo que hoy no solo no te aporta, sino que te impide ser una mujer libre en el plano emocional.

Ni tienes que ser el soporte emocional de tu madre ni eres responsable de su felicidad.

Si estás muy ocupada haciéndote cargo de los asuntos físicos o emocionales de tu madre, quizá no tengas espacio para ocuparte de ti. En cuanto eliges entregar sus asuntos a tu progenitora, te liberas de responsabilidades que no te corresponden y dejas de verla como una niña, si es el caso, de manera que te permites empezar a hacerte cargo de ti.

Cuando les das a otros lo que no te das a ti, estás reabriendo la herida y perpetuando una dinámica de carencia y negligencia hacia ti. Cuando primero te das a ti lo que quieres dar a los demás, conectas con tu abundancia interna y con tu energía femenina.

Para el desarrollo emocional y relacional de una mujer —y para todo ser humano—, el rol de su madre es básico, ya que ella te ayuda a definir tus vínculos. Por eso los roles deben respetarse siempre. Cuando se distorsionan y tu madre es más tu amiga que tu madre o tú eres más su amiga/salvadora/cuidadora que su hija, te estás responsabilizando de su bienestar emocional y, por ende, mientras te hagas cargo de ella, no podrás honrar tu posición de hija y ocuparte de ti.

EL CASO DE SUSANA

Susana tiene más de treinta años y es médica. A nivel profesional, es una mujer de éxito, pero le cuesta reconocer sus logros, ya que suele enfocarse en las metas que todavía no ha alcanzado. Por otra parte, su relación de pareja está muy deteriorada: hace meses que no tienen intimidad sexual y Susana ha sufrido problemas de salud y desde hace un tiempo ha aumentado de peso, lo que hace que se avergüence de su cuerpo y se sienta incómoda con él.

Iniciamos el proceso de exploración indagando en su infancia para conocer en qué momento aprendió a ser exigente consigo misma. Me contó que creció con una madre muy estricta, fría y muy poco afectuosa. Sabía que la amaba, pero no sintió que recibiera el afecto y el reconocimiento que necesitaba. Esto la llevó a crecer con un ligero resentimiento hacia su madre y a esforzarse en el área académica para que se sintiera orgullosa de ella. Pero su progenitora siempre tuvo una actitud fría e incluso afirmaba: «Te lo he dado todo, así que lo menos que puedes hacer es ser buena estudiante».

Su madre ejercía un rol autoritario y se ocupaba del orden en la casa. Su padre la seguía y procuraba no llevarle la contraria; sin embargo, Susana sentía que, en su hogar, la figura de autoridad era su madre.

El no haber recibido de forma directa el reconocimiento, el afecto y los cuidados de su madre como ella necesitaba hizo que mi paciente se sintiera emocionalmente abandonada y sembró el desmerecimiento en ella.

Por medio de varias sesiones e hipnosis, Susana se percató de que mantenía un diálogo interno muy crítico y exigente consigo misma, lo cual hacía sentir aún más herida a su niña interna, y se dio cuenta de que se trataba como su madre lo hacía en la infancia, y que eso perpetuaba su herida de abandono y su desmerecimiento.

Por extraño que parezca, la pareja de Susana la veía de una forma completamente diferente. Ella era su apoyo emocional, la que lo motivaba y le reconocía cada pequeño logro; era compasiva y amable, y en la actualidad también lo apoyaba a nivel económico para que pudiera alcanzar sus metas. Además, lo ayudaba a cuidar de su alimentación. Cuando le pregunté a Susana qué tipo de madre le hubiera gustado tener en la infancia, las cualidades que mencionó fueron las mismas que ella mostraba con su pareja. Eso hizo que se diera cuenta de que estaba proyectando en otros la madre que necesitaba ser para sí misma, como le sucedía con su pareja, sus pacientes e incluso sus padres.

Por supuesto, el cambio no se produjo de la noche a la mañana; sin embargo, al percatarse de que estaba dando mucho a los demás pero se estaba abandonando a sí misma, abrió los ojos y comprendió que el problema no era que ella no fuera suficiente, sino que no estaba siendo suficiente para sí misma, ya que estaba centrada en los demás.

Tras varias sesiones y superar resistencias internas, Susana pudo integrar en pequeñas acciones cómo era para ella una madre consciente y amorosa, la que necesitaba su niña interior. Esto le permitió sentirse más segura en el área profesional, lo cual le abrió puertas para alcanzar nuevas metas y ver que lo único que necesitaba era tomárselo con calma. También empezó a establecer límites en su relación. En cuanto eligió ser primero una madre para ella en vez de para los demás, incluyendo a su pareja, se produjeron muchos cambios en su relación, y logró alinearse con la mujer consciente que vivía en su interior.

Repite conmigo: «Si ella sanó, yo también puedo sanar».

La herida de madre se muestra en la incapacidad de ser para ti la madre que necesitas, y suele relacionarse con problemas de nutrición y desconexión del placer sexual. Todo esto también estaba presente en la vida de Susana. Compensó sus carencias maternales siendo para otros la madre que necesitaba para sí misma. Cuando aparece la herida de madre, no es que la persona no sepa cuidar de sí misma, sino que no se siente merecedora de recibir este cuidado, atención y compasión. Por mucho que lo reciba de otros, nunca será suficiente, porque la sanación es el acto de integrar en ti esas cualidades y serlas para tu propia niña interna.

El impacto del trato verbal de tu madre en tu diálogo interno

La voz de tu madre es la primera que escuchaste. Antes de llegar a este mundo, a los seis o siete meses de gestación, ya eras capaz de reconocer su voz e incluso su tono, que informaba de su estado emocional. Al nacer, la voz de la madre guía al infante para que se sienta seguro y le recuerda que su cuidadora principal lo protege y atiende.

Para un recién nacido, la voz de su madre tiene la capacidad de calmarlo; y al contrario, si no está en contacto con esa voz, puede alterarse y creer que está en peligro. A medida que crecemos, la voz de nuestra madre nos resulta tan familiar que somos capaces de reconocerla a grandes distancias, como cuando nos perdemos en el súper o en un parque de atracciones. El cerebro es capaz de reconocer su tonalidad incluso entre multitudes de voces. Y a la madre le ocurre lo mismo con sus hijos.

El único fin de todo esto es sobrevivir los primeros años de vida, justo cuando eres más vulnerable. Por otra parte, te ofrece la información necesaria para tu supervivencia cuando creces y debes enfrentarte al mundo. Tu cerebro está muy atento a cada uno de los mensajes que te da tu madre, ya que son los que empiezan a moldear tu interpretación del mundo. He aquí la importancia de poder hacer breves viajes al pasado para identificar las frases que tu madre decía como si fueran ley, cómo hablaba contigo o de ti y cuál era el contenido de sus comentarios, cómo hablaba de ella o de tu padre, y qué opiniones o juicios tenía sobre la vida, las relaciones y el mundo en general.

Como cada uno de sus mensajes, frases o interpretaciones se quedaron grabados en tu subconsciente para tu futura supervivencia, algunos investigadores afirman que, a nivel neurológico, la voz de tu madre puede llegar a hipnotizarte durante tus primeros años de vida porque dependes de ese vínculo para sobrevivir. Se estima que, a partir de los doce años —cuando empiezas a entrar en la adolescencia—, se reduce la respuesta cerebral ante la voz de la madre.

El impacto de la voz de tu madre y la forma en la que ella se comunicaba contigo y con el entorno marca una pauta en la voz que has integrado dentro de ti, como en tu diálogo interno y tu crítica interna. A lo largo de mis años de trabajo terapéutico con cientos de mujeres de todo el mundo, he detectado una similitud en el contenido y el tono de las críticas que se hacen a sí mismas y en los juicios o críticas que recibieron de su madre, lo que significa que la manera en que ella les hablaba o se hablaba a sí misma es la forma que internalizaron para dirigirse a sí mismas en su diálogo interno. De forma maravillosa, nuestro cerebro tiende a potenciar lo externo, igual que con nuestros miedos o fobias, y también puede llegar a hacerlo con los diálogos que interiorizamos. Por ese motivo, si tuviste una madre un poco crítica, es probable que tu cerebro, a modo de protección, lo haya potenciado, considerando que criticarte es fundamental para tu supervivencia en el mundo.

He aquí la importancia de que comiences a ser curiosa y reflexiva con tu diálogo interno, de que observes qué partes de ti suelen juzgarte o criticarte, y de que te fijes en el contenido de esas críticas para empezar a compararlas, desde la consciencia, con los mensajes que recibiste en la infancia, tanto de tu madre como de las personas implicadas en tu crianza.

Esto te ayudará a reconocer que tal vez mantienes un diálogo carente de compasión y amabilidad hacia ti, y te permitirá iniciar el proceso de actualización de esas interpretaciones que llevas arrastrando sobre ti, tu cuerpo, la vida, las relaciones e incluso los hombres, e incluir unas más amplias o incluso contrarias. Necesitarás paciencia, ya que muchas veces nuestro cerebro se aferra a lo conocido porque piensa que es lo justo y necesario para sobrevivir, pero el trabajo que estamos haciendo aquí va más allá de la supervivencia. Te invito a empezar a vivir una vida que no se base en el miedo, sino que incluya la libertad de abrazarla desde el amor y la consciencia.

La herida de madre y su conexión con la vergüenza sexual

La herida de madre está relacionada con el arquetipo femenino y a su vez representa la famosa energía femenina o sexual. A nivel epigenético, la información y las experiencias que han vivido las mujeres en tu clan femenino pasarán de madres a hijas con el único objetivo de guiarte hacia la supervivencia. A lo largo de los siglos, las mujeres hemos sufrido abusos; se nos ha avergonzado, señalado y juzgado por nuestra conexión con lo sexual y lo femenino. Por eso este dolor viaja en nuestros genes y en nuestra psique de generación en generación hasta llegar a esa mujer que es capaz de tener un encuentro sagrado con la sexualidad y que al fin se libera de la vergüenza y la culpa que han sido impuestas por una cultura machista y patriarcal.

Si creciste con una madre que fue avergonzada o de la que abusaron sexualmente, te transmitirá ese dolor en su forma de relacionarse con su cuerpo y en cómo hablaba del sexo o de lo sexual, y esa pauta condicionará tu relación con este ámbito.

Uno de los mecanismos de supervivencia del cuerpo para protegernos ante el dolor almacenado en el sistema nervioso es la disociación. Por eso existen cientos de hombres y mujeres desconectados de su cuerpo y de su sentir sexual, ya que nadie quiere estar en un lugar doloroso o en el que se sienta incómodo. La vergüenza tiende a almacenarse en el sistema nervioso y provoca rigidez e incomodidad. Cuando llevas mucho tiempo almacenándola, hay en tus células cientos de años de juicios y vergüenza. Por eso es retador bajar hasta allí y encarnar la feminidad desde un lugar consciente.

Tal vez hoy te des cuenta de que, a lo largo de tu vida, has utilizado el sexo para desahogarte, ya que en él puedes controlar o dejarte ir; has sentido vergüenza de tu cuerpo y te cuesta conectar con el placer cuando estás en pleno acto sexual; has crecido rodeada de juicios; o, por desgracia, has tenido experiencias dolorosas que te hacen rechazar todo lo sexual, incluido tu cuerpo.

Para sanar el dolor almacenado en tu cuerpo y en tu espíritu que te impide conectar desde el amor y la presencia con tu sexualidad, es necesario que te permitas reconocer las historias que están presentes en tu familia en relación con lo sexual, cómo las mujeres de tu clan han vivido estas experiencias y cuáles son las interpretaciones que recibiste en tus primeros años de vida con respecto al sexo, tu cuerpo y la energía sexual. Así podrás empezar a actualizar esas interpretaciones dándoles un nuevo significado, desde una presencia plena y una observación consciente, y conectar tus necesidades con una profunda escucha activa para crear una nueva ruta hacia el placer.

Regena Thomashauer, escritora y formadora de mujeres conscientes para encarnar y sanar su energía su femenina, explica en su libro *Pussy: A Reclamation*: «A muchas de nosotras nos enseñaron a mantener a raya todo lo escandaloso. A apagarlo. Apagamos nuestra fuerza vital, apagamos nuestros sentimientos, apagamos nuestra sensualidad y, como consecuencia, apagamos nuestro poder».

Cuando ella alude a lo escandaloso, a la fuerza vital y a nuestro poder, está hablando de la conexión con la parte femenina y con la sexualidad sagrada, esa que propicia que nos reencontremos con el cuerpo sin juicio ni vergüenza, y permite que nos recibamos y que recibamos a nuestras parejas desde el amor y la apertura. Se refiere, así, a que, cuando una mujer por fin encarna su feminidad, no solo rompe las cadenas que la ataban a sí misma, sino también las que atan a todas las mujeres de su clan y del mundo.

Cuando una mujer decide sanar su energía sexual, está dando permiso para sanar el dolor y la vergüenza almacenados en su cuerpo a todas y cada una de las mujeres de su clan.

Cuando haces ese trabajo, permites que las mujeres de tu clan vivan a través de ti una sexualidad consciente y respetuosa para recibir a su pareja desde el amor y no desde el rechazo, lo que abre un nuevo camino hacia la vida y la presencia. Porque cuando una mujer se sana a sí misma, sana a todas las mujeres alrededor del mundo.

La herida de madre y su impacto en tus relaciones de pareja

La primera persona con la que estableciste un vínculo antes de llegar al mundo fue tu madre. La forma en que se desarrolló esta conexión marcó cómo te relacionarías en el futuro con otras personas. Al mismo tiempo, la manera en que tu madre trataba a tu padre/su pareja también condicionó tu interpretación de las relaciones. Por eso es fundamental que reconozcas las dinámicas que envuelven la relación que mantuviste y mantienes con tu madre y, a su vez, cuáles fueron las dinámicas que mantenía ella en sus relaciones.

Si dependía emocionalmente de tu padre/su pareja, si era fría y poco afectuosa con él, es probable que esto impactase en la forma en que te relacionas con tu pareja.

Para tener un mapa más amplio de tu mundo relacional y de tus patrones en pareja, observa cómo es la relación de tu madre con tu padre/su pareja, y cómo suele tratarla él. Luego fíjate en cómo te relacionas con tu madre y cómo suele hacerte sentir ella en vuestra relación. Es probable que repliques esa información o que hagas todo lo contrario.

EJERCICIO
Escritura sanadora

Te invito a usar el poder de la escritura sanadora para que comiences a descubrir cuáles son esas interpretaciones internas y esos patrones que aprendiste de tu madre en la infancia y al mismo tiempo ver cómo puedes empezar a cultivar una madre interna consciente para tu niña interior.

- ¿Qué te hubiera gustado recibir más de tu madre?
- ¿Cómo se comportaba ante los conflictos en casa o con tu padre?

- En tu familia, ¿cómo debían ser las mujeres?
- ¿Cómo trataba tu madre a tu padre durante tu infancia?
- ¿Cómo hablaba de su cuerpo o del de otras mujeres?
- ¿Qué juicios tenía hacia otras mujeres?
- ¿Cómo se cuidaba a sí misma?
- ¿Cómo se descuidaba a sí misma?
- ¿Qué esperaba de ti?
- ¿Cuándo te sentiste más amada por tu madre?
- ¿Cuándo te sentiste abandonada/rechazada/traicionada por ella?
- ¿Qué te gustaría decirle hoy?
- ¿Qué te hubiera gustado escuchar de tu madre hacia ti?
- ¿Qué es lo que más te molesta o rechazas de ella? ¿Cómo ves esas cualidades en ti misma, en tus parejas o en tus amistades?
- ¿Cómo puedes empezar a cuidar de ti incluso más allá de lo que aprendiste de tu madre?
- ¿Quién eres cuando ya no eres la «hija buena de mamá»?
- ¿Cómo puedes empezar a darte eso que no recibiste de tu madre?

Te recuerdo que estas preguntas tocan fibras muy sensibles, así que es válido que no tengas todas las respuestas aquí y ahora. Tómate tu tiempo para reflexionar. No hay respuestas perfectas; solo pretendo que empieces a descubrir tu mundo interior. Espero que mis palabras sean un bálsamo para tus heridas y te acompañen en este camino de sanación.

Sana el vínculo con tu madre

En el libro *Cosas que nunca hablé con mi madre*, la escritora Michele Filgate afirma: «Nuestras madres son nuestros primeros hogares y esa es la razón por la que siempre intentamos regresar a ellas; saber cómo era tener un lugar al que pertenecíamos, donde encajábamos».

Sanar la herida de madre representa la sanación y la resignificación del vínculo con tu madre interna. Tiene más que ver contigo que con tu madre; es reconocer que la madre que necesitas hoy como mujer es la que puedes llegar a ser para ti misma, y esto requiere liberar a la madre que tuviste o que tienes de las responsabilidades maternales que ya no le corresponden y de las expectativas heridas de tu niña interna.

Ese será el puente en el que te encuentres con quién eres hoy y la mujer que quieres llegar a ser para ti misma.

Es válido que, incluso en tu vida adulta, sigas esperando de tu madre —o de las personas con las que mantienes un vínculo íntimo, como parejas o amistades— aquello que no recibiste en la infancia. Es lo que llamamos una «fantasía infantil»; es tu niña herida proyectando esas necesidades que no llegaron a ser cubiertas. Por eso hoy sigues esperando de ella esas disculpas, esas palabras de afecto, ese abrazo, ese gesto de amor o esa presencia o madurez que no recibiste por su parte. Parafraseando al psicólogo Enric Corbera, «es pasar de los derechos a los deberes». Sí, claro que era tu derecho recibir ese amor, ese cuidado responsable y ese reconocimiento de tu madre, pero a estas alturas ya no puedes seguir colocando el deber sobre sus hombros ni sobre los de otras personas de tu entorno. Te toca hacerte cargo de todas las deudas emocionales acumuladas en la cuenta de tu niña interior y empezar a saldarlas una a una, porque no es tu madre la que te debe hoy, sino que tú te debes a ti misma todo lo que tu madre no te pudo dar. Ten en cuenta que ella es también tu conexión con la nutrición; fue la primera persona que te alimentó, marcó una pauta en cómo hoy nutres tu cuerpo, tu mente, tu espíritu y tus relaciones. Por eso es tan importante que tengas en ti una madre interna capaz de proveerte de los recursos justos y necesarios para que en tu nutrición prime la calidad, no la cantidad; para que conectes con la intuición y sepas qué responde a los deseos de tu alma y qué, al contrario, trae conmoción y deterioro a tu bienestar integral.

Porque ya nadie tiene que venir a rescatarte. La heroína duerme dentro de ti, esperando el momento en que seas capaz de recibir tu poder interno y reclamar tu propia liberación emocional, ya no poniéndola en manos de los demás, sino tomando tu sanación en tus manos, porque nadie tiene el poder de sanarte: solo tú eres capaz de hacerlo.

Para sanar la herida de madre es necesario que te permitas llorar y pasar el duelo por la madre que no tuviste, por la que necesitaste y no estuvo disponible para ti por el motivo que fuese. Porque cuando empiezas a liberarla de ese espacio, cuando la bajas de ese pedestal, puedes subir tú y empezar a nutrir a tu madre interna.

Pregúntate:

- ¿Estoy dispuesta a retar las órdenes, las reglas y los valores que me impuso mi madre para empezar a darme la libertad de descubrir quién soy como adulta, más allá de la mujer que me dijeron que tenía que ser?
- ¿Estoy dispuesta a adentrarme en lo más profundo de mi ser por medio del autocuestionamiento y la autoconsciencia para deshacer todos los programas que se instalaron en mi infancia y actualizarlos a la versión adulta y auténtica que quiero vivir como mujer hoy?
- ¿Quiero crear una vida que me honre y me haga sentir orgullosa de quien soy hoy?

Recuerda que llegará el día en que el reconocimiento de tu madre ya no será suficiente para ti. En ese momento, si has construido una vida para agradarle, te sentirás vacía. Construye una vida para agradarte a ti, en la que tu niña interna se sienta amada y nutrida por la madre que puedes ser para ella.

EJERCICIO
Visualiza la sanación del vínculo materno

Nuestra mente no distingue entre la imaginación y la realidad. Por eso las visualizaciones tienen un poder sanador, ya que liberan emociones enquistadas e interpretaciones desde lo más profundo del subconsciente. Trae a tu mente una imagen de tu madre, disponte a conectar con ella y, cuando la tengas clara, realiza el siguiente ejercicio:

- Siéntate con la columna recta y echa los hombros hacia atrás para recordarle a tu cuerpo que estos minutos son para ti.
- Coloca la mano derecha en el corazón y la izquierda en el abdomen.
- Céntrate en la respiración; será tu ancla en este breve viaje.
- Inhala y exhala. El aire entra y sale.
- Permítete evocar esa fotografía de tu madre hasta tenerla justo delante de ti, como si fuese de carne y hueso.
- Observa su mirada, la comisura de sus labios, su peinado, sus arrugas; incluso recuerda su aroma.
- Permítete verla más allá de lo que siempre has visto e identifica qué te transmite su mirada, qué emoción hay allí.
- Observa su postura, incluso su energía. Empieza a recibir información que no habías visto en ella, como sus duelos y dolores, más allá de la madre que tuviste.
- Mientras la ves delante de ti, trae a tu mente la imagen de ella de cuando era una niña inocente, incluso de cuando era un bebé. Recuerda o reconoce el dolor y las heridas que guarda en su interior.
- Observa qué sientes en el cuerpo y qué empieza a cambiar cuando la ves desde un lugar compasivo y humano.
- Trata de imaginar cómo sería ser ella y vivir lo que vivió.
- Siente que una profunda compasión amorosa empieza a expandirse entre tú y ella, que la energía empieza a cambiar y que algo se suaviza en tu pecho.

- Allí, enfrente de ella, dile en voz alta: «Mamá, hoy veo tu dolor, hoy lo entiendo», «Mamá, hoy recibo el amor que puedes darme sin juzgarlo, hoy lo recibo y lo acepto».
- Inhala y exhala. Siente la transformación y la liberación de estas palabras.
- De nuevo en voz alta, dile: «Oye, mamá, elijo ocuparme de mis asuntos y hacerme responsable de mí misma. Te entrego tus asuntos para que te hagas cargo de ti. Hoy te libero; ya estoy lista para ocuparme de mí. Elijo hacer mi vida de la forma que yo considere aunque tú no estés de acuerdo».
- Visualiza que os envuelve una burbuja de amor de color fucsia. Siente que algo empieza a inundar todas las células de tu ser y a liberarte de las cargas que no te corresponden.
- Deja ir la imagen de tu madre, inhala y exhala.
- Guarda esta experiencia transformadora en el corazón.
- Inhala, exhala y regresa al aquí y ahora.

Una invitación para ti

La escritura tiene un fuerte poder terapéutico y sanador porque, cuando ponemos sobre papel lo que hemos guardado en nuestro interior, lo sacamos de la mochila emocional, nos liberamos de ese dolor y damos un lugar a esas emociones para que sean validadas, escuchadas y vistas.

Para cerrar este capítulo, quiero invitarte a escribir una carta a tu madre —solo si te nace del corazón— desde la niña que alguna vez fuiste, pero no con la intención de reprochar o culpar, sino de comunicar las necesidades que no fueron satisfechas y, al mismo tiempo, de reconocer los momentos agradables en los que te sentiste vista y reconocida por ella.

- Esta carta es para ti, así que escríbela como quieras.
- No tienes que entregársela ni leérsela a nadie.

- Cuando la escribas y te sientas satisfecha con el resultado, te invito a quemarla. Para nuestro inconsciente, el fuego representa el cierre y el inicio de nuevas etapas, por eso solemos soplar una vela en los cumpleaños y en otras culturas las usan para cerrar momentos dolorosos de la vida.
- Hazlo con precaución y amabilidad. Sobre todo, recuerda que no estás sola en este camino de sanación. Espero que mis palabras te acompañen, al igual que las almas de todas las mujeres que están sanando.

APRENDIZAJES DE ESTE CAPÍTULO

✓ La herida de madre está representada por el arquetipo femenino, también llamado por Jung «*anima*», que simboliza la intuición, el autocuidado, lo emocional, el recibir amor, el cuidado de otros, la bondad, la entrega, la comunicación, la flexibilidad y la paciencia.

✓ La relación con la madre es el vínculo más importante que tenemos en la infancia y está muy conectada con la empatía, la compasión, la validación, la seguridad y la gestión emocional que puedas tener hoy como adulta, lo que impacta en tus relaciones interpersonales y, sobre todo, en la relación que mantienes contigo misma.

✓ En psicoterapia denominamos «herida de madre» al vínculo roto (herida/trauma) entre el infante y su progenitora en los primeros años de vida. También representa el dolor heredado de forma inconsciente por parte de la mujer debido a los abusos tanto sociales como familiares que ha vivido a lo largo de la historia. Esta herida se transmite de madres a hijas como una herencia emocional. Existe un ciclo de mujeres heridas sin fin hasta que en el clan nace una persona como tú, con el profundo anhelo en el alma por sanar y trascender ese dolor emocional. Cuando una mujer elige sanarse, está sanando a su madre, a su abuela, a su hija y a todas las mujeres de su clan.

✓ La forma de tratarte de tu madre representa cómo vas a integrar tu arquetipo femenino, es decir, todo lo que se centra en el autocuidado, el autoconcepto, la autoestima, el autorrespeto y la autoconfianza.

✓ Como mujer, tu madre marca una pauta en tu relación contigo misma, ya que ella te hace de espejo y te muestra cómo debe comportarse una mujer. De la forma en que se trataba a sí misma y te trataba a ti, modela un patrón de cómo debes ser. A nivel psíquico, en tu relación contigo misma, tu madre representa cómo te ves y cómo te sientes.

✓ Tu cuerpo es el espejo que reflejará con síntomas físicos o emocionales las heridas de tu niña interior.

✓ El trabajo de la madre o cuidadora es entregar, y el trabajo de la hija es recibir. Cuando estas dinámicas se distorsionan o se intercambian los roles, te estás responsabilizando de la estabilidad emocional de tu madre y estás tomando el rol de salvadora, otorgándole a ella el de víctima.

✓ Si estás muy ocupada haciéndote cargo de los asuntos físicos o emocionales de tu madre, quizá no tengas espacio para ocuparte de ti.

✓ Si creciste con una madre que fue avergonzada o de la que abusaron sexualmente, te transmitirá ese dolor en su forma de relacionarse con su cuerpo y en cómo hablaba del sexo o de lo sexual, y esa pauta condicionará tu relación con este ámbito.

✓ Cuando una mujer decide sanar su energía sexual, está dando permiso para sanar el dolor y la vergüenza almacenados en su cuerpo a todas y cada una de las mujeres de su clan, permitiéndoles vivir una sexualidad consciente a través de ella.

✓ Para sanar la herida de madre es necesario que te permitas llorar y pasar el duelo por la madre que no tuviste.

- ✓ Llegará el día en que el reconocimiento de tu madre ya no será suficiente para ti. En ese momento, si has construido una vida para agradarle, te sentirás vacía. Construye una vida para agradarte a ti, en la que tu niña interna se sienta amada y nutrida por la madre que puedes ser para ella.
- ✓ La heroína duerme dentro de ti, esperando el momento en que seas capaz de recibir tu poder interno y reclamar tu propia liberación emocional, ya no poniéndola en manos de los demás, sino tomando la sanación en tus manos, porque nadie tiene el poder de sanarte: solo tú eres capaz de hacerlo.

Espero que cada una de estas palabras te haga dar el paso para conectar con tu madre interna y te invite a avanzar hacia tu sanación personal. Recuerda que tu guía interior está despierta y atenta, cada vez más consciente de lo que ya no le funciona, ampliando tu mapa interior para descubrir lo que realmente necesitas para sentirte plena.

En el próximo capítulo te hablaré de la herida de padre y te guiaré para que identifiques el impacto que tiene en la relación con tu pareja, y así, desde el amor, empieces a tener un rol más activo en tu vida y seas capaz de brindarte la seguridad que tanto anhela tu niña interior.

8

Herida de padre

> La paradoja de una herida es que tiene tanto el poder de destruir como el de transformar y resucitar.
>
> PETER LEVINE

La herida de padre está representada por el arquetipo masculino, también llamado por Jung *animus*, que simboliza la razón, la lógica, la acción, la asertividad, el soltar, el proteger y proveer, la firmeza, el crecimiento y la comunicación.

En la astrología está representada por el sol, y hace referencia al mundo externo. Cuando aparece el astro rey, nos apetece salir a explorar, pasear, veranear…; en cambio, de noche, cuando sale la luna, preferimos recogernos, cuidarnos, alimentarnos y descansar.

El sol simboliza el movimiento, la luz, la claridad mental, lo cálido, lo consciente, la mente racional o lógica, el trabajo, el brillo, el merecimiento, la vida y el deseo. En el taoísmo, este arquetipo está representado por el yang, el lado claro o blanco, la carga positiva de esta energía masculina, la luz, lo diurno, el calor, el fuego, el sol, el verano o la primavera, el florecer, el recoger la cosecha, lo firme, lo externo, los logros materiales y el desarrollo social y relacional del individuo.

Si tu madre es la primera persona con la que creas un vínculo que representa la relación contigo misma, tu padre es la conexión con lo externo, con los demás. En los primeros años de vida de un infante, el bebé suele estar tan apegado a la madre que, a nivel psíquico, cree que ambos son uno. El padre representa todo lo que el niño o la niña no es, lo diferente a sí mismo; por eso marcará la pauta en las relaciones sociales, ya que es una invitación hacia la mirada externa y cómo ese bebé se relacionará con lo que sea opuesto a él, que además suele ser lo que más le atrae.

Creo que es importante dejar claro que, cuando hablo de la herida de padre, arquetipo masculino o energía masculina, no solo me refiero al sexo masculino o a la figura del padre como progenitor, sino también a esa persona que ha encarnado las cualidades de la energía masculina y que ha sido una figura paternal para ti. Puede ser tu progenitor, tu padrastro, tu abuelo, tu tío o tu hermano mayor, o también esa abuela o tía que tuvo una energía masculina muy integrada. Así pues, cuando hablo de la herida de padre, me refiero a la carencia de una figura que te proveyera de esas cualidades, encarnadas de forma sana y coherente para tu desarrollo físico, emocional y social.

En psicoterapia, la herida de padre hace referencia al vínculo roto (herida/trauma) entre el infante y el padre, que se representa en la ausencia física o emocional del padre como progenitor y del padre como cuidador. Para un niño, el rol del padre es igual de valioso que el de la madre para su sano desarrollo físico, emocional y espiritual como individuo. La figura del padre representa la protección, la seguridad, la estructura, la disciplina y el apoyo que necesita recibir un niño.

En el caso de una mujer, el rol de la figura paternal tiene un papel muy importante en su desarrollo psíquico y emocional, ya que el padre es el primer hombre con el que la niña se relaciona, lo que marca una pauta a partir de la cual se relacionará con los demás hombres de su vida. La niña se identifica con su madre al verla como mujer, sabe que algún día crecerá y será como ella; sin embargo, el padre representa el objeto de deseo, lo opuesto, lo diferente.

Muchos psicoanalistas han estudiado la importancia de que la figura del padre esté disponible y accesible para las hijas, ya que representa la puerta de acceso al sexo opuesto, a ese marco interior en el que la niña empezará a construir la idea de cómo debe relacionarse con el otro sexo. Cuando hay un padre ausente o inaccesible de forma física o emocional, existen partes de la psique de la mujer que no llegan a desarrollarse. Como consecuencia, queda un vacío y una sensación de duelo profundo en esa niña por lo que se refiere al desarrollo de su identidad y de lo que, como mujer, será capaz de alcanzar.

A nivel sistémico, el padre representa la fuerza y la apertura a la vida; es el que la motiva a alcanzar metas, el que la impulsa a salir de la zona de confort y, sobre todo, la invita a desarrollarse y crecer. Para acceder a nuestro padre y recibirlo, tenemos que dejar a un lado el apego a la madre. Por eso es tan importante que se cree un vínculo sano con él en los primeros años de vida, ya que no solo aportará seguridad emocional al infante, sino que también le brindará una sensación de seguridad física y de protección, lo que ayudará al sano desarrollo de su sistema nervioso. Algunos autores comentan que los niños que tienen un gran apego por la madre y a los que no se permite crear un vínculo con el padre pueden ser más enfermizos que aquellos que, desde temprana edad, desarrollan un vínculo seguro con su padre.

En este capítulo vamos a hablar de la acción de ser un padre para ti misma, o «paternarte», responsabilizándote de ti, motivándote a alcanzar metas, a terminar lo que empiezas, a cultivar la disciplina, a respetarte a ti misma, también en tus relaciones, y, sobre todo, a proveerte de recursos para hacer sentir segura a tu niña interior. En definitiva, ser para ti el padre que tal vez no tuviste o el que hoy necesitas. A partir de ahora, cada vez que leas el término «paternarte», me referiré a esto. Te invito a reflexionar sobre cómo ejerces hoy este rol para ti.

¿Eres buen padre para ti misma?

La herida de padre es un dolor inconsciente que se transmite de generación en generación. Durante siglos, los hombres han sido avergonzados y obligados a reprimir sus emociones, lo que los ha desconectado de su vulnerabilidad y los ha avergonzado si no eran capaces de ofrecer protección y recursos a sus familias.

Este dolor se guarda en el inconsciente de todos los hombres y se transmite a nivel generacional, de manera que influye en cómo se relacionan con sus hijos. Si tienes un padre que fue inaccesible emocionalmente es probable que, a su vez, él creciera con uno que fuera más distante aún. Esto no quiere decir que tu duelo no sea válido, sino que es necesario extender una visión amable y compasiva hacia el dolor de ese padre.

Date incluso el permiso de entender esa privación de sentir que se ha impuesto a los hombres durante siglos y que a su vez ha impactado en la relación que los padres han tenido con sus hijas e hijos.

Situaciones o actitudes que provocan la herida de padre

- Era un hombre emocionalmente no disponible para ti: distante, frío, ocupado o no interesado en ti.

- Fue muy exigente o crítico contigo.
- Te transmitió que eras «demasiado» (emocional, delicada, necesitada, etc.).
- Para recibir su amor, atención, reconocimiento o afecto tenías que cambiar aspectos de tu personalidad o negar partes de ti: modificar tu aspecto físico, ser más sumisa, ser una «niña buena» o convertirte en lo que él quería.
- Te transmitió que no eras suficiente: te criticaba, te exigía o te comparaba con tus hermanos o con alguien mayor que tú. Te hacía sentir inferior por no hacer algo que hacía otra persona, aunque no te correspondiera por edad. Por ejemplo, tenías siete años y tu padre te comparaba con tu hermana de quince, que ya era independiente, y te decía que eras muy necesitada, apegada, pequeña, inmadura o niña.
- No era una figura segura para ti.
- Fue física o emocionalmente abusivo contigo o no te protegió del abuso de otros.
- No conociste a tu padre porque falleció, no te reconoció o nunca supo que existías.
- No formó parte de tu crianza porque tus padres ya no estaban juntos, porque trabajaba fuera o porque no quería implicarse y delegaba en tu madre.
- Sufría una enfermedad física o mental que no le permitía relacionarse contigo o estar presente cuando lo necesitaste.
- Era emocionalmente inmaduro.
- Tus padres se separaron antes de que cumplieras los dieciocho años.
- Tuviste que ocuparte de él por alguna situación.
- Sufría de adicciones a sustancias.
- Te rechazó.
- Era una persona violenta a nivel físico, verbal o emocional: siempre gritaba, reaccionaba agrediendo o golpeando cosas e invalidaba tus respuestas a estas actitudes.

- Fue un hombre machista para el cual las mujeres estaban por debajo.
- Era muy mayor cuando naciste y no pudo ejercer el rol de padre contigo.
- Te desplazó por el nacimiento de otro hijo o por una pareja.
- Te trataba como al hijo que no tuvo.
- Tenía expectativas poco realistas sobre ti.
- Te exigía ser siempre la mejor en todo.
- Era controlador, te apartaba de otros hombres y no te permitía ser tú misma.
- Compartía contigo información personal sobre la relación con tu madre o te pedía que mediaras en su relación. Por ejemplo: «Habla con tu madre, que deje de pelearse conmigo».
- Era un hombre frío que evadía el contacto íntimo, tanto físico (nunca te abrazó) como emocional (era invulnerable o no decía lo que sentía) o mental (se guardaba sus opiniones y era muy callado).
- Cuando se molestaba, era imprevisible y resentido. Te castigaba dejándote sin comer, restringiéndote el acceso a recursos o retirándote la palabra durante mucho tiempo.
- Tuviste un padre niño: tu madre se hacía cargo de él o le exigía que se comportase de una forma determinada, pero por sí mismo no asumía ninguna responsabilidad.

Si has crecido con un padre que mostraba alguna de las actitudes mencionadas u otros comportamientos que te dolieran, puede que te haya causado una desconexión de ti misma y una falta de desarrollo en ciertos aspectos emocionales porque no tuviste a alguien que te acompañara y te reconociera, que te hiciese sentir segura y que te impulsara a ser tú misma. El padre, como ya he comentado, juega un papel fundamental en el desarrollo de la personalidad, ya que te ayuda a integrar sus cualidades, como la organización, la responsabilidad, el respeto, la disciplina, la identidad, el propósito y la seguridad en ti misma. Sin embargo, los análisis demuestran que, cuando un infante crece con un padre ausente por algún motivo, le afecta a la hora de integrarse de forma sana en la sociedad. Distintos estudios realizados en Estados Unidos concluyeron que, en 2021, uno de cada tres hogares tendría un padre ausente, lo que haría que aumentasen las probabilidades de suicidio, de cometer crímenes y terminar en la cárcel, de abandonar los estudios o de terminar en la calle sin techo.

Consecuencias en la vida adulta de tener una herida de padre

- Te sientes perdida y crees que no tienes un propósito en la vida.
- Sueles ser muy exigente y perfeccionista contigo misma.
- Sueles tomar el rol de padre o de protectora con otras personas, como tus parejas, amistades o familiares.
- Tienes o has tenido dificultades con el consumo de sustancias.
- Te cuesta comunicar tus necesidades y marcar límites, en concreto en situaciones de abuso emocional.
- No te sientes digna o merecedora de recibir amor, atención y reconocimiento por parte de tus parejas.
- De forma inconsciente, tus decisiones intentan obtener la aprobación y el amor de tu padre.
- Tiendes a centrarte en alcanzar metas que te permitan conseguir reconocimiento externo, ya sea en el área laboral o social, y dejas a un lado tus emociones y tu reconocimiento interno.
- Desconectas de tu mundo emocional y sueles invalidar tus experiencias.

- Tienes la necesidad de demostrar que eres una mujer fuerte e independiente, y no te sientes cómoda mostrándote vulnerable, pidiendo ayuda o compartiendo tus problemas personales.
- Sueles tener una actitud complaciente en tus relaciones para obtener la aprobación, el afecto y la atención de las personas que aprecias.
- Eres muy crítica contigo misma y sueles compararte con otras personas.
- Consciente o inconscientemente, buscas la aprobación de los hombres de tu entorno, incluida tu figura paterna.
- Tus relaciones de pareja suelen tener un patrón de dependencia emocional o atraes a parejas caóticas que necesitan que las rescates.
- Sientes una profunda desconfianza hacia los hombres y temes que te abandonen o te traicionen.
- Sueles mantener relaciones de pareja cuyas dinámicas pretenden satisfacer las necesidades emocionales que no cubrió tu padre. Eso te lleva a exigírselo a tu pareja y a pedirle de forma inconsciente que te dé aquello que él no te dio.
- Te sientes incómoda o insegura cuando se trata de confiar en un hombre o cultivar la relación con él en el ámbito laboral o social. Desconfías del sexo masculino y dudas de su capacidad para representar su rol en la relación, ya sea como amigo, jefe, colaborador o socio.
- Sueles ejercer un rol autoritario, controlador o exigente en tus relaciones laborales y de pareja.
- Sientes que, por muchas metas o logros materiales que alcances, ninguno es capaz de llenar el vacío emocional de tu interior.
- Te cuesta relacionarte con la ira y la rabia: las suprimes hasta somatizarlas a nivel físico o las expresas de forma agresiva o violenta, hiriendo física o verbalmente a los demás.

- Eres incapaz de soltar situaciones, dinámicas o relaciones insanas para ti. Por ejemplo, tardas años en dejar un trabajo que sabes que te está costando la salud física o en dejar una relación que sabes que te está costando la salud emocional.
- Te cuesta confiar en la vida, conectar con la espiritualidad y creer en el mundo invisible del alma o el espíritu que yace más allá de lo material y tangible.
- No te es fácil mostrarte de forma auténtica por miedo al rechazo de tu entorno, lo cual proviene de un miedo profundo al rechazo de tu figura paterna.

Es posible que al leer esta lista de consecuencias de la herida de padre surjan en ti diferentes emociones, como la tristeza, la rabia e incluso la frustración. Valida la experiencia emocional que estás viviendo aquí y ahora, y reconoce que la figura de tu padre marcó una pauta en quién eres hoy como mujer. Recuerda, sin embargo, que tienes la oportunidad de liberar a tu padre de ese rol que alguna vez tuvo y empezar a encarnar un rol paternal hacia ti, para que así la aprobación y el reconocimiento dejen de estar en manos externas y puedas integrar esa figura paterna que tanto anhelabas de niña.

Hoy puedes ser tu mejor sanadora si eliges ser para ti el padre que no tuviste. Pero para ello deberás bajarlo del pedestal, independientemente de si lo pusiste allí desde el resentimiento o desde el orgullo porque fue muy buen padre. Sea cual sea la mirada que tengas hacia él, no olvides que es un ser humano y que ahora él no sabe más de ti que tú. Lo que te pueda ofrecer en este momento no será suficiente, porque hoy, como mujer adulta, solo tú puedes ocuparte de tus heridas y de tus necesidades emocionales.

Toda niña merece ser vista, reconocida y elegida por su padre. Por eso, a diario, puedes decidir verte, reconocerte y elegirte en cada una de tus acciones para recordarle a tu niña interna que puedes ser el padre que ella necesita hoy.

El abandono emocional del padre

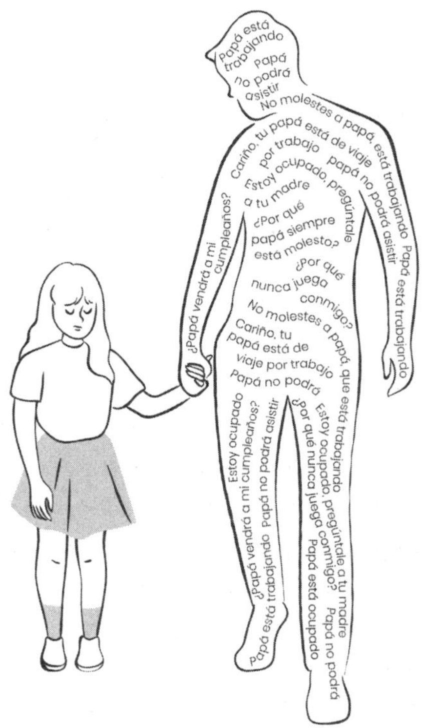

Tal vez te preguntes: «¿Por qué tengo que identificarme con las consecuencias de tener una herida de padre, si mi padre estuvo presente a lo largo de mi vida?». Pues porque la presencia de una figura paterna va mucho más allá de que el padre forme parte de la familia y de que tal vez tenga un rol de proveedor o protector. Un padre con presencia emocional y física es capaz de implicarse en la crianza y educación de sus hijos para cultivar el autorrespeto y el respeto a los demás, la constancia y la disciplina, la autoconfianza y la confianza en los otros, la comunicación y la consideración de los límites tanto personales como ajenos. Con esto quiero decir que un padre presente se involucra de forma activa en el desarrollo físico, emocional y social de sus hijos. Sin embargo, un padre pasivo formará parte del núcleo familiar, pero no se implicará en la vida de sus hijos a nivel personal o emocional.

Con la intención de ayudarte a identificar si sufriste abandono emocional en tu infancia, te ofrezco algunas expresiones de pacientes cuyo padre estuvo presente físicamente en su infancia, pero su figura fue deficiente en el plano emocional. Estas son algunas frases comunes:

- «Con mi padre no se podía hablar de temas personales o emocionales».
- «Mi padre solía estar enfadado o tener una actitud defensiva, y por eso preferí distanciarme».
- «Mi padre nos ofreció todas las comodidades, pero estuvo muy ausente, ya que trabajaba fuera de casa y solo lo veíamos un par de días a la semana».
- «Mi padre era un hombre frío y poco comunicativo. Solía responder con monosílabos, como "sí", "no" u "ok", pero no se implicaba en mi vida».
- «Mi padre fue un hombre violento física y verbalmente, lo que impedía el acercamiento emocional, ya que no sabías cuándo iba a estallar».
- «Mi padre estuvo ausente en casi todos los momentos importantes de mi vida por motivos laborales: mis cumpleaños, graduaciones o celebraciones familiares».
- «Las conversaciones con mi padre suelen ser superficiales; no es una persona con la que pueda compartir mis vi-

vencias, ya que suele cambiar de tema o evadir ese tipo de conversación».

- «Mi padre no sabe decir "te quiero", ser cariñoso ni dar afecto de forma física o verbal. Es una persona muy bruta que, aunque sabes que en el fondo te quiere, no consigue demostrarlo».
- «Mi padre siempre se implicó más en la crianza de mis hermanos. Como eran hombres, estuvo más para ellos que para mí, ya que mi lugar era con mi madre. Sinceramente, esto me hizo sentir poco vista y elegida».
- «Mi padre fue un hombre crítico y exigente que siempre invalidaba mis experiencias emocionales, enfocándose solo en los resultados de mis acciones, lo cual siempre me hizo pensar que no estaba a la altura de sus expectativas».
- «Mi padre era adicto al alcohol. Eso desencadenaba procesos depresivos y, por lo general, teníamos que ocuparnos de él cuando estaba bajo la influencia de esas sustancias. Aquello me hizo sentir que no podía contar con él como padre, que jamás me haría sentir segura ni cuidada, ya que era él el que necesitaba que lo cuidasen».
- «La frase favorita de mi padre era "Pregúntale a tu madre". Esa era su respuesta cada vez que tenía una duda o tocaba un tema con cierto nivel de profundidad emocional o responsabilidad, ya que mi madre era quien tomaba las decisiones. Él estaba allí solo para proveer».

La figura del padre desempeña un rol activo en el desarrollo de nuestra identidad como individuos y, sobre todo, en la sensación de que somos capaces de alcanzar nuestras metas gracias al cultivo y el progreso de la autoconfianza. Cuando el padre no puede estar presente para desarrollar estas cualidades emocionales, tendemos a crear vacíos internos que deberían haberse llenado gracias a las interacciones con él.

Tu padre, como es el opuesto a tu madre tanto físicamente como quizá también en el plano emocional y en su forma de ser, marcará una pauta en cómo te relacionarás con todo lo externo a ti —pareja, trabajo, relaciones sociales, alcanzar metas externas y, sobre todo, salir a hacer tu vida—, ya que, a nivel social, el rol de padre juega un papel fundamental en el paso de la adolescencia a la adultez: debe acompañar a sus hijos para que sientan confianza a la hora de dar el salto, dejar el nido e ir por sus sueños.

El abandono emocional de un padre es interiorizado por la hija como una falta de merecimiento. Durante la infancia, no nos cuestionamos la conducta de nuestro padre, pero como aún no estamos del todo desarrollados a nivel neurológico, nos tomamos su comportamiento como algo personal. Si sentiste que no eras suficiente para recibir su atención, esto puede proyectarse en desmerecimiento en tus futuras relaciones interpersonales e incluso en tu autoconcepto y en tu capacidad de alcanzar lo que crees merecer. Si muy en el fondo sabías que merecías el amor de tu padre pero no lo recibiste, tu niña interna interiorizó que no merecía recibirlo. En este caso, puede que tiendas a sabotearte porque no te sientes merecedora de ese amor.

Si sufriste abandono emocional por parte de tu padre, te invito a que te preguntes en qué áreas de tu vida tiendes a abandonarte, a abandonar a esa parte de ti tan sensible, tu niña interior, por la necesidad de aprobación externa: descuidas tu salud o dejas a un lado tus relaciones de pareja por alcanzar tus metas laborales, abandonas tus metas personales por obtener el afecto o la atención de una figura masculina, o renuncias a tu conexión con la vida, el juego y el gozo por tener un alto nivel de autoexigencia.

El impacto de la herida de padre en tu relación con los hombres

Sylvia Plath, escritora y poeta estadounidense que sufrió de desamor y tuvo un padre ausente a nivel emocional, escribió en uno de sus diarios, en segunda persona:

> Recuerdas que eras su favorita de pequeña, y que solías inventarte bailes para hacerle mientras se tumbaba en el sofá del salón después de cenar. Te preguntas si la ausencia de un hombre mayor en casa tiene algo que ver con tus intensas ansias de compañía masculina.

En sus palabras podemos ver el duelo de la relación con su padre y cómo este le causó un gran vacío que tiñó y complicó su relación con los hombres.

Aquello que no puedes recibir de tu padre intentas recibirlo de los hombres o demandárselo de forma inconsciente.

Si no has sanado tu herida de padre, tu niña interna buscará inconscientemente compensar en las relaciones amorosas o íntimas con los hombres las carencias emocionales que viviste con él, como un intento de reparar tus experiencias infantiles.

Reflejo de la herida de padre en tu relación con los hombres

- En tus relaciones, eliges hombres que no están emocionalmente disponibles.
- Dejas entrar en tu vida a hombres con actitudes narcisistas que te maltratan a nivel emocional.

- Cuando estás en una relación con un hombre, te conviertes en lo que él quiere, dejando a un lado tu versión auténtica, y solo te centras en lo que él necesita.
- Sueles elegir a hombres inseguros y dependientes que te hacen sentir que no tienes el apoyo de una pareja, ya que tú estás más para ellos que ellos para ti.
- Eliges a hombres controladores y machistas que suelen tratarte como si fueras un objeto, vigilándote a cada momento con actitud posesiva y manipuladora.
- Te relacionas con hombres que tienen miedo al compromiso o a la intimidad emocional.
- Sales con hombres que ya mantienen una relación formal, de modo que de ellos recibes migajas o te conformas con la poca atención o amor que te puedan ofrecer, incluso aunque seas consciente de que mereces más.
- Tus parejas suelen mostrar cierto nivel de violencia o problemas para gestionar la ira. Tienen actitudes agresivas: te gritan, te maltratan verbalmente, se dejan llevar por la rabia en las discusiones e incluso te tratan mal de forma física.
- En la mayoría de tus relaciones, te sientes abandonada o no elegida por tu pareja, lo cual perpetúa tu sensación de desmerecimiento y tu baja autoestima.
- En tus relaciones, toleras comportamientos que menoscaban tu salud emocional, ya que te cuesta marcar límites y comunicar tus necesidades.
- Sueles depender económica o emocionalmente de tu pareja para sentirte segura y protegida.
- Intentas controlar a tu pareja como si fuera tu hijo. Le dices con quién salir, cómo vestir y qué hacer o no hacer, de modo que asumes un rol maternal que te impide recibir de él su compañía y apoyo.

La razón por la que haces todo esto es porque tu padre o figura paterna (la primera figura masculina en tu vida) se ha convertido en tu referencia subconsciente de lo que «debes» esperar de todos los hombres y de lo que necesitas ser como mujer para estar segura y conseguir el amor.

En la vida y en una relación, para aprender a recibir a un hombre emocionalmente maduro que tenga integrada su propia energía masculina o arquetipo paterno, tendrás que haber integrado al padre que necesitaste en la infancia, para que así, cuando llegue ese hombre a tu vida, no le exijas aquello que tu padre no te pudo dar. De esta forma, te permitirás recibir a tus parejas desde un lugar de madurez y aceptación, sin querer cambiarlas ni transformarlas en lo que necesitas y, sobre todo, sin querer cambiar tú ni abandonarte para hacer lo que ellas necesitan.

Por eso es necesario que abras los ojos y que observes con curiosidad y reflexión la infancia y el hogar en que creciste, pero sin fantasías, adulaciones ni resentimientos, ya que cualquiera de esas emociones te cegará y no te permitirá ver a tu padre como el hombre que fue. Mientras no lo consideres un simple ser humano, no podrás reconocer que estos patrones se reflejan en tus elecciones de hombres como pareja.

Los juicios preconcebidos y los resentimientos que guardes hacia las figuras masculinas por las situaciones que viviste en la infancia se reflejarán en cualquier relación con una figura que encarne la energía masculina en tu vida: figuras de autoridad en el trabajo, amistades masculinas, tus hermanos/tíos/primos/abuelos, o figuras de autoridad de la familia que pueden ser femeninas.

«Ana, ¿y si no me atraen los hombres?»

Vuelvo a recalcar que, aunque hablo de herida paterna y me refiero al género masculino, pretendo aludir a la energía masculina que conforma lo que he mencionado al principio del capítulo: autoridad, constancia, disciplina, estructura, seguridad, responsabilidad y movimiento hacia la vida. Esta energía también puede encarnarla una figura femenina. Lo ideal es que tanto mujeres como hombres integremos ambos arquetipos en nuestro interior y seamos la madre y el padre idóneos para nuestros niños internos.

El padre o figura paterna debería ser el opuesto a la madre en cuanto a la pauta relacional con el mundo exterior, y esto implica un mundo relacional de pareja. Por eso, aunque no te sientas atraída por los hombres, sueles elegir parejas que cumplen con las características que ya he mencionado: inmadurez emocional, falta de disponibilidad para comprometerse en una relación madura, necesidad de ser rescatadas o salvadas... En este tipo de relaciones quizá encarnes el rol de padre y te conviertas en su lugar seguro y su sistema de apoyo y provisión, es decir, en el padre que no tuviste. Lo opuesto también es válido: con ellas, tienes un comportamiento infantil e inmaduro y les exiges que te den seguridad, validación y reconocimiento.

Por eso, sanar y liberar a tu padre de cualquier carga emocional que le hayas impuesto por las experiencias que viviste en la infancia te ayudará a eliminar cualquier exigencia al rol que debe ejercer tu pareja en tu vida. Al mismo tiempo, te permitirá empezar a integrar esa figura paterna o masculina, y tú misma te ofrecerás ese cuidado, protección, seguridad y reconocimiento que sigue esperando la niña que habita dentro de ti.

Para ello, tendrás que buscar apoyo en aquellos espacios o profesionales que puedan ofrecerte herramientas para que seas capaz de construir una versión de ti que se honre y priorice sus necesidades por encima de las de los demás. Al mismo tiempo, deberás mostrarte empática y vulnerable con el dolor propio y ajeno. Cultivar un padre dentro de ti es abrazar fuerte a tu niña y recordarle que siempre estarás allí para hacerla sentir segura y protegida, incluso si eso requiere ser vulnerable y pedir ayuda.

EL CASO DE ISABEL

Isabel, una mujer divorciada, llegó a mi consulta con treinta y ocho años. Me comentó que sentía que sus heridas emocionales —en concreto las de su infancia— estaban influyendo en su relación con los hombres.

Acababa de cortar con un chico con el que llevaba seis meses porque le había propuesto que se fueran vivir juntos a su ciudad, pero ella no quería dejar a su madre y había preferido quedarse en Madrid y terminar con él. Cuando le pregunté cómo era estar con ese hombre, dijo que se sentía poco protegida, que no era una prioridad para él: «Siento que no tiene tiempo para mí y que no prioriza nuestra relación». Ese era el motivo por el que había tomado la decisión de dejarlo.

De pequeña vivía con sus padres en La Coruña, de donde era su padre, pero al poco su madre y ella se mudaron a Madrid con la idea de que su padre se reuniría con ellas meses después. Sin embargo, no lo hizo; las abandonó. Las dos se quedaron en la capital, cerca de la abuela de Isabel.

Por otro lado, me comentó que ella solía ser la que acababa con las relaciones, como había pasado con el chico con el que había salido seis meses y también con su exmarido, con el que estuvo viviendo cinco años entre Madrid y Santiago de Compostela. Por motivos de «trabajo», Isabel jamás llegó a mudarse con él, así que él solía ir a verla a la capital o ella se trasladaba a Santiago. Nunca tomó la decisión definitiva de irse a vivir a Santiago, aun teniendo oportunidades de trabajo y de una mejor calidad de vida, y ese era un gran motivo de discusión entre ella y su exmarido. Cuando le pregunté cómo se sentía con su exmarido, me dijo: «Siento que no le importa lo que yo necesito», «Él no quiere vivir en Madrid conmigo», «Eso me hizo sentir muy sola y abandonada en la relación, y no podía seguir con él por eso».

Conforme iban avanzando las sesiones, empezamos a realizar hipnosis de sanación y regresión. En una de ellas, Isabel recordó un momento de su infancia en el que estaba muy triste, llorando porque extrañaba a su padre. Cuando le preguntó a su niña interior qué sentía, esta le dijo: «Me siento abandonada», «Siento que no le importo a mi padre», «Él no quiere venir a verme». Esto ayudó a Isabel a darse cuenta de que lo que exigía a sus parejas era lo mismo que su padre no pudo darle, y la llevaba a reabrir su herida una y otra vez.

Cuando le pregunté por la relación con su padre en la actualidad, me dijo que hablaban muy poco, ya que a ella no le nacía tener nada con él. Con esa confesión por su parte, decidí explicarle que la ayudaría mucho conocerlo, ya no como el hombre que la había abandonado, sino como ser humano.

Cuando Isabel comenzó a ponerse en contacto con su padre y hablaron del pasado, este le comentó que nunca tuvo la intención de abandonarla; que su madre decidió irse a Madrid porque su propia madre (la abuela de Isabel) se lo pedía. Al final, la madre de Isabel le había dado un ultimátum a su padre: si no se mudaba a la capital con ellas, no seguirían juntos. Por desgracia, él no tenía esa posibilidad, y aunque muchas veces le pidió a su madre que dejase que la niña lo visitara, la madre de Isabel insistía en que «el lugar de una hija es con su madre». Eso hizo que mi paciente se diera cuenta de que toda la vida había crecido viendo a su padre desde los ojos de su madre, y que en realidad su madre había antepuesto la relación con su abuela a su matrimonio.

Y eso era lo que ella estaba haciendo en sus relaciones de pareja. El resentimiento que había guardado a su padre durante años —que, por otra parte, era válido— había nacido desde la interpretación de las historias que su madre le había contado. Al darse cuenta de eso, liberó a su padre de toda culpa y responsabilidad, y eligió considerarlo un hombre que hizo lo que pudo con lo que tenía. Esto le permitió empezar a ver a los hombres desde otro lugar: ya no desde el reproche y el juicio, sino desde la compasión, y entendió que, sin darse cuenta, tal y como había hecho su madre, ella había abandonado a sus parejas.

Los hombres de su vida nunca la abandonaron; sus heridas la llevaban a filtrar a sus parejas desde el resentimiento de su niña interior hacia su padre y contaminaban sus relaciones. Hasta que no se dio cuenta de eso y se liberó de repetir la misma historia, no pudo elegir cambiar y priorizar a su pareja antes que la relación con su madre.

Repite conmigo: «Si ella sanó, yo también puedo sanar».

Lo que no reparas de tu infancia lo repites en tus relaciones

Quiero recuperar un par de aprendizajes de la historia de Isabel. El primero es que lo que no sanes de tu infancia lo repetirás en tus relaciones de pareja. Como te habrás dado cuenta, las carencias emocionales que había sentido Isabel de niña por parte de su padre eran las mismas que se presentaban con sus parejas y que la llevaban a demandarles lo que él no le pudo dar. Hasta que Isabel no se percató de que lo que sentía no era responsabilidad de sus parejas, sino que ocuparse de su niña interna era su deber, no pudo librarse de esa sensación de impotencia y de ese deseo de empoderamiento y, al mismo tiempo, liberar a sus ex y a sus futuras relaciones de responsabilidades emocionales que no les correspondían.

El segundo aprendizaje es que, cuando se crece con un padre ausente a nivel físico o emocional, la madre y los hijos suelen crear algún tipo de alianza. Y cuando esta alianza se genera entre la hija y la madre, por lo general comparten una misma visión respecto al padre.

Deja de ver a tu padre desde la mirada y la narrativa de tu madre. Permítete verlo desde tus propios ojos, como adulta consciente.

El libro *The Boy Crisis*, escrito por el profesor y politólogo americano Warren Farrell, recoge el resultado de varios estudios realizados en hogares con padres separados, y concluye lo siguiente: «Los niños que vivían con su padre tenían una opinión positiva de su madre; los niños que vivían con su madre eran más propensos a pensar negativamente de su padre». Esto explica por qué, por desgracia, muchos hijos —en especial hijas— se alían con su madre y se quedan con la interpretación del padre que les ofrece su progenitora, sin darse la oportunidad de verlos como seres humanos.

He aquí la importancia de que veas a tus figuras paternas desde los ojos de la mujer adulta que eres hoy, para que seas capaz de reconocer la humanidad en ellas, con sus virtudes y sus defectos. Porque una vez que te quites el velo que te impide ver a tus padres, considerarlos humanos, bajarlos del pedestal y darte cuenta de que, por muchas virtudes o defectos que tengan, solo son humanos, podrás reconocer tu humanidad.

En cuanto reconoces la humanidad de tus padres y te permites reconocer la tuya, comienza el trabajo de reeducación emocional para empezar a preparar a tu adulta interna, y que sea ella la que se siente en esos pedestales y se convierta en la madre y el padre de tu niña interior. Además, podrás proyectar en ti las necesidades emocionales que tus padres no fueron capaces de cubrir, pero no desde la prepotencia de que lo puedes hacer mejor, ni tampoco desde el desmerecimiento, sino desde el empoderamiento y la humildad de que tú eres experta en ti y tienes permiso para actuar de otra forma. Y si en algún punto algo no funciona, tienes la posibilidad de seguir intentándolo hasta que te sientas satisfecha contigo. Ahí está la magia de sanar a tus padres: ellos ya no son los protagonistas; la protagonista eres tú.

Desde mi enfoque, sin reflexión no hay sanación. Por eso quiero preguntarte: ¿qué sanación podría traerte a ti y a tu niña interior el darte permiso para conocer a tu padre más allá de la historia que te contó tu madre sobre él?

Si estás lista para dar este paso, ponte la mano derecha en el corazón y repite en voz alta:

> Papá, gracias por haberme dado la vida, y gracias por haber elegido a mi madre para que yo pudiera nacer. Te veo y tomo mi lugar como tu hija. Desde este momento, elijo no hacerme responsable de los asuntos entre mi madre y tú, para así poder hacerme cargo de mis asuntos.
>
> Papá, no me debes nada; con lo que me has dado es suficiente, y lo que no has podido darme aprenderé a dármelo. Gracias por la fuerza, la vida y la salud que me has brindado. Te honro eligiendo hacer mi vida a mi manera; gracias por impulsarme a la vida.

Inspira hondo. Si no has llegado hasta el final, también es válido. Puedes repetirlo todas las veces que lo necesites. Te abrazo y honro en este momento de vulnerabilidad.

Lealtades inconscientes hacia la figura paterna

Muchos hombres han crecido sin espacio para validar sus emociones y sin permitirse sentir las heridas que llevan cargando desde niños. A nivel cultural, el patriarcado nos enseña que deben ser fuertes y poco sensibles, lo que, por desgracia, ha llevado a muchos hombres a sentirse solos con su dolor, y este es probablemente el motivo por el que suelen ser susceptibles al suicidio o a caer en adicciones para adormecer su dolor emocional.

Si has crecido con una figura paterna que tuviera muchas heridas emocionales y te identificas con las características que he mencionado en este apartado, es muy probable que de la misma forma que tu padre o figura paterna fue herido, te haya herido a ti. A veces esas heridas son tan invisibles como la manipulación o la inmadurez emocional, que pueden tener como consecuencia que crees una lealtad inconsciente con tu padre y que eso te impida tomar tu lugar como hija.

Situaciones que reflejan la lealtad que sientes por tu padre

- No tienes pareja porque no encuentras a un hombre tan bueno como tu padre.
- No tienes pareja porque te da miedo relacionarte con un hombre tan terrible como tu padre.
- En el plano emocional o físico, te ocupas de tu padre y de sus asuntos, lo que te impide responsabilizarte de tu vida.
- De forma inconsciente, sigues buscando la aprobación de tu padre, cumples metas que le hubiera gustado que alcanzaras, intentas complacerlo siempre y te portas como una niña buena en vez de como una mujer libre.
- Si hoy, como mujer adulta, te ocupas de tu padre a nivel físico o emocional —ya sea por salud o por otro motivo—, puede que tengas una lealtad inconsciente con él y sientas que se lo debes. En este caso, estás ocupando el lugar de su madre o de su pareja, lo que quizá te impida hacerte cargo de tu vida y tener pareja e hijos.
- Si tu madre falleció durante tu infancia o abandonó a la familia y creciste sola con tu padre y tus hermanos, puede que tomases un rol maternal o de pareja con él, sirviéndole la comida o atendiéndolo. Seguramente, habrás creado una lealtad inconsciente al creer que ocuparte de su bienestar es tu responsabilidad.
- En tu vida se repiten situaciones similares a las de la vida de tu padre. Por ejemplo: él perdió su negocio o se endeudó a los

cuarenta y cinco años, y tú, a esa edad, pasas por la misma situación.

- Los mensajes que escuchaste en tus primeros años de vida se quedaron grabados en tu subconsciente y te condicionaron. Si oíste frases como «Eres la niña de papá, siempre estarás conmigo», «Esa es mi princesa, la que me atiende y me cuida siempre», «Qué buena es mi hija, siempre tan entregada, atenta y preocupada por mí», es probable que hayas creado alguna lealtad inconsciente que te impida vivir una vida más allá de ese rol que tienes como hija.

Las lealtades son tan únicas como cada persona y cada familia. Sanar una lealtad no significa borrar algo preconcebido dentro de ti, sino reinterpretar un rol que asumiste y darle un nuevo significado que te permita elegir desde un lugar más cómodo y amplio una vida que te honre a ti antes que a los demás.

Y aunque sé que te lo he repetido muchas veces, no me cansaré de decírtelo hasta que lo integres en tu corazón y en tu espíritu: no eres responsable de la felicidad o estabilidad de tu padre; no tienes que ser su soporte emocional, su terapeuta ni su paño de lágrimas o quejas; ni tampoco es tu trabajo comprarle sus historias de victimismo o manipulación. Hoy eres libre de elegir si quieres tener una relación madura que no te cueste la paz mental con tu padre. Y si sientes que el daño es muy profundo, también eres libre de tomarte el espacio que necesites para sanar y hacer tu trabajo interno, ya que a veces también es válido amar desde la distancia.

Porque, como siempre recuerdo a mis pacientes, tus padres ya han vivido su vida, y tú también tienes derecho a vivir la tuya desde el amor y la libertad de ser quien anhelas ser, no desde el miedo y la contracción de tener que complacer a otros para ser amada.

EJERCICIO
Escritura sanadora

Vamos a realizar un ejercicio de escritura terapéutica, así que te invito a tomar papel y bolígrafo para que reflexiones sobre tus interpretaciones acerca de tu padre o tu figura paterna y cómo pueden estar impactando en tu vida hoy.

Si te cuesta conectar con los recuerdos de tu infancia respecto a tu padre, te invito a que busques una foto de cuando eras pequeña, o el recuerdo que te lleva a esa época, y que intentes conectar con él antes de responder a estas preguntas. Las respuestas están en tu corazón; solo necesitas tiempo y compasión para obtenerlas.

- ¿Qué te hubiera gustado recibir más de tu padre?
- ¿Cómo se comportaba ante los conflictos en casa o con tu madre?
- En tu familia, ¿cómo debían ser los hombres?
- ¿Cómo trataba tu padre a tu madre durante tu infancia?
- ¿Qué mensajes o frases decía como si fueran la ley?
- ¿Cuándo te sentiste más amada por tu padre?
- ¿Cuándo te sentiste abandonada/rechazada/traicionada por él?
- ¿Qué te gustaría decirle hoy?
- ¿Qué te hubiera gustado escuchar de tu padre hacia ti?
- ¿Qué te hubiera gustado que tu padre te reconociera?
- ¿Qué es lo que más te molesta o rechazas de él? ¿Cómo ves esas cualidades en ti misma o en tus parejas o en tus amistades?
- ¿Qué es lo que más anhelabas recibir de él en tu infancia?
- ¿Cómo puedes empezar a darte eso que no recibiste de tu padre?

Responder a estas preguntas requiere tiempo y mucha compasión hacia ti. Cuando tu niña interior está profundamente herida, identificar las respuestas puede hacer que despierten dolores que han estado dormidos durante mucho tiempo o que debas descubrir las actitudes de tu padre o figura paterna, lo que también puede ser doloroso.

La primera vez que respondí a estas preguntas tardé varios días y tuve que reflexionar para responder, así que te invito a tomarte cada pregunta como si fuera una meditación y a intentar recordar lo que venga a tu mente respecto a la imagen que tengas de tu padre o figura paterna. Es normal que se remuevan emociones incómodas como la tristeza, la ira, la frustración o la nostalgia. Te invito a abrazarte en cada paso de este camino y a sostener cualquiera de estas emociones. Solo tú puedes acompañarte durante el proceso, y acuérdate de que lo único que necesita tu niña interior es que le recuerdes que no está sola, que estás con ella.

Así pues, inspira hondo, abrázate o ponte las manos en el corazón, y date las gracias por el salto de consciencia que supone leer esas preguntas y tener la intención de reflexionar sobre ellas. ¡Te abrazo! Gracias por permitirme acompañarte en este viaje.

Sana el vínculo con tu padre

«La búsqueda del padre está relacionada con la búsqueda de una misma». Esta frase de Susan E. Schwartz, psicoanalista y escritora americana, resume la importancia de realizar el trabajo interno para sanar la herida paterna, que muchas veces vendrá acompañada por un profundo duelo y su negación al mismo tiempo, ya que parte de la sobrecompensación de la herida de padre consiste en crear una figura de mujer fuerte e independiente que no necesita sanar al padre que no tuvo o, peor, que abusó de ella.

La sanación del vínculo paterno tiene más que ver contigo y con tu libertad emocional que con tu padre. Se trata de empezar a integrar todas esas partes que quedaron abandonadas y huérfanas cuando él no pudo verte o cuidarte. Con el acompañamiento de un padre, hay partes de ti que ven la luz porque te sientes tan segura gracias a su apoyo maduro y responsable que puedes sacar a pasear a la niña que vive en tu interior y a su versión más auténtica sin miedo, sabiendo que él estará ahí para creer en ti.

Cuando esto no sucede, esas partes auténticas se quedan encerradas esperando el día en que seas capaz de abrir la puerta de ese baúl interno, las rescates y les des permiso para salir y que tengan un lugar en tu vida.

Si hoy sientes que tienes una herida de padre por sanar, el primer paso es, por medio del ejercicio de escritura sanadora, identificar los mensajes y las carencias que interpretaste y, a partir de allí, empezar a trabajar para construir dentro de ti a ese padre que la niña interna anhelaba y necesitaba tener.

Para lograrlo, es necesario que hagas el trabajo de aceptación hacia el padre que realmente tuviste; hasta que no aceptes que él dio hasta donde pudo, no podrás liberarlo de ese lugar para empezar a cubrir esas necesidades insatisfechas. Mientras el rencor, el resentimiento o el dolor sigan ocupando espacio en tu corazón, tu niña seguirá demandándole de forma inconsciente lo que no pudo darle, pero cuando elija liberar a tu padre de ese rol y aceptar su humanidad para sanar tu dolor, tomarás las riendas de tu responsabilidad emocional y comenzarás a convertirte en el padre de tu niña interior.

Porque tú, como adulta consciente, eres capaz de integrar la energía femenina y masculina dentro de ti, de convertirte en la madre y en el padre que necesita tu niña interior.

¿Qué significa ser padre para ti misma?

- Aprender a reconocer tus esfuerzos y no tus resultados.
- Salir al ruedo y mostrarte al mundo con tus dones y virtudes, confiando en que lo que puedes ofrecer es valioso.
- Ser responsable de todas esas formas en las que sentiste que en tu infancia no lo fueron contigo.

Cuando empiezas a integrar a tu padre interno, tu sistema nervioso comienza a regularse de forma inconsciente porque le envías el mensaje de que eres capaz de ocuparte de ti y de que es posible salir del estado de supervivencia para empezar a vivir desde el amor, no desde el miedo.

Vayamos ahora a la parte práctica, en la que empezarás a paternarte para recordar a tu niña interior que hoy nadie tiene el poder de abandonarte, ni siquiera tus padres, porque cuando estás para ti te conviertes en tu lugar seguro.

EJERCICIO
Visualización: sana el vínculo paterno

Te invito a que traigas a tu mente una imagen mental de tu padre. Si no lo conociste, no lo recuerdas o no sabes cómo era, puedes conectar con esa energía que vive dentro de ti con lo que alguna vez te contaron sobre su aspecto, y permitir que tu mente busque una imagen, aunque solo sea para ayudarte a sanar. Lo importante no son los detalles, sino la conexión emocional que puedas crear con esa imagen.

Disponte a conectar con esa fotografía mental de él. Cuando la tengas clara, realiza el ejercicio que te dejo a continuación:

- Siéntate con la columna recta y echa los hombros hacia atrás para recordarle a tu cuerpo que estos minutos son para ti.
- Coloca la mano derecha en el corazón y la izquierda en el abdomen.
- Céntrate en la respiración; será tu ancla por este breve viaje autocompasivo.
- Inhala y exhala. El aire entra y sale.
- Permítete evocar esa fotografía de tu padre hasta tenerla justo delante de ti, como si fuese de carne y hueso.
- Observa su mirada, la comisura de sus labios, su peinado, sus arrugas; incluso recuerda su aroma.
- Permítete verlo más allá de lo que siempre has visto e identifica qué te transmite su mirada, qué emoción hay allí.

- Observa su postura, incluso su energía. Empieza a recibir información que no habías visto en él, como sus duelos y dolores, más allá del padre que tuviste.
- Mientras lo ves delante de ti, trae a tu mente la imagen de él de cuando era un niño inocente, incluso de cuando era un bebé. Recuerda o reconoce el dolor y las heridas que guarda en su interior.
- Observa qué sientes en el cuerpo y qué empieza a cambiar cuando lo ves desde un lugar compasivo y humano.
- Trata de imaginar cómo sería ser él y vivir lo que vivió.
- Siente que una profunda compasión amorosa empieza a expandirse entre tú y él, que la energía empieza a cambiar y que algo se suaviza en tu pecho.
- Allí, enfrente de él, dile en voz alta: «Papá, hoy veo tu dolor, hoy lo entiendo», «Papá, hoy recibo el amor que puedes darme sin juzgarlo, hoy lo recibo y lo acepto».
- Inhala y exhala. Siente la transformación y la liberación de estas palabras.
- De nuevo en voz alta, dile: «Oye, papá, elijo ocuparme de mis asuntos y hacerme responsable de mí misma. Te entrego tus asuntos para que te hagas cargo de ti», «Hoy te libero; ya estoy lista para ocuparme de mí», «Elijo hacer mi vida de la forma que yo considere aunque tú no estés de acuerdo».
- Visualiza que os envuelve una burbuja de amor de color azul marino. Siente que algo empieza a inundar todas las células de tu ser y a liberarte de las cargas que no te corresponden.
- Si es necesario dile en voz alta aquello que precises.
- Cierra la conversación con un «Te libero, ya no necesito buscar en otras personas, gracias. A partir de hoy seré el padre que necesito para mí».
- Deja ir la imagen de tu padre, inhala y exhala.
- Guarda esta experiencia transformadora en el corazón.
- Inhala, exhala y haz un gesto o movimiento que te conecte con el presente.

Una invitación para ti

Quiero recordarte que la escritura terapéutica tiene un poder increíblemente sanador, así que, como complemento a esta visualización, te invito a que tomes un papel y un bolígrafo y escribas una carta a ese padre que alguna vez tuviste desde las necesidades insatisfechas de tu niña interior o aquel dolor que llevas arrastrando desde tu infancia.

Permítete plasmar en papel lo que guardas en tu interior. Cuando acabes, te invito a que cierres el escrito con una frase sanadora, como por ejemplo: «Gracias, te perdono y te libero; la forma en que yo elija hacer las cosas será suficiente para mí». Si lo necesitas, siéntete libre de adaptarla. Recuerda que esta carta es solo para ti, así que eres libre de guardarla, quemarla o deshacerte de ella.

Cada día tienes la oportunidad de ser para tu niña interior el padre que no tuviste en la infancia. Permítete empezar a ser responsable de ti y cumplir las promesas que te haces. Cultiva tu autoseguridad y recuerda que solo tú puedes ser tu mejor motivadora.

APRENDIZAJES DE ESTE CAPÍTULO

- ✓ La herida de padre está representada por el arquetipo masculino, también llamado por Jung «*animus*», que simboliza la razón, la lógica, la acción, la asertividad, el soltar, el proteger y proveer, la firmeza, el crecimiento y la comunicación.
- ✓ El padre representa tu relación con lo externo. En los primeros meses de vida de un infante, el bebé suele estar tan apegado a la

madre que, a nivel psíquico, cree que ambos son uno. El padre representa todo lo que el niño o la niña no es, lo diferente a sí mismo; por eso marcará la pauta en las relaciones sociales, ya que es una invitación hacia la mirada externa.

✓ En psicoterapia, la herida de padre hace referencia al vínculo roto (herida/trauma) entre el infante y el padre, que se representa en la ausencia física o emocional del padre como progenitor y del padre como cuidador.

✓ Para un niño, el rol del padre es igual de valioso que el de la madre para su sano desarrollo físico, emocional y espiritual como individuo. La figura del padre representa la protección, la seguridad, la estructura, la disciplina y el apoyo que necesita recibir un niño para crecer de manera saludable.

✓ A nivel sistémico, el padre representa la fuerza y la apertura a la vida; es el que motiva a alcanzar metas, el que nos impulsa a salir de la zona de confort y, sobre todo, invita al desarrollo y crecimiento del individuo.

✓ La herida de padre es un dolor inconsciente que se transmite de generación en generación. Durante siglos, los hombres han sido avergonzados y obligados a reprimir sus emociones, y este dolor se guarda en el inconsciente de cada hombre y se transmite de padres a hijos.

✓ Para una mujer, el abandono emocional de un padre o de una figura paterna es la principal causa de que hoy tal vez sienta que no tiene una conexión profunda con su propósito.

✓ El impacto de la herida de padre en tu relación con los hombres está claro: lo que no puedes recibir de tu padre lo buscarás en otros hombres o se lo demandarás de forma inconsciente.

✓ Si no has sanado tu herida de padre, tu niña interna buscará inconscientemente compensar en las relaciones amorosas o íntimas con los hombres las carencias emocionales que viviste con él, como un intento de reparar tus experiencias de la infancia.

- ✓ En la vida y en una relación, para aprender a recibir a un hombre emocionalmente maduro que tenga integrada su propia energía masculina o arquetipo paterno, tendrás que haber integrado al padre que necesitaste en la infancia, para que así, cuando llegue ese hombre a tu vida, no le exijas aquello que tu padre no te pudo dar.

9

Las cinco heridas que te impiden amarte

> La persona que te hirió no es a la que le corresponde sanarte.
>
> NAJWA ZEBIAN

¿Sigues pensando que una herida de tu infancia te está impidiendo amarte de forma incondicional?

Para llegar al punto en que nos encontramos hoy, es necesario reconocer el mérito de las personas que empezaron a investigar sobre las heridas emocionales y el niño interior cuando faltaban años para que se diera importancia a estos dolores que guardamos en el alma.

Una de las pioneras fue la escritora y terapeuta Lise Bourbeau, que publicó *Las cinco heridas que impiden ser uno mismo* a principios del año 2000, libro que marcó una pauta en la visión que se tenía acerca del impacto de la infancia en la vida adulta.

Tras años de estudio y práctica en el campo de la inteligencia emocional como psicóloga y psicoterapeuta, me di cuenta de que existían creencias profundamente arraigadas en las personas con las que trabajaba, y de que algunas de ellas se habían formado en la infancia. Eso me llevó a investigar el área de las heridas emocionales, un mundo que me enamoró. Cuando conecté por primera vez con mi niña interior y fui consciente del impacto positivo que causó en mi vida y en mi gestión emocional, comencé a integrar y estudiar las heridas emocionales desde un enfoque transpersonal —y ahora con la hipnosis de sanación— para ayudar a las personas a desaprender cualquier bloqueo o estructura que les impidiera amarse de forma atrevida e incondicional.

Con este propósito, a lo largo de estas páginas te voy a exponer mi versión de las cinco heridas de la infancia y lo que he aprendido a lo largo de los años en mi consulta, esperando que te ayude a identificar las heridas que te impiden amarte y, sobre todo, cómo puedes empezar a sanarlas.

EL CASO DE SELENA

No llevaba ni quince minutos hablando en mi consulta con Selena, una mujer de treinta y cuatro años, cuando empezó a machacarse; entre un tema y otro, buscaba la forma de menospreciarse. Se había separado hacía un año y había tenido que volver a casa de su madre, pero logró salir de un proceso depresivo y consiguió un trabajo que le brindaba la estabilidad emocional y económica que necesitaba para volver a independizarse. Aun así, su discurso era negativo y estaba lleno de metas incumplidas, sobreexigencia y perfeccionismo, pero, sobre todo, se comparaba con otras personas.

Su madre la había herido emocionalmente durante años, no era afectuosa y a veces la menospreciaba o la comparaba con su hermana mayor. Selena estaba muy dolida y no entendía que a esas alturas su madre siguiera comportándose de esa forma. Entonces le pregunté: «¿Eres tú la que no lo entiende o es tu niña herida la que no lo acepta?». En ese momento, Selena entró en un *Aha moment* y reconoció que su niña herida seguía esperando que su madre la mirase y la tratase con amor, aceptación incondicional y respeto.

Tenía una herida de rechazo causada por su madre y su trato hiriente durante los primeros años de su vida, pero entendió que, hasta que ella no la relevara o la bajara del pedestal en el que la tenía, no sería capaz de darse a sí misma lo que necesitaba.

En la actualidad, Selena se hería tal como lo hacía su madre, menospreciándose, rechazándose, sin reconocer sus logros, comparándose con otras personas y, sobre todo, sin mostrar compasión hacia su niña interior. Poco tiempo después de ser consciente de que se hería, empezamos el trabajo de sanación centrado en cultivar una visión y un diálogo amable y compasivo hacia ella. Porque la única persona que podía brindarle la sanación que esperaba para reparar sus heridas emocionales era ella.

Con este relato quiero que veas que todas hemos sido Selena. Hoy te estás hiriendo de la manera en que te lastimaron.

Repite conmigo: «Si ella sanó, yo también puedo sanar».

Las cinco heridas que hoy te impiden amarte

Todos podemos sentirnos rechazados, abandonados, traicionados, humillados y tratados de forma injusta, pero las experiencias que hayas tenido en tus primeros años de vida y en tus relaciones sociales marcarán una pauta según sea la herida que está más presente en tu vida. Ese será el filtro a través del cual codificarás e interpretarás tu dolor, y al mismo tiempo podrás ver, en mayor o menor grado, las otras heridas.

En mi consulta me he dado cuenta de que las heridas suelen venir por parejas, como las siguientes:

- Rechazo y abandono.
- Abandono y traición.
- Abandono y humillación.
- Rechazo e injusticia.

Estos pares son únicos, ya que dependen de las experiencias e interpretaciones de cada persona. Además, estas heridas se activan de distinta forma en cada etapa vital, dado que las circunstancias que vivas y los retos que vayas superando desvelarán nuevas heridas que deberás conocer y sanar. Por eso, si eres soltera, tal vez tengas unas heridas activas, pero afloren otras si tienes pareja. Otro ejemplo que suelo encontrarme en mi consulta: cuando somos padres, se detonan ciertas heridas, ya que a veces nos cuesta dar a nuestros hijos la disponibilidad o la madurez emocional que no recibimos en la infancia.

Recuerda que una herida es un dolor emocional profundo almacenado en tu cuerpo, mente y espíritu, y permítete leer las siguientes páginas como si fueran un juego en el que solo tienes que averiguar cuál es la herida que más te resuena en este momento de tu vida y con qué características te sientes más identificada. Es probable que, si vuelves a leer este capítulo dentro de unos años, te identifiques con otra herida, porque así somos los seres humanos: vamos cambiando y creciendo. También te invito a apoyarte en la escritura terapéutica y en las preguntas o despertadores de la consciencia que encontrarás en cada apartado para que te ayuden a profundizar en tu autoconocimiento.

Implica a tu niña interior en esta lectura, pregúntale con qué herida se siente más identificada, permítete sentir las sensaciones corporales y las emociones que empiecen a aflorar mientras lees y, al mismo tiempo, presta atención a tus sueños y a los recuerdos que surjan sobre tu infancia o sobre las experiencias que viviste en esos primeros años de vida. Estas son las señales que usará tu niña interior para indicarte qué heridas necesitan ser vistas e integradas para sanarlas.

Tu relación te muestra tu herida.

Verás que las heridas emocionales que están más marcadas en tu vida se reflejan en tus relaciones de pareja, y te darás cuenta de cuáles suelen ser los tipos de pareja que elige cada herida para que puedas identificar ese dolor que necesita ser sanado.

La personalidad herida

Cuando se crea una herida, se produce una ruptura y una interpretación, y se suele formar una costra o un condicionamiento protector para evitar que vuelva a hacerte daño. Lise Bourbeau denominó a este condicionamiento «máscara», pero si indagamos en la etimología de esta palabra realmente significa «persona» o «personalidad», por eso me resuena más el concepto de «personalidad de herida», que vendría a ser la identidad que creas de ti a partir de tu dolor.

Como esta personalidad está herida, se convierte en un espejo roto en el que no puedes verte bien. Sus fundamentos suelen basarse en el miedo y el desmerecimiento. Cuando vives desde tu personalidad herida, te mueves desde la falta de merecimiento del amor, respeto o aceptación de las personas de tu entorno, y sueles creer que volverán a herirte tal como lo hicieron tus padres o figuras parentales en tus primeros años de vida.

La personalidad herida suele vivir en el pasado y filtra todas tus relaciones desde el miedo, la desconfianza y el dolor, impidiéndote recibir el amor que otras personas quieren darte y recordándote que siempre pide algo a cambio. Esta personalidad pretende proteger a tu niña interna para que no vuelvan a herirla. Al haber sido creada en esos primeros años de vida, en los que no tenías las herramientas con las que cuentas hoy, tu personalidad se ha quedado corta, pequeña y desactualizada para proteger a tu niña interna. El trabajo de sanación de tus heridas te pedirá que la identifiques dentro de ti, que reconozcas su voz y sus creencias limitantes, para poder relevarla y explicarle que sus condicionamientos ya no son necesarios porque tú, hoy, cuentas con herramientas para darte lo que necesitas, y que el amor que recibas de otros no tiene por qué estar condicionado por el dolor o el sufrimiento.

Las heridas suelen identificarse durante el proceso terapéutico, un momento de muchas emociones incómodas, como el dolor, la frustración, la tristeza, la rabia o el duelo. Esto no quiere decir que no puedas hacerlo por tu cuenta, pero es necesario que te lo tomes con calma y que, durante el camino, te permitas validar y abrazar cada una de las emociones que acompañan este proceso de identificación. Te recuerdo que ya eres una experta en ti, que a lo largo de estas páginas te has podido sostener en todas las reflexiones y los aprendizajes que has integrado, así que permítete abrir tu mente e identificar cuál es el dolor (la herida) que tu niña interna te está pidiendo que veas y reconozcas para validarlo y sanarlo.

Herida de rechazo

Esta herida representa el dolor que produce sentir que no mereces recibir amor, ser vista o elegida, ocupar un espacio o incluso existir. La persona que tiene esta herida intenta pasar desapercibida y no ser una «molestia» en la vida de los que la rodean. Tiende a sentir la necesidad de buscar el reconocimiento de los demás por medio de la sobreexigencia, el perfeccionismo e incluso la comparación. Además, suele rechazarse a sí misma o se niega a ver sus virtudes o fortalezas.

La herida de rechazo puede darse si eres una hija no deseada o si tus padres esperaban un niño; si eres el fruto de una infidelidad, de un encuentro sexual no consentido o si naciste en medio de una situación económica o familiar difícil; si eres adoptada; si por alguna razón tu madre no pudo hacerse cargo de ti en tus primeros meses de vida; si te crio una madre fría y distante que te mostró poco afecto tanto físico como verbal; si has sufrido abusos verbales, físicos o de negligencia infantil; y, por supuesto, si no te has sentido vista, escuchada, valorada, amada o reconocida por alguno de tus padres en tus primeros años.

El dolor de no sentir que perteneces

El miedo emocional más profundo del ser humano es a ser rechazado. Como hemos visto, durante los primeros años de vida dependemos absolutamente de nuestros cuidadores, por eso el rechazo de uno de ellos representa un miedo profundo a la muerte. Para un niño, no ser visto o atendido por sus cuidadores significa que no merece recibir cariño o atenciones, lo que provoca que interiorice que no es merecedor de existir, de recibir amor o respeto, e incluso de ocupar un espacio.

Este dolor profundo nos acompaña hasta la vida adulta como miedo a ser rechazados por nuestro entorno, y lleva a las personas que tienen esta herida a relacionarse desde este temor, siendo muy autoexigentes y perfeccionistas. Piensan que, para recibir amor, aceptación o respeto, tienen que probar su valor, por lo que les cuesta destacar y reconocer sus atributos, virtudes o fortalezas. Se les hace una montaña comunicar e identificar sus necesidades, se bloquean ante las emociones intensas y, por lo general, se niegan a compartir sus sentimientos con otras personas, ya que muy en el fondo no se ven merecedoras de ser escuchadas o no tienen con quién hablarlo y les cuesta conectar con los demás.

La personalidad herida busca huir de las situaciones para evitar que la rechacen. Por este motivo, esa persona será solitaria y seguirá perpetuando el dolor de no sentirse vista o aceptada. Le cuesta mucho ser responsable afectivamente porque, para identificar y comunicar sus emociones, tiene que darse permiso para sentirlas en su cuerpo, y suele buscar la forma de huir de sus sentimientos practicando ejercicio, consumiendo sustancias o trabajando en exceso, por ejemplo.

¿Qué pareja eliges si tienes la herida de rechazo activa?

- De carácter evitativo, indiferente o que no muestre interés.
- Que te menosprecie verbal o físicamente.
- Que no quiera comprometerse o que no esté disponible emocionalmente.
- Que mantenga una relación con otra persona.
- Infiel.
- Que te haga sentir que tú eres el problema en la relación.
- Que intente cambiarte y que no te acepte tal como eres.

Cuando la herida de rechazo está activa en las relaciones de pareja, las personas no se sienten lo bastante buenas o merecedoras de recibir el amor y el respeto de otras. Sienten que no son suficientemente atractivas, que son demasiado complicadas o que son el problema en la relación. Y como les cuesta compartir sus sentimientos, suelen callarse y tener una actitud pasiva o sumisa ante situaciones que las dañan, porque prefieren tolerarlo antes que dejar de recibir ese «amor» que les están dando. Por miedo a ser rechazadas, pueden pasar años en soledad sin abrirse a otra persona.

EJERCICIO
Escritura sanadora

Te invito a reflexionar sobre la creación de esta herida, y cómo ha impactado en tu vida, respondiendo por escrito a estas poderosas preguntas:

- ¿Quién te hizo sentir rechazada, menospreciada o no valorada en tu infancia?
- Describe las conductas que esta persona solía tener hacia ti que te han hecho sentir herida.
- ¿Cuál es el aspecto o cualidad que sientes que más han rechazado de ti?
- ¿Qué te hizo creer el rechazo de esa persona?
- Si esa persona hubiera reconocido tu valor y te hubiese tratado con respeto todo habría sido distinto porque...
- Lo que más rechazas, menosprecias o quisieras cambiar de ti es...
- ¿Qué necesitaba tu versión de niña para sentirse aceptada, valorada y amada?
- ¿Cómo te proteges hoy para que no vuelvan a rechazarte?
- ¿Cómo te rechazas, menosprecias, faltas al respeto o criticas hoy?
- Si hoy te dieras aquello que tu niña esperaba de esa persona para sentirse aceptada y merecedora, ¿qué cambiaría en tu vida?

Para sanar esta herida, es necesario que empieces a darte permiso para reconocer lo valiosa que eres solo por existir como ser humano. Se trata de que dejes de poner el foco en los resultados y que centres tu atención en el esfuerzo del camino recorrido para alcanzarlos. La medicina para esta herida comienza por cambiar la forma en que te hablas. Tienes que ser más compasiva y reconocer lo que haces cada día por ti y por los demás. Valora los logros que has obtenido y acéptate de forma incondicional, más allá de las opiniones de las otras personas. Cultiva una actitud de respeto hacia ti y date ese amor que en el fondo sabes que mereces para, en vez de demandar o esperar que otros te amen o reconozcan, empezar a hacerlo por ti y por la niña que vive en tu interior, ya que ningún amor externo será suficiente para ella salvo el que tú te puedas dar.

Herida de abandono

Esta herida se relaciona con la falta de acompañamiento y de presencia de los cuidadores en los primeros años de vida de un infante. La sensación que suele ir de la mano con esta herida es una soledad profunda y un vacío en el corazón, asociados con no sentirte acompañada o creer que no eres una prioridad para los que te aprecian. Por lo general, sientes que no eres suficiente o que tienes que demostrar que lo eres para que las personas que te aprecian puedan quedarse más tiempo contigo.

La herida de abandono puede surgir si te separaron de uno o de tus dos cuidadores en los primeros años de vida; si estuviste en incubadora al nacer; si se produjo una separación entre tu madre y tú por alguna situación durante un periodo de tiempo; si tus padres se separaron o se divorciaron; si creciste con unos padres emocionalmente inmaduros que no sabían acompañarte a nivel emocional; si fuiste cuidada o criada por otros familiares, como abuelos o tíos, durante un tiempo prolongado; o si uno de tus padres estaba siempre ausente del núcleo familiar por trabajo o por algún otro motivo.

El dolor de no sentirse una prioridad

Todo bebé y niño necesita sentir que es importante, que es una prioridad para sus padres o cuidadores, ya que de esto dependerá su supervivencia. Si una niña que se siente abandonada, no priorizada o desplazada por sus padres interioriza que el problema es ella, en la vida adulta necesitará probar que merece ser amada y que es útil para asegurarse de que siempre estará acompañada. Suelen ser personas autónomas por lo que respecta a las responsabilidades de la vida adulta, pero, al mismo tiempo, les cuesta estar solas, ya que este dolor emocional resurge en esos momentos de soledad, de modo que por lo general se apoyan de forma excesiva en otras personas y buscan el reconocimiento externo y la validación antes de tomar decisiones.

Es común que se sientan responsables de la felicidad o la estabilidad emocional de otras personas y, a veces, esto las puede llevar a desempeñar el rol de salvadoras o el de víctimas, exigiendo y demandando atención, apoyo y reafirmación del afecto.

Dilemas de la persona con la herida de abandono

La persona que sufre herida de abandono oscila entre estas tres afirmaciones:

«Te quiero, pero no te necesito». Se muestra hiperindependiente, pero en realidad es una forma de protegerse, de evitar que la abandonen en un futuro. Para ello, busca defectos en sus parejas o en sus relaciones o las sabotea para que no la dejen.

- **Precepto:** «Te abandono antes de que me abandones».

«Te necesito, pero no te quiero». Sus relaciones se basan en la dependencia, en el necesitar la aprobación, el reconocimiento o la compañía de otras personas incluso si eso perjudica su estabilidad emocional.

- **Precepto:** «Prefiero estar mal acompañada, con alguien que no me hace bien, que estar sola».

«Te necesito y te quiero». Esta persona suele confundir el amor con la dependencia y, al mismo tiempo, enredarlo, lo que la aboca a tener relaciones codependientes e insanas, tales como víctima–salvador o salvador–víctima. Para esta personalidad herida, cualquier distancia será una amenaza. Por eso los límites o el espacio personal serán percibidos como un atentado a la relación o el vínculo en el que se esté.

- **Precepto:** «Sin tu compañía no sé quién soy, porque no sé depender de mí misma».

¿Qué pareja eliges si tienes la herida de abandono activa?

- Tiene un trabajo que le exige o demanda mucho y no suele priorizar su relación.
- Prefiere las relaciones a distancia.
- Fría, poco afectuosa o emocionalmente ausente.
- Una que no te valora o aprecia.
- Manipuladora o inmadura emocional que te pide que te abandones por estar en la relación.
- Poco responsable afectivamente, distraída o con rasgos evitativos.

Las personas que tienen esta herida temen al abandono como eje central, siempre exigen atención o muestras de afecto, toman cualquier distancia física o emocional como una señal de posible abandono e interpretan los límites o el espacio personal de la pareja como un acto de desamor. Se involucran demasiado en la vida de su pareja, fusionando su vida personal y social en la del otro, es decir, se dejan a un lado o se abandonan por la pareja de turno. Como confunden el amor con la necesidad, acaban dependiendo emocional o económicamente de su pareja, esperando que ella llene ese vacío de presencia y compromiso que se creó en la infancia.

EJERCICIO
Escritura sanadora

Reflexionar sobre las siguientes preguntas terapéuticas te permitirá profundizar en esta herida y en cómo te ha condicionado la vida:

- ¿Quién te abandonó, no te acompañó o no te hizo sentir priorizada en tu infancia?
- ¿Qué anhelabas recibir de esa o esas personas?
- ¿Qué te hizo creer su abandono?
- ¿Cómo te abandonas, desplazas o postergas hoy?
- Hoy, en tu vida adulta, ¿cuál es la situación, relación o actividad en la que sueles dejar de priorizarte o abandonarte?
- ¿Cómo te proteges hoy para que no vuelvan a abandonarte?
- Si hoy fueras tu prioridad, ¿qué cambiaría en tu vida?

Si hoy abandonas tu poder y tu esencia por otras personas, y dependes de sus estados emocionales o de sus muestras de afecto para estar bien, te estás abandonando, estás priorizando a los demás y repitiendo las mismas acciones que hicieron que tu niña interior se sintiera profundamente herida. Tu medicina está en priorizarte, en dejar de esperar que otros te brinden la presencia, el compromiso y el acompañamiento que no recibiste en la infancia. El abandono de otras personas duele, pero si te abandonas a ti, ese dolor es incomparable. Solo tú puedes llenar los espacios en blanco de tu vida; esta tarea no les corresponde a otros.

Herida de traición

Esta herida se relaciona con la sensación de desconfianza y decepción que resulta de que los padres o cuidadores no cumplieran sus promesas, lo que se interpretó como una traición. Sobre todo representa la decepción o desconfianza que llegas a sentir en lo profundo de tu corazón cuando te convences de que no puedes contar con el apoyo, el acompañamiento, la presencia o la palabra de uno o ambos progenitores, lo que se refleja en la vida adulta como desconfianza y control en las relaciones interpersonales.

El origen de la herida de traición viene de interpretar que uno de los padres no cumplió la promesa o el rol que debía poner en práctica. Por desgracia, la mayoría de los padres suelen olvidar la importancia que tienen las palabras para sus hijos; no entienden que, cuando expresan un compromiso, para ellos es tan tangible como una acción y, si no lo cumplen, empieza a moldearse y a condicionarse su interpretación del vínculo con los demás, porque, si no puedes confiar en tus padres, ¿cómo vas a confiar en otras personas?

Esta herida también puede crearse si se produce una infidelidad en la relación de tus padres, cuando percibes la ruptura del vínculo y la desconfianza por parte del cuidador al que se le ha sido infiel; si uno de tus padres fallece a temprana edad, dejando esas promesas sin cumplir; o si sientes que no puedes contar con el apoyo o la ayuda de uno de ellos por motivos de inmadurez emocional, estabilidad económica o salud mental. En todos estos casos, esta decepción y desconfianza se afinca en tu interior, y se transforma en emociones contractivas como pueden ser la rabia o la frustración.

El dolor de no sentir que puedes confiar

La confianza es la base de todas las relaciones. Una niña necesita saber que puede confiar en sus padres para que el vínculo sea seguro, pero si ellos no cumplen sus promesas o no cubren las necesidades emocionales o físicas de su hija, es muy probable que esta lo perciba como una decepción o traición, y que moldee y condicione su visión de los vínculos a partir de la desconfianza.

Una herida de abandono puede venir acompañada de otra de traición. Por ejemplo, «Contaba con que mi madre/padre estuviera siempre presente en mi vida» y, al no estarlo, no solo se genera una herida de traición, sino también la de abandono. En consecuencia, en tu vida adulta sientes que no puedes confiar en los demás e intentas hacerlo todo sola, controlando y supervisando tu entorno y tus relaciones para evitar que vuelva a abrirse esa herida. De esta forma esquivas la posibilidad de ser vulnerable y pedir ayuda, y rechazas el apoyo de otras personas porque sientes que no cumplirán tus expectativas.

La personalidad herida controlará tu entorno y a las personas que te rodean. El control se convierte en el mejor escudo para evitar que vuelvan a herirte por medio de la decepción y la traición, lo cual hará que necesites supervisar y controlar tu vida, tu hogar, tus relaciones, tu trabajo y quizá a tus hijos para que nada escape a las expectativas o los planes que tienes en mente.

Cuando se crea esta herida, se forma un pensamiento infantil: «Mi entorno debe cumplir las expectativas que tengo en mente». Por eso las personas que la tienen se sienten decepcionadas cada dos por tres, ya que nada ni nadie suele cumplir las expectativas irrealistas que se plantean. Por lo general son muy responsables, ya que esto forma parte de su necesidad de control, y su protección es buscar la aprobación y el reconocimiento por medio del prestigio y el poder, por lo que suelen tener rasgos un poco narcisistas que las puede llevar a caer en la manipulación con tal de no perder el control. Bajo tanta necesidad de dominio se oculta un gran miedo a la vulnerabilidad, la espontaneidad y la autenticidad, lo que les impide darse permiso para conectar con sus niñas internas, que, por lo general, acogen la frustración y la rabia de esa primera traición.

¿Qué pareja eliges si tienes la herida de traición activa?

- Tiene un historial de infidelidad con parejas anteriores.
- Es inmadura a nivel emocional y no tiene la intención de comprometerse.
- No cumple con su palabra o compromiso en la relación.
- Suele tener heridas de abandono o humillación para controlarte.
- Suele ser más joven y no está en tu misma etapa de la vida.
- Tiene los mismos rasgos físicos o de personalidad que la persona que te causó la herida de traición.
- Desde un principio, demuestra irresponsabilidad afectiva.
- Se deja seducir, controlar o manipular por ti.

Cuando tienen esta herida activa, a las personas les cuesta confiar y delegar en sus relaciones. Como su forma de protección es el control, suelen ser celosas o manipuladoras con tal de que sus parejas hagan lo que ellas quieren para sentirse seguras. Con frecuencia, supervisan o tienen el control en la relación, lo cual puede provocar conflictos, ya que no les gusta ceder.

Suele haber luchas de poder y guardan resentimiento, de manera que recuerdan a sus parejas las veces que han fallado o las han decepcionado. Les importa la imagen de relación que transmiten y le dan mucha importancia al qué dirán. La decepción es una constante por las altas expectativas puestas en la pareja, siempre reabren la herida y sienten que solo pueden confiar en ellas mismas. Les cuesta mostrarse vulnerables, y su mayor reto es aprender a confiar en su pareja para que esta les demuestre que puede contar con su apoyo y su palabra.

EJERCICIO
Escritura sanadora

Para saber más sobre la presencia de esta herida en tu vida, haz uso del poder de la escritura sanadora y responde las siguientes preguntas:

- ¿Qué persona te traicionó, te decepcionó o te hizo sentir que no podías contar con ella en tu infancia?
- ¿Cuál fue la traición que viviste por parte de esa persona?
- ¿Cuáles fueron las promesas a las que faltó?
- ¿Qué hiciste en tu infancia para traicionarte con tal de recibir amor o complacer a los demás?
- ¿Cómo te traicionas hoy a ti misma y a tu niña interior?
- ¿Cómo te proteges hoy para que no vuelvan a traicionarte?
- Si hoy te dieras aquello que tu niña esperaba para confiar en los demás y cumplieras las promesas que te haces, ¿qué cambiaría en tu vida?

Para sanar esta herida, debes entender que hay quienes se eligen a sí mismos antes que a otros en un intento por sanarse y salvarse, y que hay personas que carecen de la capacidad de ser responsables tanto consigo mismas como con los demás. Tu medicina está en comprender que el comportamiento de otros hacia ti no es personal. En ese momento, empiezas a liberarte de la carga de estar siempre supervisando si la otra persona se halla o no a tu lado. Cuando vives constantemente intentando controlar tu entorno y tus relaciones, te olvidas de vivir y disfrutar. Nadie está en contra de ti, y cuando dejes de buscar enemigos o personas que te decepcionen, te darás cuenta de que estás rodeada de seres humanos. Si te permites reducir tus expectativas y derribar tus murallas, podrás empezar a confiar en ellos y dejarás de sentirte sola. Hoy puedes recordarle a esa niña que está segura para darse espacio, confianza y libertad, pero solo lo lograrás si te permites ser vulnerable contigo misma.

Herida de humillación

Esta herida representa el dolor de no sentirse suficiente e incluso de avergonzarse de una misma, y suele asociarse a infancias con maltrato verbal o físico. Las personas que la tienen no se sienten merecedoras de recibir amor o respeto, por lo que, en la vida adulta, tienden a sacrificarse para que otros puedan reconocer su valor.

Se crea cuando la niña está empezando a ser más autónoma, quizá cuando empieza a controlar los esfínteres o a alimentarse o vestirse sola. Si recibe críticas, maltrato físico o verbal, o castigos exagerados de forma constante, aparece la herida de humillación. Al mismo tiempo, también puede darse si sufre abusos sexuales, si en la familia se la compara y se la juzga, si carece de reconocimiento verbal o afectivo, si ha sufrido abusos o maltratos por parte de un hermano o hermana mayor, si se le exigen sacrificios o si tiene que demostrar que es una «niña buena».

El dolor de no sentir que vales

El reconocimiento de los padres ayuda a fortalecer la autoestima y el autoconcepto, pero cuando se niega y se intercambia por abusos verbales o humillaciones, la niña suele sentir tanta vergüenza de sí misma que es incapaz de reconocer su valor y sus fortalezas, y construye su identidad basándose en la vergüenza de sí misma y el miedo a mostrarse tal como es.

Cuando el valor de una persona está condicionado por su aspecto físico, sus cualidades, su complacencia, su independencia o por algo externo, suele hacer que la persona interiorice que, como no cumple con los estándares, no merece ser amada o respetada y, en consecuencia, tiene que estar probando su valor constantemente por medio del autosacrificio, incluso aunque esto implique tolerar humillaciones o maltratos.

Esta herida está muy asociada al modelo patriarcal femenino, en el que las mujeres y las niñas deben ser buenas, sumisas y complacientes, lo que consigue que interioricen que, si en algún momento se eligen a sí mismas, están siendo egoístas y no merecerán recibir amor por parte de su entorno.

En algunos casos, es tanta la vergüenza que pueden llegar a sentir que crean una armadura física protectora, como puede ser el sobrepeso. Esa falta de merecimiento de amor y respeto las lleva a sacrificarse y a maltratarse para mostrar su valor a otros con tal de sentirse vistas y reconocidas.

La personalidad herida tiene como consecuencia el autosacrificio o el masoquismo. La persona que tiene esta herida ha interiorizado desde pequeña que no merece recibir respeto o amor sin sacrificio o maltrato por su parte. Construye su identidad basándose en el masoquismo o al tolerar circunstancias que van en contra de su integridad física, emocional o incluso espiritual. En el fondo, cree que no es digna de recibir un trato respetuoso ni de ser reconocida sin que deba probar su valor de forma sacrificada. Tiene un profundo miedo a establecer límites para mantener esta imagen útil y disponible ante los demás porque es su forma de sentirse reconocida. Esta protección no le permite priorizarse, y le hace sentir una gran vergüenza de sí misma, de su aspecto o de sus cualidades, escondiendo bajo esta personalidad herida a una niña que espera que se la recuerde y se le reconozca que es suficientemente valiosa por existir en el mundo y que no necesita hacerse más pequeña ni menospreciarse para que la amen.

¿Qué pareja eliges si tienes la herida de humillación activa?

- Necesita ser salvada, rescatada o «arreglada».
- Demanda constantemente tu atención y tus cuidados a causa de sus propias heridas.
- Te exige que tengas un rol más de cuidadora que de compañera.
- Te exige o te pide que te abandones, sacrifiques y doblegues tus límites personales a cambio de amor o aprobación.
- No sabe tener una relación simétrica y equitativa.
- Tiene comportamientos inmaduros a nivel emocional y le cuesta gestionar sus reacciones.
- Ofrece migajas de amor, atención o compañía.
- Te humilla verbal o emocionalmente con comentarios pasivo-agresivos, sobre todo en lugares públicos o en compañía de otras personas.
- También tiene la herida de humillación activa. La premisa de la relación es «Nos sacrificamos el uno por el otro», lo que genera un vínculo insano o codependiente.

La herida de humillación está en tus relaciones de pareja cuando, por ejemplo, aprendes que el amor está condicionado al sacrificio y a una exhibición constante de acciones que demuestren que eres suficiente para estar con esa persona. Si tus relaciones son asimétricas o unilaterales y sueles ser la que siempre cede, se doblega o se sacrifica para estar con esa pareja; si nunca te das prioridad; o si te sientes responsable de la estabilidad emocional o de la felicidad de tu relación, estás actuando desde esta herida. Y eso te puede llevar a intentar salvarla o rescatarla constantemente, lo que te dejará agotada y exhausta a nivel físico o emocional.

Estas situaciones pueden provocar que atraigas a personas con actitudes abusivas que tengan los mismos rasgos que las personas que te causaron esta herida. Por el contrario, puedes conocer a alguien que también tenga la herida de humillación y quizá en ese caso seas tú la que lo humille o le exija que se sacrifique, como es probable que hicieras tú en otras relaciones.

Cuando entiendes que recibir amor no debería estar condicionado y te das permiso para priorizarte y entender que recibes el amor que crees merecer, empiezas a tratarte con respeto y puedes explicarle a tu pareja cómo mereces ser tratada.

EJERCICIO
Escritura sanadora

Para saber más sobre la presencia de esta herida en tu vida, haz uso del poder de la escritura sanadora y responde las siguientes preguntas:

- ¿Quién te humilló, te maltrató, abusó de ti o te hizo sentir que no eras suficiente en tu infancia?
- ¿Cuál fue la humillación que viviste por parte de esa persona? Por ejemplo, gritos, abuso verbal, parentalización, críticas, juicios, etc.

- ¿Qué te hizo creer la humillación que sufriste? Por ejemplo, que no valías, que no podías hacer tal cosa o ser de cierta forma...
- ¿Qué hiciste en la infancia para humillarte o sacrificarte con tal de recibir amor o complacer a los demás?
- ¿Cómo impactaron esas experiencias en tu capacidad para valorarte y respetarte?
- ¿Cómo te sigues humillando o sacrificando hoy?
- ¿Cómo te proteges hoy para que no vuelvan a humillarte?
- Si hoy te dieras aquello que tu niña necesitaba, como respetarte al marcar límites sanos en tus relaciones, ¿qué cambiaría en tu vida?

Para sanar la herida de humillación es necesario que identifiques qué situaciones o circunstancias son intolerables para ti según tu sistema de valores y tu integridad. A partir de ahí, atrévete a establecer límites en tu entorno modelando hacia ti el respeto que esperas recibir de los demás. Ten siempre presente que, cada vez que te sacrificas por otras personas, te estás humillando y estás reabriendo la herida. Presta atención a las señales que te da tu cuerpo para indicarte que te estás pasando y que es preciso que pares y te ocupes de ti. Nadie necesita ser salvada excepto tú y tu niña interna. Tu medicina está en interiorizar que debes ser tu prioridad. De esta forma te darás cuenta de que no necesitas que otros reconozcan cuánto vales, solo recordar que eres valiosa.

Herida de injusticia

Esta herida representa el dolor de una niña que no sintió que tuviera permiso para expresarse emocionalmente de manera auténtica y ni para ser vulnerable. Se asocia con crianzas demasiado exigentes, demandantes y llenas de comparaciones. Los padres suelen ser fríos, desapegados y poco compasivos, ya que están desconectados de sus propios niños internos, lo que genera una desconexión emocional en la persona que tiene esta herida. Esta persona entenderá que no tiene permiso para ser vulnerable, e interiorizará una actitud rígida y poco compasiva como la que le modelaron de niña.

La herida de injusticia la crean unos padres demasiado demandantes, fríos y perfeccionistas que quizá tengan una herida de injusticia o de traición. La crianza suele estar rodeada de injusticias, como castigos exagerados, exigencias de responsabilidades que escapan a la edad del infante, falta de reconocimiento verbal por parte de los padres, constantes comparaciones o focalizaciones en la imagen, en qué dirán o en los resultados de sus hijos y no en el esfuerzo o en el proceso que siguieron para alcanzar esas metas. La provocan madres o padres rígidos que esperan que los niños se comporten como adultos, no los acompañan para validar sus experiencias emocionales, siempre los invalidan emocionalmente e incluso los castigan por expresar sus emociones aunque tal vez no tengan edad para gestionarlas o no les brinden las herramientas para ello.

Todo esto provoca que la persona se convierta en una adulta rígida, desconectada de sus emociones, y con dificultades para vincularse tanto con ella como con los demás.

El dolor de no tener permiso para sentir

Se refleja en una niña que tiene todo un mundo emocional sin explorar, ya que fue castrada o mutilada a temprana edad por unos padres que la invalidaron. Esto le genera una profunda desconexión de sí misma y de su adulta interior compasiva, y cultiva una voz interna autocrítica y exigente.

Además, suele usar las mismas palabras y tonos que escuchó en su infancia por parte de ese cuidador rígido y frío. Toda niña necesita vivir su infancia y cerrar cada etapa de forma sana y natural, pero cuando desde pequeña se le exige que cumpla con actitudes que escapan a su edad cronológica, se invalida su etapa y se la apremia a crecer sin el acompañamiento necesario para que pueda integrar los aprendizajes.

Las personas que tienen esta herida repiten frases como «No sé qué siento» o «No sé cómo identificar lo que siento», solo barajan un par de emociones y les cuesta darse permiso para sentirse tristes o ser amables consigo mismas, como una forma de no conectar con ellas o con su niña interior a nivel emocional.

Siempre están ocupadas y se exigen una nueva meta o mejores resultados, lo que las distancia de su conexión con el aquí y ahora y, sobre todo, de su autenticidad. Es habitual que a las personas que tienen la herida de injusticia les cueste intimar en el plano emocional y físico o sexual, ya que todo lo que represente afecto, cercanía, relajación o gozo fue castrado o juzgado en la infancia y les cuesta permitirse esos espacios para sentir.

La personalidad herida se mostrará en una actitud rígida o inflexible. Al haber carecido de acompañamiento en la validación de sus experiencias emocionales, estas personas no solo no se permiten sentir emociones, sino que no saben cómo actuar ante ellas, de modo que se las guardan y las contienen. Esto puede provocar una postura rígida y un aspecto tenso en el cuerpo, además de una mirada fría y un rostro inexpresivo.

La personalidad herida te hará creer que la única forma de protegerte para que no te traten de forma injusta es ser exigente y crítica con el entorno, te distanciará de las personas que aprecias y te llevará a adoptar actitudes perfeccionistas y poco compasivas contigo, pues sentirás que no tienes permiso para equivocarte. Por lo general, la personalidad herida se traduce en un diálogo interno muy crítico que justifica que seas injusta contigo con tal de ser justa o correcta ante los demás.

¿Qué pareja eliges si tienes la herida de injusticia activa?

- Fría y poco afectuosa.
- Te compara con sus exparejas.
- Suele invalidar y exigir constantemente.
- Tiene la herida de humillación o de rechazo, así que le exiges mucho o eres muy dura con ella.
- Suele tratarte de forma injusta. Por ejemplo, te exige que cambies tu forma de ser o que te adaptes a su vida.
- Con ella, suele ser todo un reto intimar, ya que no se siente cómoda hablando de sus emociones.
- Con ella, no podéis ser vulnerables.
- La opuesta a lo anterior: emocional en extremo, complaciente e injusta consigo misma.

La herida de injusticia está activa en tus relaciones cuando eliges a una pareja que personifica las actitudes invalidantes o rígidas con las que creciste. Cuando eres tú la que se convierte en esta figura demandante y crítica hacia tu pareja, adoptas actitudes muy rígidas e inflexibles para que todo sea exactamente como tú quieres, ya que eso es lo justo para ti. Por otra parte, sueles auditar tu relación para evaluar los aspectos que no están siendo justos según tu punto de vista. Esta herida te impide profundizar en la intimidad emocional con tu pareja o mostrarte vulnerable al pedirle su apoyo, compañía o escucha.

Si tienes la herida profundamente activada, será todo un reto conectar con el disfrute y el gozo, así que te aconsejo que empieces a darte los permisos que te fueron negados en la infancia y que dejes de buscar la validación emocional en el exterior. Solo tú puedes dártela.

EJERCICIO
Escritura sanadora

Te invito a profundizar en la transmutación de tus heridas respondiendo las siguientes preguntas:

- ¿Quién te trató de forma fría, te invalidó o fue injusto contigo en tu infancia?
- ¿Cuáles fueron las injusticias que viviste por parte de esa persona?
- ¿Qué esperabas recibir de ella?
- ¿Qué te hizo creer la actitud injusta de esa persona?
- En tu infancia, ¿cómo fuiste injusta contigo con tal de complacer a otros o de ser justa con ellos?
- ¿Cómo impactaron esas experiencias en tu capacidad para validarte emocionalmente?
- ¿Cómo te tratas de forma injusta, fría o poco compasiva hoy?
- ¿Cómo te proteges hoy para que no vuelvan a tratarte de forma injusta?
- Si hoy te dieras el afecto, la validación, la compasión y la amabilidad que tu niña interior necesitaba en tu infancia, ¿qué cambiaría en tu vida?

Dentro de ti hay una niña con un profundo miedo a no sentirse reconocida o vista, una que guarda muchas emociones en la mochila y que no se ha dado permiso para verlas o sentirlas porque no tiene a nadie que la acompañe a hacerlo.

La medicina de esta herida consiste en empezar a darte la validación, la contención y la escucha de tus necesidades emocionales que no tuviste en la infancia, porque hoy la persona que está siendo más injusta contigo probablemente seas tú misma.

¿Cuándo fue la última vez que dejaste salir a jugar a tu niña interior? ¿Cuánto placer te permites recibir? ¿Cómo sería tu vida si empezaras a tratarte de forma más amable y compasiva? ¿Cómo sería tu vida si te dieras permiso para necesitar a los demás?

Las respuestas a estas preguntas te llevarán a conectar con una vida que tenga más colores, más posibilidades y, sobre todo, muchas más sensaciones.

Reconoce, abraza y acepta tus heridas.

Tras este viaje a través de las cinco heridas, confío en que lo veas todo más claro y que consigas identificar la herida que está más presente en tu vida en este momento, y que te está pidiendo que la veas y la sanes.

Céntrate en la herida con la que te has sentido más identificada o en la que más te ha resonado y responde a las siguientes preguntas desde la amabilidad y la curiosidad para, desde tu sabiduría interior, comenzar a reconocer, abrazar y aceptar tus heridas emocionales y que puedan ser sanadas y reparadas.

EJERCICIO
Escritura sanadora

A continuación, te invito a responder a las siguientes preguntas para tomar conciencia de qué heridas están solicitando tu atención para ser sanadas:

- La herida con la más me identifico es ____________________.
- La segunda herida con la que más me identifico es ____________________.
- ¿Qué herida te duele hoy o sientes más presente en tu vida?
- ¿Cuál es tu protección para esa herida? ____________________.

- Dejar de herirte haciéndote lo que te hicieron sería dejar de ________________________.
- Tu herida se activa cuando ________________________.
- ¿Con quién suele detonar más tu herida?
- ¿Qué puedes hacer para cuidar de ti de forma responsable ante esa persona?
- ¿Qué sanación traería a tu vida marcar límites y empezar a priorizarte?
- A partir de hoy, ¿cuál es tu promesa a tu niña interior?

Recuerda que responder a estas preguntas lleva tiempo y reflexión. La sabiduría siempre ha estado dentro de ti. Estas páginas solo pretenden ayudarte a identificar esos dolores que tal vez hoy te están impidiendo amarte o atenderte como necesitas. Tómate tu tiempo y recuerda que ya estás haciendo suficiente. Tu niña interna reconoce y valora tu esfuerzo. Paso a paso.

De tu herida nace tu medicina.

La naturaleza es sabia: ¡siempre existe un antídoto para cada uno de sus venenos! La herida que hoy duele y se detona en tus relaciones de pareja, laborales o de amistad te está gritando que tienes que empezar a darte aquello que no recibiste. En cuanto liberes a los demás de cumplir o satisfacer las necesidades emocionales que tus cuidadores no pudieron darte, comenzará el camino de aceptar que eres tu propia medicina y que en cada una de tus heridas está la clave y el antídoto para sanarla.

La auténtica sanación y reparación de las heridas emocionales nace de la aceptación radical de que a la persona que te hirió profundamente no le corresponde validar tu dolor ni ocuparse de él. Esto forma parte del duelo que acompaña a la transmutación de las heridas. Deja de esperar y recuerda que, si tienes la herida, también tienes la medicina para sanarla.

Si te rechazaron, por favor, no te rechaces.
Si te abandonaron, por favor, no te abandones.
Si te traicionaron, por favor, no te traiciones.
Si te humillaron, por favor, no te humilles postergándote.
Si te trataron injustamente, por favor, no seas injusta contigo.
Porque en tu herida está también tu medicina.

LA HERIDA	LA MEDICINA SANADORA
Herida de rechazo. Representa el dolor de no sentirte vista, aceptada o valorada en tus primeros años de vida, y te lleva a menospreciarte o aislarte porque no te sientes merecedora de amor o reconocimiento. Hoy sueles exigirte tanto que te impide reconocer tus logros, y al mismo tiempo callas tus necesidades para no incomodar a los demás.	Tu medicina radica en cultivar tu autoaceptación por medio de comunicar tus necesidades, dejando de callar para no incomodar, reconociendo tus logros, aun los más pequeños, y abriéndote a recibir el amor bueno que te espera cuando eliges hacer espacio para ti en tu vida.
Herida de abandono, Guardas en tu corazón el dolor de no sentirte acompañada o priorizada, al haber vivido ausencia física o emocional por parte de uno de tus padres, o de ambos, lo que te puede llevar a depender de otros para evitar ser abandonada, a entregar demasiado en tu relaciones y a dejarte de lado a ti misma.	Tu medicina radica en no abandonarte en tus relaciones; establece límites contigo misma para priorizarte. Dedícate tiempo de calidad para tener una relación segura contigo misma y poder recordarle a tu niña interna que, pase lo que pase en tus relaciones, nunca la (te) abandonarás.
Herida de traición. Es el dolor de haber sido decepcionada o defraudada en la infancia. Probablemente tus padres te defraudaron al no cumplir sus promesas o compromisos contigo, lo que se tradujo en la incapacidad de confiar y en la necesidad de controlar para sentirte segura, y te impide conectar con el gozo y tu autenticidad.	Tu medicina radica en aceptar tu humanidad y la de los demás. Tus expectativas son tuyas; no es responsabilidad de otros cumplirlas. Reconoce tu miedo a confiar en los demás y extiende tu autocompasión hacia otros; cuando dejas de intentar controlar a otra persona, llevas tu atención a ti misma y recuperas tu poder.

Herida de humillación. Representa el dolor de no haberte sentido suficiente en tu infancia para tus padres, lo que te lleva a sentir vergüenza de ti misma y a dudar hoy de tu valor. Sientes que debes sacrificarte para demostrarlo, con lo que muchas veces eres negligente hacia ti misma, postergando tu autocuidado y tus metas.	Tu medicina radica en dejar de postergarte, sacrificarte y abusar de ti misma para ser reconocida por otros. No toleres de otros aquello que va en contra de tu dignidad y tu autocuidado, practica la escucha consciente del cuerpo y sé responsable de ti misma.
Herida de injusticia. Sientes que se espera mucho de ti y siempre debes superar cualquier expectativa. En tu infancia probablemente tuviste padres críticos, fríos o exigentes. Sientes que hoy no hay espacio para equivocarte o mostrarte vulnerable, lo que te desconecta de tu mundo emocional y te impide disfrutar de tu vida.	Tu medicina radica en liberarte de la necesidad de ser perfecta para otros. Acepta que tienes permiso para equivocarte y para mostrar tu vulnerabilidad, y descubre quién eres cuando dejas de exigirte tanto. Permítete practicar la autocompasión hacia tus experiencias emocionales, honrando tu sentir y validándote a ti misma.

Dentro de ti —tú, que estás leyendo este libro— está tu niña interior, tu protectora o tu personalidad herida, la adulta consciente, tal vez tu crítica o tu perfeccionista interior, pero también está tu sanadora o terapeuta interna, esa parte de ti que sabe en lo profundo que no es responsabilidad de otros sanarte. Ese es tu trabajo.

Cuando asumes esta responsabilidad con placer y empoderamiento, recordándote que tu personalidad herida te contó una historia rota o caducada en la que era mejor tener siempre la armadura puesta para que no volvieran a hacerte daño, comprenderás que la armadura pesa y que ha llegado el momento de quitártela para ver esas heridas que duelen, escuecen o incluso están infectadas. Porque una vez que reconoces el dolor para sanarlo, tomas el poder y el mando en tu vida.

Esta es la libertad emocional que puedes alcanzar si eliges hacerte cargo de ti, de tu niña interior y de todas las partes que te habitan.

Porque cuando recuerdas que eres amor puro y que este habita en ti, el miedo, la carencia, la desconfianza y el sufrimiento se disuelven, abriendo espacio para que la mujer que eres hoy acompañe a su niña interna a reparar y sostener sus dolores y heridas. Acepta que lo único que puede cambiar es cómo elijas tratarte. Siempre es el momento idóneo para tener un acto compasivo, amoroso y sanador hacia ti.

Todos los días puedes elegir hacer de tu herida tu maestría.

EJERCICIO
Visualización sanadora: tú eres más que suficiente

Te invito a que accedas al álbum mental de tu infancia y escojas la imagen de algún momento o circunstancia en el que sentiste que se estaba creando o activando una de las cinco heridas. Puedes elegir la herida que más presente sientas hoy en tu vida. Cuando tengas esa circunstancia o momento anclado en tu mente, realiza el siguiente ejercicio meditativo:

- Siéntate con la columna recta y echa los hombros hacia atrás para recordarle a tu cuerpo que estos minutos son para ti.
- Coloca la mano derecha en el corazón y la izquierda en el abdomen.
- Céntrate en la respiración; será tu ancla en este breve viaje autocompasivo.
- Inspira hondo y observa todas y cada una de las emociones y sensaciones que estén viniendo hacia ti.
- Solo observa, inhala y exhala.
- Ahora te invito a visualizar que estás delante de la puerta de la habitación de tu infancia.
- Inhala y exhala, mantente presente ante cualquier emoción.
- Estás enfrente de la puerta y decides entrar al encuentro de una versión de ti más joven que está pasando por un momento en el que se sintió herida.

- Entrarás, pero no para evitar lo que sucedió, sino para acompañar a esa parte de ti que necesitó que alguien la hiciera sentir segura y sostenida en medio de su dolor.
- Inhala profundamente y entra... Visualízate mucho más joven, sentada. Observa tu rostro y reconoce tus emociones, tu edad y la situación por la que estás o te sientes herida.
- Visualiza que, al entrar, te sientas junto a esa tú más joven, vulnerable, incluso indefensa.
- Reconoce su dolor y, al mismo tiempo, allí sentada con esa versión de ti, cógele la mano y, con amor, dile estas palabras:

> «[Tu nombre], eres valiosa».
> «{Tu nombre], mereces amor y respeto».
> «[Tu nombre], tu dolor es válido».
> «[Tu nombre], no estás sola».
> «[Tu nombre], eres suficiente, haces suficiente y tienes suficiente aquí y ahora».
> «Estoy aquí contigo, estás segura conmigo. Te amo y te prometo que siempre estaré aquí para ti».

- Mientras le dices estas palabras, valida su dolor y recuérdale que tú has salido victoriosa, que hoy has salido adelante y que estás aprendiendo a ocuparte de ti.
- Inhala y exhala. Quédate allí el tiempo que necesites, sosteniéndote.
- Cuando estés lista, toma una respiración profunda y visualiza que esa versión de ti se guarda en lo profundo de tu corazón.
- Ya puedes salir de ese espacio.
- Inhala y exhala, y repite en voz alta para ti misma: «Me siento segura», «Aquí y ahora, todo está bien».
- Respira hondo. Cada respiración se vuelve más amable y te da la oportunidad de soltar lo que necesites.
- Vuelve a inspirar, y haz un gesto o movimiento que te conecte con el aquí y ahora.

APRENDIZAJES DE ESTE CAPÍTULO

Resumamos el recorrido de tu historia desde una mirada integral y compasiva:

- ✓ La personalidad herida te protege para que no vuelvan a herirte, pero, como se crea desde el miedo y el desmerecimiento, te aleja de tu auténtica versión. Para sanar la personalidad herida, debes asumir la responsabilidad de tu herida y empezar a tratarte con respeto, prioridad, aceptación y amor.
- ✓ La herida de rechazo representa el dolor por no sentirte vista, aceptada o valorada en tus primeros años de vida, lo que provoca que te menosprecies o que te aísles porque no te sientes merecedora de amor o reconocimiento.
- ✓ La herida de abandono representa el dolor por no sentirte acompañada o priorizada, ya que viviste la ausencia física o emocional de uno o de ambos padres, lo que puede llevarte a depender de otros para que no te abandonen.
- ✓ La herida de traición representa el dolor por haberte sentido decepcionada o defraudada en la infancia, lo que se traduce en la incapacidad de confiar y en la necesidad de controlar para sentirte segura.
- ✓ La herida de humillación representa el dolor por haber sido maltratada hasta sentir vergüenza de ti, lo que provoca que hoy dudes de tu valor y tengas que sacrificarte para demostrarlo.
- ✓ La herida de injusticia representa el dolor por la frialdad y la inflexibilidad en la que creciste, que hoy se traduce en un diálogo interno crítico y en una actitud exigente y perfeccionista que te lleva a desconectarte de tu sentir.
- ✓ La auténtica sanación y reparación de las heridas emocionales nace de la aceptación radical de que a quien te hirió profundamente no le corresponde validar tu dolor y ocuparse de tus heridas. Hoy es tu labor y tu responsabilidad.

✓ En tu herida está tu medicina para sanarte. Cuando aprendes a darte lo que te faltó en la infancia puedes empezar a deshacer el daño que alguna vez te hicieron, para recordar que siempre has sido merecedora de amor, respeto y aceptación.

El libro *Un curso de milagros* afirma: «Los milagros reorganizan la percepción y te liberan de toda carencia y aislamiento». El trabajo de sanación emocional no consiste en invalidar tu dolor ni en negarlo para hacerte más fuerte, sino que se enfoca en que seas capaz de empezar a resignificar esas experiencias dolorosas desde una mirada compasiva, entendiendo que, aunque no puedas cambiar lo que te pasó, puedes transmutar y transformar la interpretación interna que guardaste de esa experiencia. Cuando eliges darte lo que no pudieron darte otros en tu infancia, se produce el milagro de la reorganización interna de tus interpretaciones y conectas con tu poder autosanador, ayudándote a redescubrir el amor que siempre has sido y a conectar de nuevo con la confianza en ti.

Tu niña está esperando que te atrevas por fin a elegir ocuparte de tu dolor, a no responsabilizar a nadie más y a saldar cada deuda emocional que tienes con ella.

**Estas páginas son tu guía,
pero la verdadera sanación será que hoy,
para ti, elijas hacerlo de otra forma.**

10

Tu relación revela tu herida

> Nacemos en una relación, somos heridos en una relación y podemos ser curados en una relación.
>
> HARVILLE HENDRIX

¿Qué heridas emocionales salen a la luz en tu relación de pareja?

En 2018 me encontraba atravesando muchos cambios en mi vida. Solo llevaba dos años casada y uno desde que había llegado a Barcelona. Mi vida se había convertido en una espiral negativa en la que me sentía presa. El dolor emocional había tomado el control de mí misma y siempre lo proyectaba en mi relación de pareja. Lejos de mi familia y de la tierra que me vio crecer, mis heridas emocionales, sumadas a mi duelo migratorio, comenzaron a controlar mis reacciones y mi autoconfianza, colándose en cada área de mi vida, en especial en mi matrimonio.

Recuerdo los reproches que le hacía a mi pareja, que, en definitiva, venían de mi niña herida: «Es que no tienes tiempo para mí», «Me siento sola en esta relación», «Siento que no soy tu prioridad», «No me siento acompañada por ti», y otros por el estilo. Durante esa época, estaba segura de que el problema se centraba en mi relación; apartaba de mí misma la causa de mi dolor (era la única forma de verlo). No sé si te identificas, pero esas mismas frases las he escuchado una y otra vez en mis sesiones, dichas con otras palabras por pacientes de todo el mundo.

El año que emprendí mi trabajo de sanación emocional, empecé a notar que aquellas peticiones y demandas que le hacía a mi pareja venían de las carencias que había vivido mi niña interna en la infancia. A medida que avanzaba en mi proceso de sanación con mi terapeuta, empecé a hacer ese *match*, por así decirlo, entre las carencias que viví de pequeña y las que tenía en mi relación, y me di cuenta de que las heridas de mi niña interna estaban tomando el control de mi vida adulta, así que pedían a gritos que las sanase.

La separación de mis padres me afectó mucho, ya que marcó una pauta en mi forma de relacionarme y, sobre todo, me produjo una amarga sensación de abandono por parte de mi padre, que coincidió con el trabajo a tiempo completo de mi madre, lo cual me llevó a vivir una doble ausencia. Durante mi trabajo terapéutico comprendí que las frases que le decía a mi pareja en 2018 se correspondían con los dolores del abandono enquistados en mi niña interna, ese que había sentido por parte de mis padres y que en ese momento, como adulta, proyectaba en mi relación de pareja para ver mi dolor.

Mi vida cambió radicalmente cuando empecé dirigir esos reproches hacia mí, lo que sonaba a «No tengo tiempo para mí», «Siento que no soy mi prioridad», «No me estoy acompañando en mi dolor emocional a causa de la migración», «No me estoy dando la oportunidad de crear nuevos vínculos para sentirme acompañada»... Qué interesante es darse cuenta de que, cuando mueves el foco del otro hacia ti, eres capaz de recuperar tu poder, ese que te permite abrir los brazos de lado a lado, inspirar hondo y mirar a los ojos a tu niña interior para decirle: «Cariño, estoy aquí, escucho todas tus necesidades y me comprometo a que sean satisfechas por mí y por ti».

Durante años estuve amando desde la herida, como con una venda en los ojos y en el corazón. Transitaba en mi relación como en la película *A ciegas* (*Bird Box*, 2018) no me veía, no veía mi niña interna, no veía mis heridas y, como consecuencia, no podía ver a mi pareja de forma clara y auténtica. Desde que me quité la venda para empezar a verme, muchas veces, en situaciones que me recuerdan las del pasado, me pregunto: «¿Es cierto que él es así o son mis heridas las que están hablando?». Esto me ha permitido ver de nuevo a la persona con la que llevaba años compartiendo una vida, aquella a la que, por haber estado tan centrada en mi dolor, no pude observar desde el amor.

Diría que aprender a amar desde la cicatriz es un trabajo para toda la vida, ya que tus relaciones son ese lugar sagrado —para mí, increíblemente espiritual— en el que te vas a encontrar con aquellas partes de ti que ni siquiera sabes que existen y que ni siquiera sabías que estaban heridas.

Desde hace años practico las enseñanzas de *Un curso de milagros*, y uno de los párrafos que me ha cambiado la vida es este: «Cuando te encuentras con alguien, recuerda que se trata de un encuentro santo. Tal y como lo consideres a él, así te considerarás ti mismo. Tal como piensas de él, así pensarás de ti mismo. Nunca olvides nada de esto, pues en tus semejantes o bien te encuentras a ti mismo o bien te pierdes a ti mismo».

Estas frases resumen una de las enseñanzas que espero transmitirte en este capítulo: hay un tipo de sanación, única y transformadora, que solo se da cuando estás en una relación de pareja, ya que cuando somos pequeñas y se crean las heridas emocionales, casi siempre hubo alguien involucrado y un vínculo que se deterioró, pero solo en un vínculo con otra persona muy cercana

—y qué más íntimo que una pareja— podrás recuperar la oportunidad de sanar esa herida, de atender a tu niña interna, para dejar de trasladar al otro las responsabilidades que te corresponden a ti y solo a ti.

Las parejas que eliges son un reflejo de las heridas de tu infancia

Tus relaciones son como un espejo en el que verás un reflejo limpio y claro de todas y cada una de las heridas emocionales que se encuentran almacenadas en tu mente, cuerpo y espíritu.

Estoy segura de que en alguna ocasión, cuando te ha bajado la regla, le has preguntado a tu pareja o a una amiga: «¿Puedes mirar si he manchado?». ¿Te imaginas que te pasa cuando no tienes a nadie a quien preguntarle? Estoy segura de que irías al baño a mirarte al espejo para revisar que todo estuviese bien. Existen partes de ti de las que no eres consciente en las que es todo un reto profundizar por cuenta propia. Uno de los mecanismos de tu mente es proyectar en otras personas lo que no eres capaz de ver en ti, porque tu mente considera que no estás lista para integrarlo.

Por eso, cuando se repite un patrón en tus parejas o sientes un gran malestar emocional en una relación, es necesario que te permitas investigar en el mapa emocional de tu infancia para identificar esas necesidades emocionales que tus padres o cuidadores no fueron capaces de cubrir, que reconozcas qué herida emocional está más presente en tu vida y, sobre todo, que seas consciente de las dinámicas disfuncionales de la relación de tus padres, ya que es probable que se estén repitiendo en tu vida de forma inconsciente.

- Si eliges parejas que no están disponibles a nivel emocional, quizá hayas crecido con unos padres inmaduros o emocionalmente ausentes que te hicieron sentir que el vínculo emocional estaba siempre en peligro.
- Si eliges parejas narcisistas o centradas en sí mismas, es probable que hayas crecido con unos padres emocionalmente inmaduros o con rasgos narcisistas que eran demandantes y manipuladores contigo, y que te responsabilizaban de su felicidad o estabilidad emocional, lo que te llevaba a tener actitudes sumisas o complacientes.
- Si eliges parejas de las que sueles depender en el ámbito emocional, quizá hayas crecido con unos padres ausentes y te hayas sentido sola la mayor parte del tiempo, temiendo que volvieran a abandonarte, y por eso tal vez dependas de tus parejas para sentirte segura.
- Si eliges parejas controladoras o salvadoras, es probable que hayas crecido con unos padres que te abandonaron o te hicieron sentir que no podías contar con ellos para cuidarte, ya fuera porque tenías que ocuparte de ti desde muy pequeña, de tus hermanos o de tus padres. Y esto te ha hecho buscar parejas que, por medio del control o la sobreprotección, te brindasen la seguridad y el acompañamiento que no tuviste.
- Si eliges parejas con problemas de violencia o dificultades para gestionar la rabia, quizá tus padres tuvieran actitudes violentas y agresivas entre sí, hacia ti o hacia tus hermanos, y eso te hiciera sentir insegura.
- Si eliges parejas que prefieren tener una relación a distancia o pasan mucho tiempo fuera por trabajo, es probable que hayas crecido con padres que siempre viajaban o estaban ausentes por diferentes motivos, lo que te hacía sentir sola o poco acompañada, y que repitas el patrón con

tus parejas, buscando personas que pasen tiempo fuera o que se muestran distantes, lo que te hará revivir la herida de abandono de forma constante.

Podría ponerte miles de ejemplos, pero estos son los que más se repiten en las sesiones con mis pacientes. Por supuesto, existen casos particulares, pero quiero que entiendas que, al fin y al cabo, siempre buscarás lo que te resulta familiar y conocido, incluso por encima de aquello que es sano y seguro para tu mente, tu cuerpo y tu espíritu. Tu sistema nervioso intentará, de forma inconsciente, replicar las dinámicas y las relaciones que te lleven a sentirte físicamente igual que en la infancia, porque eso es lo conocido para ti.

El trabajo está en mostrarles a tu cuerpo y a tu niña interior que lo conocido no tiene por qué ser lo sano para ti.

Si te han educado para que necesites sentir ansiedad o inseguridad, es probable que, al principio, te parezcan aburridas y sin chispa las relaciones seguras con personas funcionales y maduras emocionalmente, lo que podría hacerte confundir el amor con la atracción y el caos con la paz.

También es importante que reconozcas qué nivel de afecto físico y emocional se vivía en tu casa. Una paciente me comentaba que creció con unos padres que casi nunca se besaban, se daban la mano ni se decían «Te amo» o «Te quiero» al despedirse. Aunque sabía que mantenían relaciones íntimas —porque en caso contrario ella y sus hermanos no hubieran nacido—, podría contar con los dedos de las dos manos las veces que vio algún tipo de afecto físico o verbal entre sus padres.

¿Qué piensas sobre esto? No es casualidad que la pareja de esta paciente provenga de una cultura en la que los hombres tienen fama de ser fríos y poco afectuosos. Me contó lo mucho que sufre en esta relación, pues ella proviene del mundo hispano y está acostumbrada a dar besos y abrazos al saludar. Le expliqué que eligió ese tipo de pareja porque le transmite justo lo que conoció. El trabajo para ella no es dejar esta relación, porque lo que no sanas se repite, sino que se permita comunicar sus necesidades para llegar a acuerdos y saber hasta qué punto pueden ser flexibles y conseguir que la relación sea un lugar para florecer y crecer juntos.

Las primeras personas con las que te relacionaste en tu vida fueron tus padres. Por eso, todo lo que aprendiste de ellos y con ellos es la base a través de la cual te relacionas hoy y eliges pareja, ya sea repitiendo ese patrón o buscando uno opuesto que tenga ciertas carencias, porque estás negando una información que guardas dentro de ti y no le das espacio para que esa herida se integre y pueda sanar.

¿Estás amando desde la herida o desde la cicatriz?

AMAR DESDE LA HERIDA	AMAR DESDE LA CICATRIZ
Deben amarte de la manera que exiges.	Aceptas que la forma de amar de los otros es diferente a la tuya.
Te traicionas con tal de no ser abandonada.	Cultivas tu autenticidad y estableces límites para honrarte.
Evitas ser vulnerable por miedo a que te hieran.	La vulnerabilidad se percibe como una fortaleza en tu relación.

Te guardas lo que sientes para evitar conflictos.	Eres capaz de sostener conversaciones incómodas para crecer juntos.
Saboteas tus relaciones y te cuesta recibir amor.	Eres consciente de tus patrones y de cómo se manifiestan.
Responsabilizas a tu pareja de tus estados emocionales.	Eres responsable de la forma en que respondes a tus emociones.
Te conviertes en la madre de tu pareja con tal de ser amada.	Respetas tu rol en la relación y motivas a tu pareja a responsabilizarse de sí misma.
Confundes el amor con sentirte útil en tus relaciones.	Entiendes que el amor no tiene que estar condicionado y te permites ser real en tus relaciones.
Sientes un profundo miedo al abandono por parte de tu pareja.	Trabajas en tus heridas y aceptas radicalmente que, aun sin tu pareja, puedes estar bien contigo misma.

Como te comentaba al principio de este capítulo, durante años amé desde la herida. Me definía la columna izquierda del esquema anterior y seguía todas esas conductas. Por eso diseñé la comparación y creé este concepto, con la intención de ayudar a mis pacientes a diferenciar cómo se ama desde la herida, de una forma poco consciente, de cómo se ama desde un lugar más maduro y responsable.

¿Con qué columna te identificas?
¿Cuál de estos indicadores identifica
a tu pareja actual o a tu expareja?

Amar desde la herida es la interpretación o creencia de que, para amar al otro, es necesario sacrificar tu esencia y mutilar partes de ti o, al contrario, exigirle al otro que lo haga. Por desgracia, cuando estamos profundamente heridas, necesitamos atención, contención, amor y validación. De forma inconsciente e inmadura —porque nuestra niña herida ha tomado el control—, cargamos a nuestra pareja con la responsabilidad de ofrecernos todo eso y así evitamos darnos nosotras mismas lo que necesitamos para sanar.

Como no es una acción consciente y clara, en cuanto caes en la cuenta comienzas a darte pequeños permisos para no hacer un cambio radical en la relación, sino que, de manera paulatina, vas tomando esas responsabilidades que has puesto sobre los hombros de la otra persona y te las devuelves. Porque solo cuando te permites dejar de necesitar a tu pareja, cuando la amas de verdad —no por lo que te aporta, sino por quién es—, puedes verla tal como es y elegir si esa es la persona con la que quieres compartir tu vida o un tiempo determinado.

Por el contrario, amar desde la cicatriz representa el cultivo de una relación consciente primero contigo misma, atendiendo y ocupándote de tus heridas y necesidades emocionales, para así ser capaz de cultivar con otra persona una relación consciente que refleje tu autoestabilidad.

La niña herida siempre buscará que la completen, que se entreguen y que le den lo que quiere; incluso suele exigir que la amen como ella quiere. La adulta consciente entiende que el amor es aceptación, acompañamiento, respeto y, sobre todo, autorresponsabilidad.

Porque una relación consciente solo es posible si las dos personas eligen hacer su trabajo interno. Amar desde la cicatriz suele ser la consecuencia de construir un oasis en pareja, un lugar en el que ambos puedan sanar sus heridas a través de la aceptación y la comprensión mutua.

La sanación más profunda de tu niña interior se da en una relación.

Hay ciertas heridas que solo se muestran en el espejo de una relación de pareja. En ese momento íntimo en el que te permites mostrarte vulnerable, empiezas a ver partes de ti que en la soledad no puedes reconocer. Te aseguro que en ese momento es cuando se produce una sanación emocional única.

Una relación segura es ese espacio fértil en el que puedes empezar a ver todas y cada una de las necesidades de tu niña interior sin juzgarlas, reconocer las partes de ti que has rechazado o mutilado, y comenzar a darte pequeños permisos para ser tú misma y conocerte más allá de quien te dijeron que tenías que ser para que te amasen.

En una relación segura, te permites liberar al amor de todo condicionamiento, desvelando la esencia de cada miembro de la pareja, pero no desde el juicio con el que tal vez crecisteis, sino desde la validación de permitiros ser auténticos.

La inteligencia emocional se cultiva al estar en un intercambio constante de intimidad y vulnerabilidad con otra persona. Allí se da espacio a las emociones, las necesidades y los límites para poder empezar a transformar cualquier condicionamiento disfuncional que hayas traído de tu hogar o de tu infancia en un comportamiento más sano y funcional tanto para ti como para la relación en la que estés.

Una relación sana nunca te pedirá que te abandones, te humilles o te rechaces para recibir el amor de otra persona, sino que generará un empoderamiento mutuo para que ambos hagáis un trabajo interno y empecéis a cultivar hábitos de autocuidado emocional, de manera que podáis crecer como adultos responsables para vuestros niños internos.

La calidad de tus relaciones definirá la calidad de tu vida

Durante la pandemia aprendimos que habíamos subestimado el poder de las relaciones y del contacto con los demás. Mientras que unas parejas acabaron porque de la noche a la mañana se encontraron con completos desconocidos en casa, otras crecieron, se fortalecieron y reorganizaron sus prioridades para seguir juntas.

¿Sientes que tienes una relación que te consume?
¿Sientes que tienes una relación que te suma?

Todos tenemos relaciones, y existen combinaciones tan únicas como personas. Una relación —ya sea de amistad o de pareja— con alguien que no es consciente de sus heridas ni de sus necesidades emocionales te consumirá física y emocionalmente. Seguro que has conocido a alguien que perdió su brillo mientras mantenía una relación y que, al salir de esa y entrar en otra, recuperó su esencia y volvió a ser la persona llena de vida y alegría que conocías.

Pregúntate a quiénes quieres dejar entrar en tu vida. Todos los que te rodean impactan en tu bienestar emocional. La relación con ciertas personas y con sus niños heridos detonará a tu niña herida, y es probable que entres en bucles de complacencia y desgaste emocional. Por eso debes estar atenta y marcar límites para que tu vida no pierda calidad.

Identificar las relaciones que inciden positivamente en tu vida —en las que cada vez que mantienes una conversación con esa persona te llenas de reflexiones y sientes que ambas os recargáis de afecto— es muy valioso. Y también lo es distinguir las relaciones asimétricas, aquellas en las que siempre tienes que decir qué necesitas e incluso marcar distancia porque, en vez de sumar, te consumen. Sin duda, es un proceso muy necesario.

Date permiso para conocer a tu pareja de nuevo

Si llevas un tiempo en una relación, es probable que te hayas dado cuenta de que tanto esa persona como tú ya no sois las mismas que empezasteis. Quizá han cambiado algunas cosas y habéis madurado. Todas las relaciones pasan por ciclos de muerte y nacimiento constantes, de ahí la importancia de que te des permiso para conocer a la persona que hoy te acompaña versus la persona que conociste hace un tiempo.

Nuestra mente tiende a quedarse con esas primeras impresiones y a construir una imagen mental de la pareja que tenemos al lado. A nuestra niña interior no le gustan los cambios, por lo que quizá te descubras discutiendo por una actitud o una cualidad que tal vez ya no exista. Es necesario que te permitas renovar la visión y la versión que tienes de tu pareja, pero no solo por ella y por tu relación, sino también por ti, para que averigües si quieres seguir eligiendo cada día a esa persona como tu compañero o compañera de viaje.

Igual que cuando lees un libro nuevo, vas a una sesión de terapia o realizas una actividad que favorezca tu crecimiento o desarrollo personal te descubres un poco más o encuentras cualidades tuyas que no conocías, sucede lo mismo con tu pareja y tu relación. Debes darte la oportunidad de mantener conversaciones incómodas, renovar acuerdos, cuestionar valores, actualizar metas y crear sueños juntos para reforzar ese vínculo que has creado con esa persona tan valiosa para ti.

Cuando nos centramos en nuestras heridas, dejamos de ver a nuestra pareja, porque ni siquiera sabemos vernos a nosotras mismas. Allí perdemos el foco y olvidamos que estamos en un camino conjunto. Por eso, el acto de amor más auténtico que puedes tener hacia tu pareja actual es hacer que se sienta vista, escuchada y validada.

Con la intención de guiarte, puedes ir un paso más allá y darte la oportunidad de conocer de una forma más íntima y profunda a esa persona que colabora contigo para que descubras esas partes de ti que necesitan ser sanadas.

Esta lista de preguntas conscientes te ayudará a averiguar quién es tu pareja hoy. Te invito a que las uses como un juego. Acompáñalas con un vinito y un clima agradable para tener una cita y conoceros de nuevo:

- ¿Qué te gustaría cambiar o renovar en nuestra relación?
- ¿Qué actividades seguimos haciendo que ya no te gustan tanto?
- ¿Aún quieres tener hijos? ¿Aún no quieres tener hijos?
- Si pudieras elegir otro trabajo que te llenase más, ¿cuál sería?
- De un tiempo a esta parte, ¿te sientes cómodo/a con nuestra forma de resolver las discusiones? ¿Qué te gustaría mejorar?

- Entre tu versión actual y la de cuando nos conocimos, ¿cuál es el cambio más radical que notas en ti?
- ¿Cuál es el libro que más te gustado de los que has leído últimamente?
- ¿Qué te gustaría hacer de otra forma en nuestra intimidad sexual?
- Con el paso del tiempo, ¿he dejado de hacer algo que te gustaba mucho?
- Con el paso del tiempo, ¿sientes que ya no toleras alguna de mis actitudes?
- ¿Te gustaría que nos apuntáramos a alguna actividad en pareja? Si es así, ¿a cuál?
- En nuestra relación, ¿qué digo o hago que te haga sentir atraído/a sexualmente?
- ¿Qué es lo que más te está costando en tu vida personal?
- A lo largo de los años, ¿qué fortaleza has descubierto en ti?
- A lo largo de los años, ¿en qué área has descubierto que tienes que mejorar?
- ¿Qué estás trabajando para sanar en ti?
- Como compañera, ¿qué crees que puedo aportarte en tu proceso de sanación?
- En esta etapa de nuestra relación, ¿qué es lo que más aprecias de mí?
- Ya llevamos un tiempo juntos. ¿Qué crees que deberíamos cambiar o mejorar como pareja?

Las relaciones tienen vida propia, están en constante evolución y transformación. Tal vez sientes que la tuya está baja de energía, y eso quiere decir que ha llegado el momento de dedicarle más atención y de que os planteéis estas preguntas para que empiece a florecer, ya que suele ser un reflejo del estado interno de cada miembro.

El amor auténtico

Al poco de comprometernos, mi padre nos dijo a mí y a mi futuro esposo que, en su relación con la madre de mi hermano menor, que duró unos veinte años, aprendió que el amor no era estático. «Tienes que aprender a enamorarte cada día de la persona que tienes delante —nos contó—, y elegir algo nuevo que apreciar en ella. Un día pueden ser sus ojos, otro su sonrisa, otro sus palabras, y así hasta que cada día descubras algo nuevo en esa persona. Y si se lo puedes decir, mejor». En aquel momento me costó entenderlo, ya que era muy joven e inmadura, pero ocho años después de esa conversación me di cuenta de que mi padre estaba resumiendo una sabiduría profunda en pocas palabras: el amor no es una emoción; es la habilidad de descubrir cada día algo nuevo en el otro.

Las personas emocionalmente inmaduras son como niños: se dejan llevar por lo que brilla, por lo nuevo, por lo atractivo, por lo desconocido y por lo desafiante. Pero las personas que han aprendido a cultivar su inteligencia emocional entienden que nosotros decidimos dónde poner el foco y a qué queremos prestar atención. Por eso siempre tienes la oportunidad de ver a tu pareja desde unos ojos nuevos. Cuando eliges practicar una mirada curiosa para apreciar cada día a la persona que te acompaña, redescubriéndola, te estás permitiendo redescubrirte a ti misma en ella, porque cada vez que aprecias algo en tu pareja no solo aumentas tu inteligencia emocional, sino que te permites apreciar algo nuevo en ti, ya que lo que reconoces en tu pareja como una virtud también está dentro de ti, esperando que lo potencies.

El mapa del amor

No sabemos cómo cultivar un amor consciente porque no hemos identificado qué conceptos internos tenemos acerca del amor, las relaciones, la intimidad y la compañía. Si no sabes qué quieres, te costará comunicarlo y más aún conseguirlo. Durante años me he formado en el área del coaching, una sencilla y poderosa herramienta para alcanzar metas. Uno de los aprendizajes más valiosos que me ha enseñado es que, si no sabes lo que quieres y no lo aterrizas de la mejor manera posible, te costará conseguirlo.

Por eso es necesario poner en palabras y en acciones precisas esas actitudes, dinámicas, actividades, frases y valores que definen para ti lo que es el amor y lo que esperas en una relación. Si te resuena este tema —a mí me encanta, estoy convencida de que creamos nuestra realidad— y hoy buscas manifestar una relación sana y estable o llevar esa relación en la que te encuentras al siguiente nivel de consciencia y conexión, es necesario que bajes a tierra todas y cada una de las cosas que quieres para así empezar a cocrear esa relación desde la comunicación, los acuerdos, la aceptación y el respeto mutuo.

El concepto de «mapa del amor» fue definido hace un par de años por el doctor John Gottman. Consiste en una serie de preguntas para que aterrices todos esos conceptos internos que tienes acerca de una relación y el amor. Me he permitido dar un giro a ese mapa para adaptarlo a mi mirada de sociología espiritual, enfocada en la gestión emocional y en la sanación de heridas.

EJERCICIO
Crea tu mapa del amor

Te invito a realizar esta visualización. Siéntate y, con la mano en el corazón y los ojos cerrados, sin miedo y desde el merecimiento, visualiza la respuesta a cada una de estas preguntas. Luego coge papel y bolígrafo, y escríbelas. Permítete ambientar esta experiencia y tomártela como un ritual de manifestación. Cuando sientas en el corazón y en el cuerpo un amor seguro y lo puedas visualizar, serás capaz de aterrizarlo tanto en tu relación actual como en una nueva, porque ya sabrás cómo se ve y cómo se siente.

- ¿Cómo te imaginas una relación que te haga sentir segura y plena?
- ¿Qué te haría sentir segura, satisfecha, conectada y en calma con tu pareja?
- Si pudieras pedir lo que quisieras en una relación de pareja con total libertad, ¿qué pedirías?
- Centrándote en la visión de esa pareja que te hace sentir segura y plena a la vez, ¿cómo te trata esa persona? ¿Cuáles de sus acciones te hacen sentir así?
- Si pudieras diseñar, como en una aplicación, a la pareja de tus sueños tanto física como emocionalmente, ¿qué características tendría? ¿Cómo sería su carácter? No te limites; nadie te juzga.
- ¿Cómo debería tratarte y qué debería hacer tu pareja ideal para que te sintieras profundamente amada?
- ¿Cuáles son los valores inherentes a esta relación en la que te sientes segura y te proyectas hacia el futuro?
- ¿Hoy estás encarnando esos valores?

- En esa relación ideal, ¿qué haces tú de otro modo? ¿Cómo tratas a tu pareja? ¿Cómo te comunicas? ¿Cómo te muestras?
- En tu relación actual, ¿cómo puedes empezar a encarnar las respuestas a cada una de las preguntas anteriores?

- ¿Qué es tolerable para ti en esa relación ideal? ¿Qué es lo que no podrías tolerar? ¿Cómo comunicas tus límites en esa relación?

- ¿Qué cambiaría en tu relación actual si empezaras a respetar lo que no toleras, comunicando tus límites de forma clara?

- ¿Cómo expresas el amor a esa persona ideal? ¿Cuáles son las pequeñas acciones de amor diarias que tendrías hacia ella?
- Con esta pareja ideal ¿cómo te permitirías recibir amor?
- ¿Qué es lo que te cuesta con tu pareja actual?
- ¿Qué estarías dispuesta a perdonarle si supieras que es la pareja de tus sueños?
- ¿Cómo muestra el compromiso contigo? ¿Cómo te muestras comprometida con esta persona y con vuestra relación?

- ¿Cómo trabajas en ti para evitar que tus heridas saboteen esta relación ideal?
- ¿Qué haces cuando tu niña herida quiere distorsionar la imagen de esa relación?
- ¿Tu pareja ideal valida tus emociones? ¿Cómo? Y tú, ¿cómo validas las de tu pareja ideal en esta visualización?
- ¿Qué haces en esta relación ideal para que tu pareja se sienta escuchada, vista y apreciada?
- Visualiza a la pareja de tus sueños a tu lado. ¿Cómo sabrás que es la persona adecuada? ¿Cómo se siente tu niña interior a su lado? ¿Cómo sientes en el cuerpo esta confirmación?

Permítete leer tus respuestas. A continuación, te invito a reflexionar sobre las preguntas que se refieren únicamente a tus acciones y al cambio que sentirías tú o aportarías a esa relación ideal. Para pasar del sueño a la realidad, es importante que te des cuenta de que la relación perfecta no solo aparece, sino que se construye. Si te fijas, en cada una de las preguntas te he estado implicando en la cocreación de esa «relación perfecta» que tanto anhelas.

¿Cómo sería tu relación actual si empezaras a comportarte como la mujer que acabas de describir en estas preguntas?

El cambio que anhelas en tu relación empieza absoluta y completamente en ti. No puedes pedirle a alguien que te dé algo que tú no seas capaz de darte, así que te invito a que empieces a encarnar todas y cada una de las cualidades de la mujer que has descrito en tus respuestas y que has visualizado junto a esa pareja ideal. En cuanto te conviertas en esa mujer, no aceptarás menos de lo que sabes que mereces.

No tengo ni idea de lo que va a ocurrir con tu relación actual, pero estoy segura de que, si tú cambias y eliges comportarte de otro modo, según los deseos de tu corazón, verás resultados maravillosos en tu entorno, ya sea que tu relación dé un giro y empiece alinearse con esa visualización o bien que, al crecer, encarnar y evolucionar a una versión de ti más consciente y responsable a nivel emocional, te des cuenta de que no quieres seguir con quien estás ahora y os liberéis el uno al otro sin culpa ni sufrimiento.

Solo te queda definir por dónde vas a empezar. ¿Qué harás diferente a partir de hoy en tu relación?

Por último, te invito a que des un salto de la imaginación a la realidad. Soy una fanática de la arteterapia, y crear mapas o tableros de sueños (*vision boards*) es una de mis actividades terapéuticas favoritas. Por eso me gustaría que creases un tablero de sueños en el que pudieses colocar imágenes y frases que representen todas y cada una de las respuestas a las preguntas que te has planteado hace un momento, recordándote que tu relación de pareja es un reflejo de tu relación contigo misma. Cuando logres cultivar una relación segura y consciente con alguien más, será porque habrás creado un vínculo seguro y consciente contigo misma y con tu niña interna.

La relación que tanto anhelas cultivar empieza primero en ti y se refleja en tu pareja.

La felicidad de tu pareja no es tu responsabilidad

Hemos crecido con el ideal de películas Disney o comedias románticas —todas con un final feliz— en las que uno de los miembros de la relación siempre ayuda a su pareja. Aunque en la ficción puede llegar a ser fascinante, lo cierto es que no forma parte de las características de una persona afectivamente responsable, ni mucho menos de una mujer madura y consciente.

Como te he comentado en varias ocasiones, cuando te sientes responsable de la felicidad de tu pareja o la responsabilizas de tu bienestar o estabilidad emocional, estás teniendo un comportamiento infantil y trasladando fuera un poder y una responsabilidad que son solo tuyas. No le corresponde a nadie más que a ti hacerte cargo de cumplir tus sueños y darte todo lo que necesitas para ser feliz. Si hoy estás cargando con la responsabilidad de satisfacer a tu pareja o a alguien más —como pueden ser tus padres o tus hijos—, te invito a que te liberes de esa carga que no te corresponde, porque mientras lleves eso sobre los hombros proyectarás una sombra de resentimiento y saboteo hacia tu relación de pareja. Nadie se merece que lo hagan responsable de la felicidad de otra persona. Al mismo tiempo, si hoy, de forma inconsciente, has estado responsabilizando a tu pareja de tu felicidad o de tu bienestar emocional, quiero recordarte que eres una mujer absolutamente capaz de empezar a comunicar tus necesidades y establecer límites en tu relación y en todas las áreas de tu vida, para poder dirigir tu atención hacia ti y no hacia los demás. Si te enfocas en ti, los demás dejan de ser responsables de cómo te sientes o de lo feliz que eres.

Un ejercicio necesario

Te invito a realizar este ejercicio de liberación emocional conmigo. Coloca una mano en el corazón y la otra sobre el abdomen, inspira hondo y completa conmigo, según la situación con la que te identifiques, las siguientes frases:

- «Querido/a _______________ (nombre de tu pareja), hoy te libero y quito de tus hombros la responsabilidad de hacerme feliz y de ocuparte de mí. Estoy preparada para hacerme cargo de mis asuntos. Gracias por acompañarme en este viaje».
- «Querido/a _________________ (nombre de tu pareja), hoy me libero y quito de mis hombros la responsabilidad de hacerte feliz o de ocuparme de ti. Confío en que estás preparado/a para hacerte cargo de tus asuntos. Te abrazo».

EJERCICIO
Visualización sanadora: visión compasiva de tu pareja

Para realizar este ejercicio, te invito a que recuerdes una imagen detallada de tu pareja actual o de la última que tuviste. Conecta con esta fotografía mental dentro de ti y permite evocar cada detalle de esa persona. Cuando tengas la imagen en mente, disponte a hacer el siguiente ejercicio de sanación y liberación.

- Siéntate con la columna recta y echa los hombros hacia atrás para recordarle a tu cuerpo que estos minutos son para ti.
- Coloca la mano derecha en el corazón y la izquierda en el abdomen.
- Céntrate en la respiración; será tu ancla en este breve viaje autocompasivo y de aceptación.
- Dirige una mirada interna compasiva hacia tus dolores y hacia cual-

quier forma de malestar, físico o emocional, sin huir de él. Mantente presente.

- Inhala y exhala. El aire entra y sale.
- Cada respiración va inundando tu consciencia de paz y calma.
- Visualiza una llama o un punto de luz en el centro de tu pecho.
- Imagina que esa persona está justo delante de ti, observa cada detalle de su rostro y su postura, y siente su presencia.
- Nota que esa llama o ese punto de luz de tu pecho empieza a expandirse creando una esfera de amor y amabilidad que os envuelve a los dos. En ella, ambos os sentís seguros.
- Empieza a envolver a esa persona con un amor incondicional, aceptándola y reconociendo sus heridas y los dolores que están arraigados en su alma y en su espíritu.
- Sé consciente del dolor y el sufrimiento por los que ha pasado esta persona.
- Dile desde tu corazón: «Te abrazo. Deseo que seas feliz. Te amo. Deseo que vivas en armonía y con salud, que reconozcas lo valioso/a que eres».
- Sientes un amor que rodea a esta persona en su totalidad, con sus capacidades y sus limitaciones; el amor que merece por el mero hecho de existir.
- Dile a tu interior: «Eres libre de cualquier situación emocional que haya puesto sobre tus hombros y que no te correspondía. Hoy te veo tal como eres y te acepto sin necesidad de cambiar o modificar nada en ti. Eres merecedor/a de recibir mi amor».
- Inhala y exhala. Ese amor te llena y os envuelve a los dos.
- Sientes que tu corazón empieza a esponjarse y que tu cuerpo se relaja. Dile a tu interior: «Gracias, te perdono, te libero. No me debes nada, no te debo nada».
- Inhala y exhala profundamente, guardando esta experiencia en tu corazón.
- Cada respiración se vuelve más amable y te da la oportunidad de soltar lo que necesites.
- Toma una respiración profunda, abre los ojos y haz un gesto o movimiento que te conecte con el momento presente.

APRENDIZAJES DE ESTE CAPÍTULO

- ✓ Tus relaciones pueden mostrarte las heridas emocionales que no has sanado, ya que toda herida que se creó en un vínculo se mostrará y revelará en un vínculo.
- ✓ Las primeras personas con las que te relacionaste en tu vida fueron tus padres. Por eso, todo lo que aprendiste de ellos y con ellos es la base a través de la cual te relacionas hoy y eliges pareja.
- ✓ Amar desde la herida es la interpretación o creencia de que, para amar al otro, es necesario que sacrifiques tu esencia y mutiles partes de ti.
- ✓ Amar desde la cicatriz representa el cultivo de una relación consciente primero contigo misma, atendiendo y ocupándote de tus heridas y necesidades emocionales, para así ser capaz de cultivar con otra persona una relación consciente que refleje tu autoestabilidad.
- ✓ En una relación segura, te permites liberar al amor de todo condicionamiento, desvelando la esencia de cada miembro de la pareja, pero no desde el juicio con el que tal vez crecisteis, sino desde la validación de permitiros ser auténticos.
- ✓ Debes darte la oportunidad de mantener conversaciones incómodas, renovar acuerdos, cuestionar valores, actualizar metas y crear sueños juntos para que se refuerce ese vínculo que has creado con esa persona tan valiosa para ti.
- ✓ Las relaciones tienen vida propia, están en constante evolución y transformación. Tal vez sientes que la tuya está baja de energía, y eso quiere decir que ha llegado el momento de dedicarle más atención.
- ✓ El amor no es una emoción; es la habilidad de descubrir cada día algo nuevo en el otro.
- ✓ No sabemos cómo cultivar un amor consciente porque no hemos identificado qué conceptos internos tenemos acerca del amor, las relaciones, la intimidad y la compañía.

- ✓ Es necesario poner en palabras y en acciones precisas esas actitudes, dinámicas, actividades, frases y valores que definen para ti lo que es el amor y lo que esperas en una relación.
- ✓ No eres responsable de hacer feliz a tu pareja ni tampoco tu pareja es responsable de tu felicidad.
- ✓ La relación que tanto anhelas manifestar o desarrollar empieza por cultivar una consciente, responsable y madura contigo y con tu niña interior.
- ✓ El cambio que anhelas en tu relación empieza absoluta y completamente en ti. No puedes pedirle a alguien que te dé algo que tú no seas capaz de darte.

Utilizar las herramientas que he compartido contigo a lo largo de este capítulo te ayudará a recuperar el amor auténtico que yace dentro de ti, permitiéndote proyectarlo hacia fuera en tus relaciones. Ya no tienes que vivir desde la idea de que el amor tiene que ser condicionado, o que crear la relación que anhelas solo depende de otra persona. Ese cambio empieza en ti al encarnarlo y personificarlo en cada área de tu vida, como si fueras tu alma gemela, para así, desde ese nivel de consciencia espiritual, poder crear con la otra persona una relación que edifique el poder de los dos. Confío en que, gracias a las palabras y la esencia de estas páginas, pronto empieces a experimentar una mirada curiosa y más responsable hacia ti y hacia tus relaciones.

11

De la herida a la automaestría

> Amor dice: «Todo lo que no es real —como el miedo y el control— arderá en mis llamas, y solo la verdad puede sobrevivir a mi calor». Amor derretirá las murallas que has construido para protegerte, reconciliando a la niña que fuiste con la mujer que eres.
>
> ANA CLAVELL

¿Sientes que estás siendo una madre o un padre consciente para tu niña interior?

El camino de sanación es el viaje que te permitirá recuperar tu autorresponsabilidad y empezar a hacerte cargo de todas y cada una de las partes de historias que viven dentro de ti. Si sigues sintiendo que tu niña interior te exige o te pide que las personas que te hirieron profundamente vengan a disculparse o a ayudarte a sanar, es válido, pero te aconsejo que comiences a mantener conversaciones conscientes con ella y le preguntes: «¿Qué necesitas?».

Ya sabes que lo que necesitas es lo que hemos estado haciendo a través de los ejercicios de escritura terapéutica, así que cuentas con una guía para empezar a ocuparte de ti —si aún no lo has hecho—, pasando al mismo tiempo el duelo de liberar a aquellas personas que tuvieron la responsabilidad de validar y sanar tu herida.

Sí, ya lo sé, es un viaje agridulce que conlleva muchas lágrimas y momentos de duelo profundo, pues se trata de aprender a soltar las expectativas de lo que anhelabas recibir de tus cuidadores —y que les fue imposible darte— y abrazar la posibilidad de empezar a darte hoy cada uno de esos actos de amor que esperabas por su parte.

En psicoterapia, a esta acción sanadora la llamamos **reparentalización** o **maternarte/paternarte**, y se inicia cuando comienzas a pasar el duelo y a liberarte de lo que necesitaste profundamente en tu infancia y tus padres no fueron capaces de darte, ya sea algo físico, emocional o espiritual. A estas alturas del libro, ya sabes que una niña tiene muchas necesidades fisiológicas, emocionales y espirituales. Cuando algunas de ellas no fueron satisfechas, se crea este vacío, esta interpretación interna a la que llamamos «herida», ese dolor profundo de no recibir lo que tu niña necesitaba para crecer conectada con su merecimiento y su amor interior.

Ya te he explicado cómo puedes mirar hacia el pasado para reconocer las deudas emocionales que se acumularon en la cuenta de tu niña interior cuando tus padres no fueron capaces de satisfacer tus necesidades. Ya no son ellos los que te «deben» esa validación y acompañamiento en la sanación de tus propias heridas, sino que eres tú la que le debe a su niña interior brindarle la seguridad, la guía, la protección, la validación y el amor que tanto necesitó.

A lo largo del libro te he guiado a través de ejercicios de visualizaciones y escritura terapéutica o sanadora —como prefiero llamarla— para que empieces a identificar tus necesidades pasadas que no fueron cubiertas, así que hoy ya puedes comenzar a ocuparte de esos anhelos profundos insatisfechos y convertirte en esa madre o ese padre que tu niña interior tanto necesitó y no tuvo.

Es válido que creas que lo que necesitas para sanarte tienen que ofrecértelo otras personas, pero sucede justo lo contrario: lo que necesitas para sanarte es estar en contacto contigo y escucharte, porque solo tú puedes sanar tus heridas.

Formas de empezar a ser para ti la madre o el padre que necesitaste

Aprender a ser para ti ese lugar seguro y crear en tu interior ese hogar que tanto te hubiera gustado te exigirá asumir responsabilidades que en un principio pueden ser incómodas. Sin embargo, a partir de esos pequeños hábitos y compromisos contigo misma, empezarás a transformar el miedo en amor y seguridad, ya que tu niña interior comenzará a ser consciente de que puede contar contigo.

FORMAS DE SER UNA MADRE CONSCIENTE PARA TI	FORMAS DE SER UN PADRE CONSCIENTE PARA TI
Practica la autocompasión.	Practica la aceptación radical de aquello que no puedes controlar.
Conecta con tu lado creativo; escribe, pinta o dibuja.	Honra los compromisos que contraes contigo misma.

Conecta con tu cuerpo por medio del movimiento consciente; practica yoga o baile.	Comunica tus límites y tus necesidades en tus relaciones.
Cocina aquellos platos que te nutren.	Lleva el control y la gestión de tus finanzas.
Conecta con la naturaleza: toma un baño de bosque.	Sal de tu zona de confort y permítete ampliar tu núcleo de amistades.
Conoce cómo funciona tu ciclo menstrual.	Define tus metas personales a corto, medio y largo plazo.
Practica la escritura terapéutica.	Lleva un registro de tus reacciones emocionales e identifica sus detonantes.
Comparte con las personas que aprecias.	Mueve el cuerpo realizando deportes que motiven la competencia sana.
Cultiva momentos de desconexión para ti.	Sé tu mejor animadora y cree en ti misma.
Cultiva un diálogo amable contigo misma.	Crea tu propia definición de éxito y alcánzala.

Comenzar a integrar las cualidades que comparto en esta tabla y darte permiso para personalizarlas y adaptarlas a tus necesidades, y a las de tu niña interior al mismo tiempo, es ser para ti esa madre y ese padre conscientes que no tuviste y que tu niña necesita en este momento de tu vida. Ambas columnas podrían seguir infinitamente, pero te invito a que te plantees estas dos preguntas cuando lo necesites:

1. ¿Qué es lo que tanto echaste en falta de tu madre durante la infancia?
2. ¿Qué es lo que tanto echaste en falta de tu padre durante la infancia?

Las respuestas que recibas de tu mente te indicarán qué debes empezar a darte.

Si creciste en un hogar en el que recibías poca validación emocional por parte de tus padres, la respuesta es que debes empezar a validarte. Si creciste en un hogar en el que tus padres faltaban a sus promesas, ¿qué tal si empiezas a cumplir las promesas que te haces? Si creciste con padres que no te brindaron los cuidados físicos necesarios, como prepararte una comida rica, ayudarte a crear una rutina de sueño o algo tan sencillo como motivarte a tener tus momentos de ocio y juegos, empieza a hacerlo para ti.

Todas somos madres y padres de nuestra niña interior.

Uno de los ejercicios que hago con mis pacientes, para ayudarlas a darse cuenta del compromiso y la responsabilidad que tienen consigo mismas, es visualizar que son responsables de una niña de unos cuatro o cinco años, como si fuera su propia hija, y empiezo a plantearles distintas preguntas.

Si tuvieras una niña de unos cuatro o cinco años:

- ¿No respetarías sus momentos de ocio y juegos?
- ¿Le exigirías constantemente que fuera mejor o perfecta?
- ¿Pasarías días sin prepararle una comida casera y le comprarías siempre alimentos precocinados?

- ¿Invalidarías sus emociones y la criticarías cada dos por tres?
- ¿Faltarías a tus compromisos como madre por intentar rescatar a otra persona?
- ¿Permitirías que traspasasen sus límites y le faltasen al respeto?
- ¿Incumplirías las promesas que le has hecho?
- ¿Sería sano que viviera aislada y sin amistades?
- ¿Estaría bien que no la dejaras llorar o no le permitieras enfadarse?

La lista puede seguir de forma infinita. En cualquier caso, la conclusión es que cada día tienes la oportunidad de ser una mejor madre o padre para ti. Tu tarea es visualizar a esa niña a tu lado constantemente y aprender a cuestionarte si tus acciones actuales están honrando a esa niña o la están haciendo sentir insegura, desprotegida y descuidada. Al fin y al cabo, tu niña interna es la parte emocional que vive dentro de ti, y cuando le niegas esa seguridad, esa protección y esa estabilidad te las estás negando a ti misma, reabriendo la herida y perpetuando el dolor.

Por eso parte del trabajo de sanación implica desarrollar tu madurez e inteligencia emocional, así que en este capítulo te daré pautas para empezar a cultivar en tu interior no solo a esa madre y ese padre que tanto necesitaste, sino también a una adulta consciente y emocionalmente madura.

Educa a tu adulta interna para que aprenda a sostener emocionalmente a tu niña interior.

Tus emociones son las mensajeras de tus necesidades y heridas. La forma en que hoy gestionas tus emociones está muy relacionada con cómo aprendiste a gestionarlas en la infancia:

- Si hoy te cuesta calmarte en un momento de llanto profundo es porque tal vez nadie te ayudó a calmarte cuando llorabas desconsolada de niña.
- Si hoy reprimes la rabia hasta que te duele la mandíbula y terminas con acidez estomacal, es muy probable que de niña te enseñaran que no tenías permiso para sentirte molesta.
- Si hoy tiendes a huir de las situaciones incómodas, quizá sea porque de niña no te acompañaran a superar el miedo.
- Si hoy temes comunicar cómo te sientes, es muy probable que crecieras en un hogar en el que no se hablaba de las emociones ni de la cultura para sostenerlas.

Absolutamente todo lo que sientes hoy fue codificado en tus primeros años de vida. Una de las creencias más limitantes que se han transmitido a lo largo de los años respecto a las emociones es que son «hechos», pero cómo te sientes en una situación o circunstancia habla solo de tu interpretación y de tu mundo interior. La interpretación emocional está relacionada con el nervio vago, que recorre tu cuerpo desde el cráneo hasta el sacro y que entra en contacto con un sinfín de órganos, como el cerebro, el corazón y el intestino. Eso significa que tu sistema nervioso tiene una interpretación única de cada emoción y sensación, y existen tantos sistemas nerviosos e interpretaciones como personas en el mundo.

Así pues, una emoción no representa un hecho absoluto: dos personas pueden vivir la misma situación e interpretarla de forma distinta. La desinformación llevó a muchos cuidadores y padres a invalidar las emociones de sus hijos porque no las compartían; les impusieron su forma de sentir, y esos hijos ahora son adultos que no saben validar a su niño interior.

Sé que han etiquetado como negativas o impositivas algunas

emociones, pero últimamente hemos descubierto que no existen las negativas como tales: todas tienen el propósito de ayudarte a conectar con tus necesidades y tu mundo interno. Prefiero referirme a las emociones como **expansivas** o **contractivas**. Las primeras son las que nos ayudan a ir hacia fuera, a conectar con los demás. Cuando una emoción nos contrae, nos lleva hacia dentro, a reflexionar y a gestionarnos. Podría decirte que las emociones que solemos llamar negativas son contractivas, y las expansivas, positivas, pero no quiero condicionar tu forma de verlas.

Tu tarea es descubrir qué emociones suelen llevarte hacia dentro, contrayéndote, y cuáles te ayudan a ir hacia fuera, expandiéndote. Aunque puede que la respuesta sea obvia, te invito a que lo descubras por tu cuenta, ya que en esto consiste cultivar tu madurez emocional.

Verdades acerca de las emociones

- Las emociones son energía que viaja por tu sistema nervioso comunicándote tus necesidades y tu interpretación de las circunstancias según tus heridas y tu mapa mental.
- La neurociencia ha demostrado que las emociones solo se mantienen en el cuerpo noventa segundos. Pasado ese tiempo, la emoción se convierte en sentimiento.
- Cuando esta carga de energía no es capaz de liberarse, algunas emociones se quedan atascadas en el cuerpo o en el sistema nervioso, lo que activa el sistema interno y genera hormonas del estrés, que pueden causar contracción muscular e incluso inflamación interna.
- No puedes controlar tus emociones, solo aprender a transitarlas y sostenerlas.
- Siempre tienes la oportunidad de elegir cómo responder ante una emoción.

- Las emociones que conocemos como negativas, como la rabia o la tristeza, son increíblemente saludables a la hora de cultivar nuestro autocuidado.
- Cuando una emoción se queda enquistada en el cuerpo, se transforma en síntoma.
- Las emociones son mensajeras de tus necesidades internas.
- Existen personas altamente sensibles que experimentan un rango emocional mucho más amplio que la mayoría, ya que su cerebro y su sistema nervioso es capaz de percibir emociones a una intensidad más alta.
- Las emociones no son hechos.
- No eres tus emociones.
- Si te encontrabas en modo supervivencia, tu forma de responder a una emoción no te define como persona.

Cuando somos emocionalmente inmaduros, tendemos a creer que todos deben validar nuestras emociones y que la forma en que experimentamos una situación es la única posible. Una de las realizaciones más grandes a las que puedes llegar cuando cultivas tu inteligencia emocional es aceptar que existe algo llamado «multirrealidad», es decir, que cada persona interpreta una experiencia emocional según su sistema nervioso y su mundo interior.

La forma en que alguien responde a las emociones de otra persona muestra su conexión con su mundo emocional. Por esto no todo el mundo puede validar las experiencias emocionales de los demás, ya que esto implicaría conectarse con heridas profundas, y tal vez no estén preparados para ello. Así pues, la mejor forma de enseñar cómo deben tratarte es aprendiendo a validar tus emociones y sensaciones por medio de la comunicación y el establecimiento de límites sanos.

Para guiarte a la hora de validar tus emociones, voy a compartir contigo una rueda con el fin de que consigas expandir tu rango de sensaciones y tu vocabulario emocional. De esta forma, primero identificarás la emoción que estás sintiendo y, después, cuál es la necesidad de interpretación que te está comunicando.

Amplía tu vocabulario emocional

Te presento la rueda de las emociones creada por Gloria Willcox para el Instituto Gottman. Su objetivo es guiarte y enseñarte que existen un montón de emociones. Como ves, en el centro están las seis básicas, y de ellas derivan otras que cada persona experimentará de forma única e individual, según su sistema nervioso y sus interpretaciones.

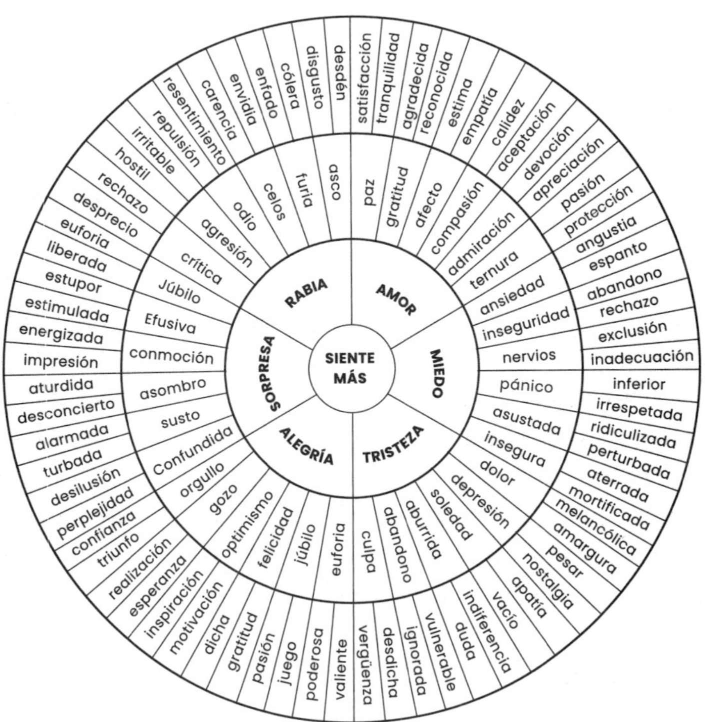

Detrás de cada emoción se esconde una necesidad válida que intenta comunicarte tu niña interior.

Te invito a que leas atentamente la rueda: identifica las emociones que ni siquiera sabías que existían, fíjate en cuáles son las que más te resuenan y piensa en la primera que has visto al observar la imagen. Para cultivar tu inteligencia emocional, debes ampliar tu vocabulario. ¿Te imaginas cómo sería que tus padres te hubieran acompañado a poner nombre a cada una de tus emociones? Ese es el trabajo de reparentalización que tienes que hacer ahora con tu niña interior.

Cambia...

- «Estoy ansiosa» por «Siento ansiedad».
- «Estoy triste» por «Estoy pasando por un momento de tristeza».
- «Estoy molesta» por «Siento mucha rabia».
- «Me haces sentir incomprendida» por «Me siento incomprendida».

Aprender a cultivar la inteligencia emocional forma parte del proceso para empezar a desidentificarte de la emoción. En el capítulo 3 ya hemos hablado del poder de las palabras para condicionar nuestro mundo interno, así que te sugiero que comiences a cambiar tu forma de comunicar tus emociones y que te distancies un poco de ellas. De ese modo no te convertirás en la emoción, sino que sabrás que solo es lo que estás sintiendo, transitando o experimentando, y podrás dejar claro con tus palabras que esa emoción no es quien eres y que tampoco es eterna.

Esto puede traer una gran sensación de seguridad a tu sistema nervioso y a tu cuerpo. Cuando digo «Estoy molesta», no hay un tiempo para dejar de estarlo y te conviertes en esa emoción, pero si dices «Ahora me siento muy molesta» dejas claro que es aquí y ahora, que la emoción no será eterna y que hay una razón específica para que en este momento te sientas así.

Cómo te comuniques respecto a tus emociones te ayudará a validarlas y a gestionarlas, así que te invito a poner en práctica esos cambios para expandir tu consciencia emocional y espiritual.

Si durante la infancia tus padres no te acompañaron a sostener y validar tus emociones, es muy probable que creas que no tienen importancia, que es mejor sufrir en silencio, que a nadie le importa cómo te sientes, que vale más evadir la incomodidad de las emociones contractivas y que tienes que culparte o avergonzarte respecto a tu sentir. Por eso muchas mujeres adultas siempre se disculpan respecto a cómo se sienten. Eso no deja de ser una de las formas de invalidación cultural que hemos aprendido: sentir es una señal de debilidad o de vergüenza.

La vulnerabilidad es el camino donde nace la conexión profunda con tu niña interior y tus experiencias emocionales.

Cuando entiendes que tus emociones forman parte de tu burbuja interna, te liberas de la culpa y de la vergüenza de sentirlas, y empiezas a abrazarlas y acogerlas dentro de ti. En la actualidad está muy de moda utilizar la palabra «gestionar», pero, aunque estemos cultivando una profunda e inteligente madurez emocional para llegar a responder de una forma más consciente, no todas las emociones necesitan de una respuesta inmediata. Algunas solo necesitan ser sostenidas, vistas, sentidas y escuchadas.

Dale a tu emoción tu presencia y tu cuidado, pero nunca tu obediencia absoluta, porque las emociones no son hechos; solo son tu interpretación interna de lo que está sucediendo.

Permite expandir tu interpretación de ciertas emociones, esas que compraste en tu infancia según lo que te dijeron o expresaron tus padres. Igual creciste pensando que la rabia era una emoción mala y destructiva, pero hoy entiendes que las reacciones de tu padre o tu madre no se debían a ella, sino que respondían a una falta de inteligencia emocional y de conexión consigo mismos.

La rabia no tuvo la culpa de esa situación, pero quizá, de forma inconsciente, la responsabilizaste de ella y hoy no te permites sentirla, a pesar de que es una de las emociones más poderosas para ayudarte a cuidar de ti y marcar límites. Así que permítete empezar a cuestionarte qué interpretación tienes acerca de cada una de las emociones que están más presentes en tu vida o de las que juzgas en los demás, porque es señal de que tal vez no te estás permitiendo sentirlas.

En tu intolerancia ante la emoción de otra persona proyectas tu invalidación y tu interpretación negativa respecto a esa emoción.

Para aprender a ser una madre y un padre conscientes para ti misma y hacer de tus heridas esa maestría interna que buscamos, tienes que aprender a validar todas tus emociones, incluso las que consideras incómodas y contractivas, porque esas son las que más necesitan de tu atención.

Tus detonantes te muestran tu herida.

Cuando te detonas o te activas a nivel emocional por una situación externa, tu emoción sirve de canal o vehículo para llevarte hacia esa herida que necesita ser sanada. Cuanto mayor sea la intensidad de la emoción o tu reacción ante ella, mayor debe ser la atención y la sanación que debes conducir a esa área de tu vida, ya que allí se devela una herida que se ha abierto, que sangra y que pide que la atiendan.

Tus detonantes son tus maestros y te guiarán hacia cada una de las heridas que tienes que empezar a sanar. Es importante que identifiques qué historia te cuenta tu herida acerca de la situación que te hizo sentir dolida, ya que, cuando estamos profundamente heridas, interpretamos o filtramos esa situación externa desde el dolor, lo que nos impide verla como un hecho. No es lo mismo decir «No le importo a mi pareja porque llegó tarde a cenar» que «Mi pareja llegó tarde a cenar».

Tu herida intentará contarte una historia que no es real; es tu interpretación, tu filtro. Fíjate en cómo cambia una misma situación si la vemos como un hecho o desde los ojos de tu niña interna. Cuando tenemos muchos conflictos en nuestras relaciones interpersonales es porque no estamos viendo las acciones del otro como hechos, sino que nos las tomamos como algo personal y las filtramos a través de nuestro dolor.

Si te abandonaron, pensarás que todos se apartarán de tu lado; si te rechazaron, verás rechazo por todas partes; si te humillaron, verás menosprecio o falta de respeto por parte de los otros; si te traicionaron, pensarás que nadie se merece tu confianza; y si te trataron injustamente, siempre verás injusticias a tu alrededor.

Ese es el poder de tu percepción. Si está contaminada y teñida por el dolor de una herida profunda de la infancia, es muy probable que solo percibas dolor e intentos de herirte por parte de la otra persona. Pero cuando logres separar la historia que te cuentan tu mente y tu herida, y veas lo que en realidad está sucediendo como un hecho, podrás empezar a percibir tu entorno desde un lugar mucho más consciente y, desde allí, serás capaz de cambiar tu forma de responder. Ya no hablará tu niña herida, que piensa que todo el mundo quiere hacerle daño, sino la mujer adulta y consciente que sabe que la manera en que ella elige interpretar una situación es su forma de conectar con su herida o con su maestría.

Elige cuántas de tus heridas convertirás en sabiduría interna y cuántas permitirás que te suman en una vida de más dolor y sufrimiento.

El mejor bálsamo para tu herida emocional es la sanación de tu forma de percibir las situaciones: cuando comiences a verlas como hechos, dejarás de tomártelo todo como un ataque personal. Es como dejar de abrir la herida constantemente y, por fin, darle la oportunidad de sanar y cicatrizar. Esa es la diferencia entre una mujer que ha escogido sanarse y otra que vive controlada por su niña interna: elegir ver la herida activa y no responder desde la historia que te cuenta tu interior. La validas, claro, porque el dolor que sientes es real, pero eso no quiere decir que tenga que filtrarse y controlar tu vida. Esa es tu elección, y ahí yace tu poder sanador.

EJERCICIO
Escritura sanadora: tus detonantes son tus maestros de sanación

---

A través de estas preguntas o despertadores, te invito a descubrir qué sabiduría se esconde detrás de los detonantes emocionales de tu vida y qué patrón o condicionamiento de esas reacciones desmedidas estás repitiendo en piloto automático.

- ¿Qué situaciones suelen detonar emociones intensas en ti?
- ¿Qué acciones suelen detonar reacciones desmedidas en ti?
- ¿Cómo sueles reaccionar ante esa emoción que se ha detonado?
- ¿A qué momento de tu vida te traslada esa emoción?
- ¿Quién solía responder o reaccionar de esa forma en tu infancia?
- La manera en que reaccionas hoy a esa emoción, ¿te hubiera resultado útil en la infancia?
- ¿Qué dolor se esconde detrás de esa emoción?
- ¿Qué te está pidiendo tu niña interior por medio de esa emoción o reacción?
- ¿Qué podrías hacer para validar y sostener esa emoción de forma más consciente?
- ¿Qué crees que pasaría si respondieras de otra forma a esa situación que te hace detonar?

El trabajo con tus emociones es profundo y se extiende a todas las áreas de tu vida. Por eso te invito a practicar la observación consciente y curiosa de cada sensación. Al nombrar la emoción que estás sintiendo, ponte una mano en el corazón y pregúntale a tu niña interior qué necesita de ti para ayudarla a sostener y transitar esa emoción.

Deja de complacer y empieza a vivir

Glennon Doyle es, para mí, una de las personas que simbolizan la libertad emocional. Esta famosa escritora habla del feminismo consciente e invita a las mujeres a que dejen de intentar complacer a todo el mundo para, por fin, sentirse aceptadas. En su libro *Indomable* aprendí que, dentro de cada una de nosotras, existe una mujer libre, una fiera un tanto salvaje que ha sido domesticada durante años, sobre todo en la infancia, y que, con tal de recibir amor, ha olvidado su naturaleza libre y auténtica.

El síndrome de la hipergenerosa o el de la niña buena es un condicionamiento en el que hemos aprendido a empequeñecernos y encogernos como mujeres con tal de complacer y agradar a los demás, para recibir ese reconocimiento y esa aceptación que tal vez nos fueron negados en la infancia. Y a pesar de que muchos hombres también sufren por ser complacientes y generosos, la cultura patriarcal ha educado a las mujeres a abocarse al servicio de los demás y a ser abnegadas, y nos ha enseñado que dejarnos a un lado, encogernos o abandonarnos es un acto de modestia que debe celebrarse. Aunque en la actualidad parezca mentira, en consulta me encuentro constantemente con mujeres que temen mostrarse como son y encarnar su sexualidad, su libertad emocional y su autenticidad al comunicar sus necesidades y establecer límites en su entorno porque les asusta dejar de ser buenas y generosas ante los demás.

Mientras intentes ser buena y generosa para todo el mundo, no podrás ser buena y generosa contigo y con tu niña interior. Ningún superhéroe de película ha podido nunca salvar a dos personas al mismo tiempo, y tampoco tú puedes hacerlo. Te encontrarás en la encrucijada de elegir entre tú y los demás, salvarte o salvar a los otros, ser una buena hija o una buena madre, ser una buena madre o una buena amiga para tu niña interior, ser una buena esposa o una buena madre, ser una buena esposa/pareja o una buena profesional, ser una buena profesional o una buena madre. Parte del duelo de las sanaciones es entender que no puedes complacer a todo el mundo.

Mientras intentas descubrir todas las formas en las que necesitas complacerte, por incómodo que sea, tendrás que elegirte a ti antes que a los demás.

Por supuesto, elegirte menoscabará las expectativas que alguien, de forma poco realista, haya depositado en ti y, en consecuencia, puede que ya no seas tan buena para esa persona de tu entorno. Ser capaz de aceptar que eso sucederá en cuanto te elijas a ti primero es uno de los mayores duelos que tienes que transitar, porque no podrás ser una mujer completa mientras intentes fracturarte para complacer a los demás.

Detrás de una mujer que intenta complacer al mundo se esconde una niña herida que confundió amor con aprobación porque creía que si se sacrificaba sería digna de recibir amor.

Las primeras personas a las que tendrás que dejar de complacer son tus padres, y aunque parezca que es un tema del que ya hemos hablado mucho, no está de más dejarte claro que la niña que vive dentro de ti tiene un impulso constante de querer agradar a las personas que la trajeron a este mundo, incluso si va en contra de su integridad física o emocional.

Tu trabajo es empezar a conversar con tu niña interior y explicarle que ya no tiene que vivir bajo esos condicionamientos, que le vas a dar el amor y la aceptación que tanto necesita, pues, sin importar lo que hagas, debes sentirte suficiente para ti.

Los límites sanos tienen el poder de sanarte.

Una de las herramientas más poderosas que tienes para sanar tu cuerpo, tu mente y tu espíritu es comenzar a conectar con tu voz, para así empezar a comunicar a tu entorno tus necesidades y límites. Cuando usas tu voz para expresar lo que necesitas y sentirte segura, estás cocreando una nueva realidad en la que no eres esclava de tus creencias ni de tus heridas, sino que te permites un límite a la vez, una necesidad a la vez y cultivar relaciones que se puedan convertir en ese terreno fértil y seguro para que tanto tú como tu niña interior podáis conectar con las otras personas de forma consciente.

Para identificar los límites que tienes que comenzar a establecer en tu vida, es necesario que te permitas implicar a tu cuerpo, reconocer las emociones incómodas y las sensaciones que te está mandando a través de tu sistema nervioso. Se trata de empezar a identificar las situaciones que toleras en tu vida, pero en el fondo de tu corazón sabes que son intolerables, y a la vez mirar al pasado para saber qué situaciones toleraste que te hicieron sentir incómoda, agotada y herida.

¿Cómo sería tu vida si dejaras de intentar complacer a todo el mundo? ¿Qué límites necesitas establecer para complacerte?

Ya sabes que solo tú le puedes brindar a tu niña interior la seguridad y la libertad de ser y ponerte a ti primero.

Dime qué intentas controlar en tu vida y te diré qué te impide sanar tu herida.

No sé si lo sabías, pero disponemos de una cantidad limitada de energía física, emocional y espiritual, que se consume cuando nos enfocamos en aquello en lo que ponemos nuestra atención. Cuando intentamos controlarlo todo, nos centramos en lo externo y no miramos dentro de nosotras mismas, por eso es importante soltar el control de lo que nos impide focalizar la energía para ocuparnos de nosotras mismas. Cuando procuras complacer a todo el mundo y ser una buena persona, intentas controlar cómo te percibe el mundo.

Reconoce lo que está bajo tu control y lo que no para poder ser libre

LO QUE NO PUEDES CONTROLAR	LO QUE SÍ PUEDES CONTROLAR
Tus acciones del pasado o lo que otros te hicieron en el pasado.	Las elecciones y los límites que estableces hoy para honrar a la versión futura de ti misma.
Que otra persona esté en desacuerdo con tu percepción.	Aceptar radicalmente que cada persona tiene una percepción única, y al mismo tiempo entender que distintas percepciones pueden coexistir siempre que haya respeto mutuo.
La manera de reaccionar de otras personas.	Tu respuesta ante la reacción de otra persona.
La opinión que otras personas tienen de ti.	La opinión que tienes de ti misma desde una mirada amable y compasiva.
Lo que otras personas hacen o sienten.	El comunicar tus necesidades y establecer límites respecto a las acciones de otros que te incomoden.
La reacción de otras personas a tus límites.	Cultivar la empatía hacia las heridas activadas de otros y, al mismo tiempo, mantener tus límites.
La manera en que otras personas muestran su amor.	El comunicar tus necesidades emocionales y respetar que la forma de amar de otros no es la misma que la tuya.
Lo que opinen otros de tus elecciones para cuidar de tu salud mental, física, emocional y espiritual.	Ser responsable con tu autocuidado integral, sostener la incomodidad respecto a la opinión de otras personas y establecer límites para que la forma en que elijas cuidarte sea respetada.

La felicidad o sanación emocional de tu pareja o tus padres.	Aprender a establecer límites para no responsabilizarte del bienestar emocional de otros; solo puedes responsabilizarte del tuyo.

Como ves en la tabla, solo puedes controlar tus acciones, elecciones y respuestas. No puedes responsabilizarte de lo que otros piensen o esperen de ti. Para aprender a dejar de complacer a los demás y centrar tu atención y energía en sanar tus heridas emocionales, tendrás que soltar todo aquello que escapa a tus posibilidades y que está retrasando tu expansión, porque solo cuando eres una mujer libre y consciente entiendes que todo ese control que pones fuera te afecta dentro, y que cuando te liberas de eso, reduces la carga que llevas en tu interior y puedes ser más auténtica y libre.

Recuerdo el reto que supuso para mí transformar en palabras las herramientas que quería compartir cuando empecé a escribir este libro. Creía que tenía que ser tan buena que no podría reducir espacios en mi agenda para escribir, y tardé meses en darme cuenta de que tenía que elegir entre priorizar mi sueño —que es estar aquí contigo, compartiendo esta sabiduría— y ser muy buena con los demás y ponerlos en primer lugar, incluso por encima de mis metas.

Un día tuve un momento revelador..., un despertar

Estuve enferma un par de días y tuve que cancelar algunas de las citas de mi agenda. Hubo pacientes que me seguían escribiendo a pesar de que les había dicho que esos días no iba a estar disponible. Aun así, elegí atender a un par de mujeres y eso retrasó mi proceso de sanación física, por lo que tuve que tomarme dos días más, lo que provocó un lío enorme en mi agenda que me complicó bastante la vida. En ese momento entendí que estaba tratando de controlar cómo me veían mis pacientes y que no me estaba dando prioridad. Mis heridas me estaban diciendo que tenía que sacrificarme para recibir la aprobación de los demás. Sin embargo, si usas los límites de forma consciente, pueden sanarte. Empecé a marcarlos y a bloquear en mi agenda las horas que iba a dedicar a la escritura de este libro, así que, aunque me pedían más citas, tuve que decir que no.

No te voy a negar que algunas pacientes se molestaron y tuve que trabajar para sostener esa incomodidad, recordándome que, por mucho que lo intentase, nunca podría controlar cómo me perciben los demás, así que me liberé y esto me llevó a encarnar aún más esta versión de mí que vive la libertad emocional y la sanación que predico.

«Soltar» se escribe con «s» de «sanar».

Todos llevamos nuestra mochila emocional llena de expectativas, de anhelos no cumplidos, de necesidades no satisfechas de nuestra niña interior, de abrazos no recibidos, de los «te quiero» que nunca escuchamos y de miedos a los que nos aferramos.

En este camino de desaprender y aprender de nuevo desde el amor, te encontrarás con todo el dolor que guardas dentro de ti. Parte de ese dolor se ha convertido en rabia y frustración, y hoy se aferra con uñas y dientes guardando en la mochila todo lo que nunca recibiste, con la ilusión de recibirlo hoy tal como esperas; pero, como ya te he comentado, que las cosas salgan como queremos o como pensamos es una forma de protegernos. Son dos partes heridas controlando expectativas que no son reales y aferrándose a ellas, lo que impide que te sanes.

Tras esa rabia o frustración, en medio de ese dolor, lo que está más presente es el **duelo**, un puente que vas construyendo peldaño a peldaño, y cada uno de ellos representa algo que has elegido soltar y aceptar. Ya no son tus padres los que tienen que darte lo que no tuviste, y soltar y aceptar eso implica un duelo profundo que poco a poco, peldaño a peldaño, te irá acercando a esa versión de ti que ha logrado transformar esas heridas y ese dolor en sabiduría.

Se trata de un ir y venir a tu interior por medio de respiraciones profundas y pausadas hasta que aprendas el arte de estar para ti con presencia y consciencia. De este modo le recordarás a tu niña interior que tu herida no es tu destino. Por eso, en la sanación emocional, a veces hay días llenos de lágrimas y con un peso profundo en el pecho provocado por el duelo y la aceptación que toca trabajar.

El camino del duelo no es lineal, pero llega un día en que entiendes que vaciar esa mochila no significa negar el pasado, sino hacer espacio para vivir tu presente sin deudas emocionales, reproches ni resentimientos.

De la herida a la automaestría

Tus heridas son como luciérnagas que van iluminando el camino del autoconocimiento para guiarte de regreso a ese hogar que yace en tu interior. Allí tienes permiso para ser tú, sin esconder ni mutilar ninguna de tus partes, sin miedo a mostrarte como eres y con la valentía de seguir trabajando en esa casa acogedora, respetuosa y compasiva.

Solo podemos ver las luciérnagas en la oscuridad; de noche y con poca luz, empiezan a titilar y toman protagonismo. Cada vez que pasas por un reto en tu vida, tus heridas salen a flote y te dicen «Aquí estamos», y como la vida siempre nos presenta retos y situaciones incómodas y dolorosas, tendrás la oportunidad de ver cómo tus heridas te iluminan el camino, pero no solo para recordarte tu dolor, sino también para enseñarte que puedes renovar las creencias que ya no te sirvan.

En la elección está la sanación.

Cada vez que se te presenta un reto, una dificultad o un momento doloroso, tienes la oportunidad de quedarte allí y seguir desconociéndote, o puedes, una vez validado y transitado tu dolor, convertir esa situación y las heridas que salgan a flote en perlas de sabiduría y maestría para el alma. Y tal vez tengas la oportunidad de compartirlo con alguien para enseñarle a iluminar su camino.

Reconoce el momento correcto para hacer de tus heridas tu maestría

VIVIR DESDE LA HERIDA	VIVIR DESDE LA AUTOMAESTRÍA
Juzgas a los demás como intento de evitar ver lo que sus acciones detonan en ti.	Te das permiso para reconocer que aquello que te detona del otro te está mostrando algo que sanar en ti.
Te cuesta perdonarte por lo que hiciste estando en modo supervivencia.	Aceptas radicalmente tu pasado y reconoces que eso no determina quién eres.
Intentas controlar la forma en que otros te ven siendo perfeccionista o complaciente.	Te das permiso para expresarte de forma auténtica y entiendes que la manera en que otros te vean dependerá de su percepción.

Te aferras a la idea de que la forma en que tú ves las cosas es la correcta.	Aceptas que tu perspectiva es tan válida como la de otra persona anque sea totalmente opuesta.
Buscas validación y reafirmación en otros.	Aprendes a validar y reconocer cada paso y meta que logras.
Te victimizas: «Todos me abandonan», «Todos me hacen daño», «Todos me traicionan» o «Todos me rechazan».	Las personas hacen lo que pueden con su nivel de madurez emocional y sus heridas. Puedes elegir tus límites para que eso no te incomode.
Idealizas a otras personas en un intento de no reconocer tus propias virtudes.	Reconoces la humanidad en cada persona y te das permiso para ver tus virtudes proyectadas en otros.
Culpas a tus experiencias pasadas por tu dolor, trayendo la culpa a tus relaciones y metas personales hasta sabotearlas.	Te responsabilizas de tus heridas buscando apoyo para hacer el trabajo interno. Te haces cargo de tu duelo y del dolor que albergas en tu interior.
Exiges o demandas a otros aquello que no te das a ti misma.	Aprendes a priorizarte y entiendes que eres responsable de atender tus necesidades, gestionar tus emociones y establecer límites con otros.
Vives desde tu niña herida, perpetuando tu dolor e hiriendo a otros.	Reconoces el dolor de tu niña interna, trabajas en atender tus necesidades emocionales y no proyectarlas en otros.

Un curso de milagros afirma: «Libero al mundo de todo lo que jamás pensé que era y, en lugar de ello, elijo mi propia realidad». Porque en la elección hay sanación. Cada una de las acciones descritas en la tabla anterior representa una elección: puedes vivir desde el miedo y el dolor, o desde el amor, y, desde allí, sostener y abrazar tu dolor.

El amor expande, amplía y transforma la consciencia. El amor es la fuente de todos los milagros, porque a través del amor hacia ti misma pasas del dolor a la sanación, de la herida a la maestría, de la niña herida a la mujer consciente.

Estamos juntas en este camino

Sé por experiencia que a veces el camino de la sanación puede ser solitario, pero quiero que te convenzas de que no estás sola. En espíritu, te acompaño. Todas las mujeres que pasamos por este proceso vamos de la mano incluso sin verlo, porque cuando una elige verse, puede ver a la otra por quien es. Cuando reconoces la luz en ti, puedes reconocerla en los demás; cuando te iluminas, te conviertes en una antorcha que ayuda a los otros a iluminarse a sí mismos.

A través de estas páginas llenas de vulnerabilidad y herramientas de crecimiento emocional y espiritual, espero haber podido acompañarte por el camino de regreso hacia ti, y confío en que, en el momento adecuado, tú también tendrás plena confianza en ti para atraer la sanación integral a tu vida. No espero que este libro sea todo lo que necesitas para traer esa sanación; al contrario, te invito a que salgas y busques tribus, guías y terapeutas que te acompañen, y a que sigas descubriendo mucho más de ti. Si me eliges a mí, será un honor, y si no confío en que la persona que escojas sea la maestra o el maestro perfecto para guiarte en este trabajo interno.

Oro desde lo más profundo de mi corazón para que este libro sea una guía práctica y una inspiración que te recuerde lo valiosa que eres y el poder sanador que yace dentro de ti, y que este te guíe hacia una vida llena de libertad emocional y paz interior.

Mientras escribo estas páginas, estoy llena de emociones opuestas, y me siento orgullosa de que nos hayamos encontrado, porque, aunque no puedo verte la cara, veo tu vulnerabilidad, valentía y compromiso con tu proceso de sanación. No ha sido una casualidad que hayas elegido este libro; desde el momento en que lo abriste, el amor con el que están escritas estas palabras empezó a fluir hacia ti. Estoy muy orgullosa de que hayas llegado hasta el final. Te abrazo en la distancia, y te recuerdo que tu vida es un milagro maravilloso.

**Eres una mujer maravillosa, valiente,
y ahora conectada con tu guía interior,
tu poder autosanador.**

Con el corazón lleno de amor, y transmitiéndote toda esta energía expansiva, quiero invitarte a realizar la siguiente visualización para que ancles esta conexión única contigo misma en una experiencia en tu cuerpo y en tu espíritu.

EJERCICIO
Visualización sanadora: honra el camino que has transitado

A continuación, te invito a realizar este poderoso ejercicio para integrar todos y cada uno de los aprendizajes de este viaje de sanación emocional:

- Siéntate con la columna recta y echa los hombros hacia atrás para recordarle a tu cuerpo que estos minutos son para ti.
- Coloca la mano derecha en el corazón y la izquierda en el abdomen.
- Céntrate en la respiración; será tu ancla durante este breve viaje sanador.

- Inspira y observa todas y cada una de las emociones y sensaciones que recibas.
- Imagínate ahora un largo camino que viene de muy atrás y sigue hacia delante. Visualízate en mitad del camino, mirando al frente.
- Inhala y exhala. ¿Cómo es ese camino? Visualízalo con todo detalle...
- Ahora te das la vuelta para mirar hacia atrás y te encuentras con tu niña interior... Hazle un gesto para que se acerque.
- Visualiza a tu niña interior en el camino. Observa su rostro; reconoce sus emociones, su edad y cómo te mira.
- Cógela de la mano y, con amor, dile estas palabras:

> «Ahora estamos aquí, juntas... Estás aquí conmigo. Yo ya he crecido, soy una mujer adulta, y ahora estás conmigo. Me comprometo a hacerte sentir segura. Me comprometo a acompañarte. Gracias por ser como eres. Gracias a ti, he llegado aquí para así cuidar de ti».

- Visualízate en ese largo camino con ella, cogidas de la mano...
- Inhala y exhala profundamente, y mira al frente del camino, a lo lejos. Allí está tu versión futura.
- Imagínatela con todos los detalles; tiene unos tres o cinco años más que tú. ¿Qué cambios notas? ¿Qué te transmite su presencia?
- Escucha en tu corazón el mensaje de tu futuro yo, la clave para llegar hasta allí. Guarda esa valiosa clave en tu corazón.
- Dile ahora en voz alta, con la mano en el corazón:

> «Estoy orgullosa de mi camino, lo honro. Gracias a donde estoy, hoy podré integrar la sabiduría que tienes tú en el futuro».

- Sal de ese espacio.
- Respira hondo; cada respiración se vuelve más amable y te das las gracias por este momento.

APRENDIZAJES DE ESTE CAPÍTULO

- ✓ El camino de sanación es el viaje que debes emprender para recuperar tu autorresponsabilidad y empezar a hacerte cargo de todas y cada una de las partes de historias que viven dentro de ti.
- ✓ Aprender a ser para ti la madre o el padre que tanto necesitó tu niña interior es una de las formas más poderosas de traer la sanación y la seguridad a tu vida, y de empezar a cultivar un hogar dentro de ti.
- ✓ Para identificar las necesidades insatisfechas de tu niña interior, debes cobrar conciencia de tus emociones, ya que ellas siempre son las mensajeras de tus heridas.
- ✓ La manera en que hoy sostienes y validas tus emociones es la misma que te enseñaron tus padres para sostenerlas y validarlas.
- ✓ Tus detonantes son tus maestros y te guiarán hacia las heridas que tienes que empezar a sanar.
- ✓ El trabajo con tus emociones es profundo y se extiende a todas las áreas de tu vida. Por eso te invito a practicar la observación consciente y curiosa de cada una de las sensaciones y emociones que se despiertan en ti en tus distintas relaciones.
- ✓ La mujer complaciente que eres hoy empezó siéndolo en la infancia, con su madre, su padre o sus hermanos. Fue entonces cuando codificaste la creencia de que, para que te amasen, primero tenían que aprobarte, intercambiando sacrificio por aceptación.
- ✓ Los límites son una forma de comenzar a crear dentro de ti un lugar seguro para que tu niña interior se sienta protegida y calmada.
- ✓ Cuando intentas controlarlo todo en tu vida, procuras dar una visión concreta de ti a los demás. El camino de sanación te pedirá que enfoques tu energía hacia ti y que sueltes el control de lo que no te corresponde.

✓ **En la elección está la sanación. Cada vez que se te presenta un reto, tienes la oportunidad de quedarte allí y seguir desconociéndote o encontrar perlas de sabiduría y maestría para el alma.**

Felicidades, lo has conseguido. Ahora solo queda que, a diario, elijas poner en práctica cada una de las herramientas de este libro, adaptándolas a tu vida de forma única e individual.

Si te sale de lo más profundo del corazón, te invito a que escribas una carta a tu versión del pasado que creas que más la necesita. Ha de ser una carta llena de amor, pasión y validación. Coméntale a tu niña interior lo orgullosa que te sientes de ella y recuérdale que, por mucho dolor que esté viviendo, hoy la acompañas. Nunca estuvo sola. Tú tampoco has estado sola. El universo te sostiene, Dios te sostiene, el amor sostiene y espero que te guíe en cada paso del camino.

A partir de aquí, quedo siempre a tu disposición. Lo único que tienes que hacer es escoger el amor y confiar en que ya tienes todo lo necesario para empezar a elegirte cada día.

Tú eres tu mejor sanadora cuando te eliges desde el amor y la aceptación.

Con mucho amor,

ANA CLAVELL

12

Bonus

Con el propósito de hacer este cierre más interactivo y ofrecerte herramientas que, al igual que este libro, te acompañen siempre y puedas seguir usándolas durante tu proceso de sanación emocional, en las siguientes páginas incluyo algunos recursos diseñados con mucho amor para ti.

En los dos primeros QR encontrarás grabados por mí los ejercicios de este libro que considero cruciales; escúchalos cuantas veces necesites para tu proceso de sanación. Con el tercer QR podrás apuntarte a mis talleres presenciales y online.

¡¡Disfrútalos!!

1. Escanea este QR y escucharás el ejercicio de visualización «Conecta con tu niña interior», del capítulo 1, grabado por mí con mucho amor para ti.

2. Escanea este QR y escucharás el ejercicio de visualización «Honra el camino que has transitado» del capítulo 11, grabado por mí con mucho amor para ti.

3. Escanea este QR para acceder a mis eventos presenciales en Barcelona, Madrid o Miami, y a mis talleres online, que tienen formato de terapia grupal y en los que comparto contenido de gran valor.

Si crees que con todo lo que he compartido en este libro has aprendido mucho sobre ti, te invito a que des un paso más compartiéndolo en tus redes y etiquetándome en *@anaclavell* para poder compartirlo también y saber que he formado parte de tu vida.

Bibliografía

Aiyana, Sheleana, *Tu alma gemela eres tú*, Barcelona, Diana, 2023.

Bernstein, Gabrielle, *El universo te cubre las espaldas*, Barcelona, El Grano de Mostaza, 2016.

—, *Happy Days*, Carlsbad, California, Hay House, 2022.

Block, Magui, *Sana tu familia*, Barcelona, Grijalbo, 2023.

Bourbeau, Lise, *Las cinco heridas que impiden ser uno mismo*, Santa Cruz de Tenerife, Ob Stare, 2021.

Doyle, Glennon, *Indomable*, Madrid, Urano, 2021.

Filgate, Michele, *Cosas que nunca hablé con mi madre*, Barcelona, Diana, 2021.

Foundation for Inner Peace, *Un curso de milagros*, Barcelona, El Grano de Mostaza, 2018.

Freedman, Françoise, «Maternal Emotions and Human Development», *Birthlight* (9 de septiembre de 2021), <https://birthlight.com/maternal-emotions-and-human-development/>.

Gibson, Lindsay C., *Hijos adultos de padres emocionalmente inmaduros*, Málaga, Sirio, 2016.

—, *Padres y madres emocionalmente inmaduros: cómo sanar y superar las secuelas*, Málaga, Sirio, 2023.

Jung, Carl G., *Recuerdos, sueños, pensamientos*, Barcelona, Seix Barral, 2021.

LePera, Nicole, *Sánate*, Barcelona, Grijalbo, 2021.

Lipton, Bruce H., *La biología de la creencia*, Móstoles, Gaia, 2010.

Martín, Jordi G., *Aprende a cuidar de tu niño interior*, Barcelona, Diana, 2023.

Maté, Gabor, *El mito de la normalidad*, Barcelona, Tendencias, 2023.

Northrup, Christiane, *Madres e hijas: Creando un legado de salud física y emocional*, Madrid, Urano, 2006.

Pearsall, Paul, *The Power of the Family*, Nueva York, Doubleday, 1990.

—, *The Heart's Code: Tapping the Wisdom and Power of Our Heart Energy*, Nueva York, Harmony-Rodale, 1999.

Pharaon, Vienna, *Tu origen no es tu destino*, Barcelona, Diana, 2023.

Schwartz, Richard C., *No hay partes malas: sanar el trauma y recobrar la plenitud con el modelo Sistemas de familia interna (IFS)*, Barcelona, Eleftheria, 2021.

Schwartz, Susan E., *The Absent Father Effect on Daughters*, Londres, Routledge, 2020.

Thomashauer, Regena, *Pussy: A Reclamation*, Carlsbad, California, Hay House, 2016.

Van der Kolk, Bessel, *El cuerpo lleva la cuenta*, Barcelona, Eleftheria, 2020.

Yehuda, Rachel, *et al.*, «Transgenerational Effects of Posttraumatic Stress Disorder in Babies of Mothers Exposed to the World Trade Center Attacks During Pregnancy», *Journal of Clinical Endocrinology & Metabolism*, 90, n.º 7 (julio de 2005), pp. 4115-4118, <https://pubmed.ncbi.nlm.nih.gov/15870120/>.

Zebian, Najwa, *Sparks Of Phoenix*, Kansas City, Andrews McMeel Publishing, 2019.

—, *Volver a casa*, Barcelona, Diana, 2022.